TRISTAN ET ISEUT

VERSION DE
JOSEPH BÉDIER

ÉTUDE DE L'ŒUVRE PAR
T.H. PENNY BENARROSH

D1536491

COLLECTION
PARCOURS D'UNE ŒUVRE

SOUS LA DIRECTION DE MICHEL LAURIN

Beauchemin
CHENELIÈRE ÉDUCATION

Tristan et Iseut
Texte intégral

Édition présentée, annotée et commentée
  par T. H. Penny Benarrosh

Collection « Parcours d'une œuvre »

Sous la direction de Michel Laurin

© 2001, Groupe Beauchemin, Éditeur Ltée

Édition : Sophie Gagnon
Coordination : Johanne O'Grady
Correction d'épreuves : Maryse Quesnel
Conception graphique : Josée Bégin
Infographie : Transcontinental Transmédia
Impression : Imprimeries Transcontinental

Tableau de la couverture :
Le Baiser.
Österreichische Galerie im Belvedere,
Vienne.
Œuvre de **Gustav Klimt,**
peintre autrichien (1862-1918).

**Catalogage avant publication
de Bibliothèque et Archives nationales du Québec
et Bibliothèque et Archives Canada**

Bédier, Joseph, 1864-1938

  Tristan et Iseut

  (Collection Parcours d'une œuvre)
  « Texte intégral ».

  Comprend des réf. bibliogr.
  Pour les étudiants du niveau collégial.

  ISBN 978-2-7616-5128-8

  1. Bédier, Joseph, 1864-1938. Roman de Tristan et Iseut. 2. Bédier,
  Joseph, 1864-1938 – Critique et interprétation. I. Benarrosh,
  Penny. II. Titre. III. Collection.

  PQ2603.E434R65 2007   843'.912   C2007-941037-5

Beauchemin

CHENELIÈRE ÉDUCATION

7001, boul. Saint-Laurent
Montréal (Québec)
Canada H2S 3E3
Téléphone : 514 273-1066
Télécopieur : 514 276-0324
info@cheneliere.ca

ISBN 978-2-7616-5128-8

Dépôt légal : 2e trimestre 2007
Bibliothèque et Archives nationales du Québec
Bibliothèque et Archives Canada

Imprimé au Canada

1 2 3 4 5 ITG 11 10 09 08 07

Nous reconnaissons l'aide financière du gouvernement du Canada
par l'entremise du Programme d'aide au développement de l'indus-
trie de l'édition (PADIÉ) pour nos activités d'édition.

Gouvernement du Québec – Programme de crédit d'impôt pour
l'édition de livres – Gestion SODEC.

DANGER

LE
PHOTOCOPILLAGE
TUE LE LIVRE

*Les bons trouvères d'antan ont conté
ce conte pour tous ceux qui [s']aiment,
non pour les autres.*

– Joseph Bédier

TABLE DES MATIÈRES

PLONGÉE DANS L'ŒUVRE   229

ANNEXES   243

TRISTAN ET ISEUT.
MINIATURE D'UN MANUSCRIT DU XVe SIÈCLE (DÉTAIL).
OSTERREICHISCHE NATIONALBIBLIOTHEK, VIENNE.

INTRODUCTION

Hymne à l'amour

Orphée et Eurydice. Tristan et Iseut. Abélard et Héloïse. Dante et Béatrice. Roméo et Juliette. Jahan et Mumtaz.

Couples célèbres. Marques indélébiles de la mémoire collective. Légendaires? Mythologiques? Historiques? Tous mythiques... Une seule épitaphe pour chacun de ces duos magnifiques: «Vous plaît-il d'entendre un beau conte d'amour et de mort? [...] Écoutez comment à grand'joie, à grand deuil ils s'aimèrent, puis en moururent».

C'est celui de Tristan et Iseut que nous écouterons... avec grande joie et grande peine... avec exaltation et chagrin... avec secrète adhésion... Et comme eux, avec passion!

La légende de ces deux amants, morts de s'être trop aimés, s'est inscrite dans un tel idéal — pour certains, une pureté à atteindre, pour d'autres, une passion destructrice à blâmer, bannir, fuir! — qu'elle en est devenue la structure fondatrice, l'archétype de l'amour-passion pour tout l'Occident: référence, idéelle, de l'Amour absolu.

Seuls de rares élus peuvent se targuer d'avoir vécu dans leur chair et dans leur âme, dans cette réciprocité bouleversante, l'Amour total, même impossible! Tels Tristan et Iseut, dont les noms demeurent indéfectiblement embrassés, quelques couples ont imprimé l'histoire et la légende de leurs deux noms entrelacés. Le mythique Orphée brave les Enfers où il descend pour ramener à la vie Eurydice, piquée à mort par un serpent; échouant, il passera le reste de sa vie solitaire, inconsolable de la perte de son amour. Abélard et Héloïse se sont réellement aimés au-delà des normes opprimantes, de la rupture imposée et d'un irréversible obstacle physique (cet homme d'église du début du XIIe siècle, chanoine de la cathédrale Notre-Dame de Paris, subit en châtiment de son amour illicite la terrible castration). Dante et Béatrice: le célèbre poète de la Renaissance italienne a voué à sa «Dame» un amour platonique éternel, et l'a érigée en inépuisable source d'inspiration poétique et spirituelle (le nom de «Tristan» figure d'ailleurs dans *La Divine Comédie)*. Roméo et Juliette, produits de l'imagination de Shakespeare (1594), ont subi un même destin

TRISTAN ET ISEUT.
TRISTAN EN PROSE, MINIATURE D'UN
MANUSCRIT DU XVe SIÈCLE (DÉTAIL).

BIBLIOTHÈQUE NATIONALE, PARIS.

d'amour lié à la mort, parce que condamné par la rigueur conformiste et obtuse des mentalités sociales.

Certains traversent en l'absence de l'être aimé joies et tourments de leur amour déchiré : Richard Wagner, séparé de l'unique grand amour de sa vie, Mathilde Wesendonck, épouse de son mécène, a composé — formidable sublimation créatrice — un opéra, que d'aucuns considèrent comme son œuvre la plus achevée, *Tristan und Isolde* (1854-1857).

Et peut-on ignorer cette sublime révérence à l'amour, l'un des plus beaux monuments de tous les temps, qui fait éprouver à qui l'observe, comme si la pierre elle-même imprégnée la diffusait, une émotion d'une exceptionnelle intensité, le Taj Mahal ? Merveille du monde, ce monument funéraire de marbre blanc incrusté de motifs floraux en pierres précieuses, le Shah Jahan de l'Inde l'a édifié, au xviie siècle, en symbole de son puissant amour pour son épouse favorite, Mumtaz-I Mahal, prématurément morte. Il abrite les deux tombeaux du roi et de la reine, unis à jamais.

Est-ce depuis *Tristan et Iseut*, la légende la plus chantée, racontée, répandue, issue du lointain Moyen Âge, dont la tragique beauté traversant les siècles est parvenue jusqu'à nous, que se serait définitivement figé, dans la psyché occidentale, l'indissociable couple Éros-Thanatos ? Hymne à l'Amour, chant de Mort ? Passion d'amour vouée à la mort ou condamnée à mort ? Ou absolu d'amour que le temps humain ne peut limiter ? Quelle que soit la formule par laquelle on tenterait de synthétiser cette œuvre, *Tristan et Iseut* représente le tout premier roman français consacré aussi somptueusement à « Sa Majesté l'Amour ».

TRISTAN ET ISEUT S'EMBARQUANT.
ROMAN DE TRISTAN, MINIATURE D'UN MANUSCRIT DU XVe SIÈCLE.

MUSÉE CONDÉ, CHANTILLY.

Chapitre I

LES ENFANCES DE TRISTAN

Du wœrest zwâre baz genant :
Juvente bele et la riant !
GOTTFRIED DE STRASBOURG

Seigneurs, vous plaît-il d'entendre un beau conte d'amour et de mort ? C'est de Tristan et d'Iseut la reine. Écoutez comment à grand'joie, à grand deuil ils s'aimèrent, puis en moururent un même jour, lui par elle, elle par lui.

5   Aux temps anciens, le roi Marc régnait en Cornouailles. Ayant appris que ses ennemis le guerroyaient, Rivalen, roi de Loonnois, franchit la mer pour lui porter son aide. Il le servit par l'épée et par le conseil, comme eût fait un vassal[1], si fidèlement que Marc lui donna en récompense la belle Blanchefleur, sa sœur, que le roi Rivalen aimait
10   d'un merveilleux amour.

Il la prit à femme au moutier[2] de Tintagel. Mais à peine l'eut-il épousée, la nouvelle lui vint que son ancien ennemi, le duc Morgan, s'étant abattu sur le Loonnois, ruinait ses bourgs, ses camps, ses villes. Rivalen équipa ses nefs[3] hâtivement et emporta Blanchefleur, qui
15   se trouvait grosse[4], vers sa terre lointaine. Il atterrit devant son château de Kanoël, confia la reine à la sauvegarde de son maréchal[5] Rohalt, Rohalt que tous, pour sa loyauté, appelaient d'un beau nom,

---

N.B. : Les trois extraits de l'œuvre qui font l'objet d'une analyse approfondie sont indiqués par une trame superposée au texte. Les mots suivis d'un astérisque sont définis dans le glossaire de l'œuvre, à la page 255.

1. Vassal : nom emprunté au latin médiéval *vassallus*, serviteur. Mais dans le système féodal, « vassal » désigne un homme qui jure fidélité à un seigneur (suzerain) et se place sous sa protection. Lien de dépendance qui implique droits et devoirs réciproques.
2. Moutier : monastère, couvent ou église (de l'ancien français *moustier*).
3. Nefs : navires, vaisseaux.
4. Se trouvait grosse : était enceinte.
5. Maréchal : officier chargé du soin des chevaux.

Rohalt le Foi-Tenant recueillit l'orphelin.

Ligne 37.

Miniature d'un manuscrit du xvᵉ siècle.

Osterreichische Nationalbibliothek, Vienne.

Rohalt le Foi-Tenant ; puis, ayant rassemblé ses barons[1], Rivalen partit pour soutenir sa guerre.

20   Blanchefleur l'attendit longuement. Hélas ! il ne devait pas revenir. Un jour, elle apprit que le duc Morgan l'avait tué en trahison. Elle ne le pleura point : ni cris, ni lamentations, mais ses membres devinrent faibles et vains ; son âme voulut, d'un fort désir, s'arracher de son corps. Rohalt s'efforçait de la consoler :

25   « Reine, disait-il, on ne peut rien gagner à mettre deuil sur deuil ; tous ceux qui naissent ne doivent-ils pas mourir ? Que Dieu reçoive les morts et préserve les vivants !... »

Mais elle ne voulut pas l'écouter. Trois jours elle attendit de rejoindre son cher seigneur. Au quatrième jour, elle mit au monde un fils,

30   et, l'ayant pris entre ses bras :

« Fils, lui dit-elle, j'ai longtemps désiré de te voir ; et je vois la plus belle créature que femme ait jamais portée. Triste j'accouche, triste est la première fête que je te fais, à cause de toi j'ai tristesse à mourir. Et comme ainsi tu es venu sur terre par tristesse, tu auras nom Tristan. »

35   Quand elle eut dit ces mots, elle le baisa, et, sitôt qu'elle l'eut baisé, elle mourut.

Rohalt le Foi-Tenant recueillit l'orphelin. Déjà les hommes du duc Morgan enveloppaient[2] le château de Kanoël : comment Rohalt aurait-il pu soutenir longtemps la guerre ? On dit justement :

40   « Démesure n'est pas prouesse » ; il dut se rendre à la merci[3] du duc Morgan. Mais, de crainte que Morgan n'égorgeât le fils de Rivalen, le maréchal* le fit passer pour son propre enfant et l'éleva parmi ses fils.

Après sept ans accomplis, lorsque le temps fut venu de le reprendre aux femmes, Rohalt confia Tristan à un sage maître, le bon

45   écuyer Gorvenal. Gorvenal lui enseigna en peu d'années les arts qui conviennent aux barons. Il lui apprit à manier la lance, l'épée, l'écu[4] et l'arc, à lancer des disques de pierre, à franchir d'un bond les plus larges fossés ; il lui apprit à détester tout mensonge et toute félonie[5],

---

1. Barons : nobles à la tête d'une terre (baronnie), vassaux d'un suzerain royal.
2. Enveloppaient : encerclaient.
3. À la merci : livré au bon vouloir (merci signifiant « pitié, grâce, miséricorde, pardon »).
4. Écu : bouclier (a donné « écusson »).
5. Félonie : trahison.

à secourir les faibles, à tenir la foi donnée ; il lui apprit diverses
50 manières de chant, le jeu de la harpe[1] et l'art du veneur[2] ; et quand
l'enfant chevauchait parmi les jeunes écuyers, on eût dit que son cheval, ses armes et lui ne formaient qu'un seul corps et n'eussent jamais
été séparés. À le voir si noble et si fier, large des épaules, grêle des
flancs, fort, fidèle et preux[3], tous louaient Rohalt parce qu'il avait un
55 tel fils. Mais Rohalt, songeant à Rivalen et à Blanchefleur, de qui revi-
vaient la jeunesse et la grâce, chérissait Tristan comme son fils, et
secrètement le révérait comme son seigneur.

Or, il advint que toute sa joie lui fut ravie[4], au jour où des marchands de Norvège, ayant attiré Tristan sur leur nef*, l'emportèrent
60 comme une belle proie. Tandis qu'ils cinglaient[5] vers des terres incon-
nues, Tristan se débattait, ainsi qu'un jeune loup pris au piège. Mais
c'est vérité prouvée, et tous les mariniers le savent : la mer porte à
regret les nefs félonnes*, et n'aide pas aux rapts ni aux traîtrises. Elle
se souleva furieuse, enveloppa* la nef de ténèbres, et la chassa huit
65 jours et huit nuits à l'aventure. Enfin, les mariniers aperçurent à travers la brume une côte hérissée de falaises et de récifs où elle voulait
briser leur carène[6]. Ils se repentirent : connaissant que le courroux[7]
de la mer venait de cet enfant ravi à la male[8] heure, ils firent vœu de
le délivrer et parèrent une barque pour le déposer au rivage. Aussitôt
70 tombèrent les vents et les vagues, le ciel brilla et, tandis que la nef
des Norvégiens disparaissait au loin, les flots calmés et riants portè-
rent la barque de Tristan sur le sable d'une grève.

À grand effort, il monta sur la falaise et vit qu'au-delà d'une lande
vallonnée et déserte, une forêt s'étendait sans fin. Il se lamentait,
75 regrettant Gorvenal, Rohalt son père, et la terre de Loonnois, quand

---

1. Harpe : instrument à cordes pincées.
2. Veneur : celui qui, à la chasse, dirige les chiens courants.
3. Preux : vaillant, courageux. Ce mot est souvent associé au chevalier ; il recouvre,
   en plus de la bravoure guerrière, les valeurs morales de sagesse et de bonté.
4. Ravie : enlevée, emportée de force.
5. Cinglaient : naviguaient à la voile vers une direction, avec une connotation de rapidité.
6. Carène : partie immergée de la coque d'un navire, située sous la ligne de flottaison.
7. Courroux : vive colère, fureur.
8. Male : forme adverbiale en ancien français qui signifiait « de manière fâcheuse » ;
   signifierait ici « au mauvais moment ».

le bruit lointain d'une chasse à cor et à cri[1] réjouit son cœur. Au bord de la forêt, un beau cerf déboucha. La meute et les veneurs dévalaient sur sa trace à grand bruit de voix et de trompes. Mais, comme les limiers[2] se suspendaient déjà par grappes au cuir de son garrot, la
80 bête, à quelques pas de Tristan, fléchit sur les jarrets et rendit les abois. Un veneur la servit de l'épieu. Tandis que, rangés en cercle, les chasseurs cornaient de prise, Tristan, étonné, vit le maître veneur entailler largement, comme pour la trancher, la gorge du cerf. Il s'écria :

« Que faites-vous, seigneur ? Sied-il[3] de découper si noble bête
85 comme un porc égorgé ? Est-ce donc la coutume de ce pays ?

— Beau frère[4], répondit le veneur, que fais-je là qui puisse te surprendre ? Oui, je détache d'abord la tête de ce cerf, puis je trancherai son corps en quatre quartiers que nous porterons, pendus aux arçons[5] de nos selles, au roi Marc, notre seigneur. Ainsi faisons-nous ; ainsi,
90 dès le temps des plus anciens veneurs, ont toujours fait les hommes de Cornouailles. Si pourtant tu connais quelque coutume plus louable, montre-nous-la ; prends ce couteau, beau frère ; nous l'apprendrons volontiers. »

Tristan se mit à genoux et dépouilla le cerf avant de le défaire ; puis
95 il dépeça la tête en laissant, comme il convient, l'os corbin[6] tout franc ; puis il leva les menus droits[6], le mufle[6], la langue, les daintiers[6] et la veine du cœur.

Et veneurs et valets de limiers, penchés sur lui, le regardaient, charmés[7].

100 « Ami, dit le maître veneur, ces coutumes sont belles ; en quelle terre les as-tu apprises ? Dis-nous ton pays et ton nom.

---

1. Chasse à cor et à cri : chasse à courre, à cheval, avec des « meutes » de chiens que dressaient et dont s'occupaient les « veneurs » ; l'on sonnait du cor, ou trompe, pour annoncer, avec la « corne de prise », la victoire sur l'animal qu'on venait d'abattre en se servant de l'« épieu », c'est-à-dire en le transperçant d'une lance.
2. Limiers : chiens de chasse dressés à quêter et à détourner le gibier.
3. Sied-il : convient-il.
4. Beau frère : formule de politesse coutumière de l'époque, même quand on s'adressait à un inconnu.
5. Arçons : les deux pièces courbes qui forment le corps de la selle.
6. Os corbin, menus droits, mufle, daintiers : termes désignant différentes parties de l'animal.
7. Charmés : fascinés, séduits.

— Beau seigneur, on m'appelle Tristan ; et j'appris ces coutumes en mon pays de Loonnois.

— Tristan, dit le veneur*, que Dieu récompense le père qui t'éleva
105 si noblement ! Sans doute, il est un baron* riche et puissant ? »

Mais Tristan, qui savait bien parler et bien se taire, répondit par ruse :
« Non, seigneur, mon père est un marchand. J'ai quitté secrètement sa maison sur une nef* qui partait pour trafiquer[1] au loin, car je voulais apprendre comment se comportent les hommes des terres étrangères.
110 Mais, si vous m'acceptez parmi vos veneurs, je vous suivrai volontiers, et vous ferai connaître, beau seigneur, d'autres déduits de vénerie[2].

— Beau Tristan, je m'étonne qu'il soit une terre où les fils des marchands savent ce qu'ignorent ailleurs les fils des chevaliers. Mais viens avec nous, puisque tu le désires, et sois le bienvenu. Nous te condui-
115 rons près du roi Marc, notre Seigneur. »

Tristan achevait de défaire le cerf. Il donna aux chiens le cœur, le massacre[3] et les entrailles, et enseigna aux chasseurs comment se doivent faire la curée et le forhu[3]. Puis il planta sur des fourches les morceaux bien divisés et les confia aux différents veneurs : à l'un la tête, à l'autre
120 le cimier[3] et les grands filets ; à ceux-ci les épaules, à ceux-là les cuissots, à cet autre le gros des nombles[3]. Il leur apprit comment ils devaient se ranger deux par deux pour chevaucher en belle ordonnance, selon la noblesse des pièces de venaison[4] dressées sur les fourches.

Alors ils se mirent à la voie en devisant[5], tant qu'ils découvrirent
125 enfin un riche château. Des prairies l'environnaient, des vergers, des eaux vives, des pêcheries et des terres de labour. Des nefs nombreuses entraient au port. Le château se dressait sur la mer, fort et beau, bien muni contre tout assaut et tous engins de guerre ; et sa maîtresse tour, jadis élevée par les géants[6], était bâtie de blocs de pierre, grands et bien
130 taillés, disposés comme un échiquier de sinople[7] et d'azur.

---

1. Trafiquer : faire du commerce avec un pays lointain (sens vieilli).
2. D'autres déduits de vénerie : toute connaissance reliée à la chasse.
3. Massacre, cimier, nombles : termes désignant différentes parties de l'animal.
   Faire la curée et le forhu : apprêter la peau et la fourrure.
4. Venaison : chair de grand gibier (cerf, sanglier, etc.).
5. Devisant : bavardant, conversant.
6. Géants : selon les légendes, des géants peuplaient à l'origine le sol de la Grande-Bretagne.
7. Sinople : désignait à l'époque la couleur rouge, puis, bizarrement, la couleur verte, mais seulement pour les blasons.

Tristan demanda le nom de ce château.

« Beau valet, on le nomme Tintagel.

— Tingagel, s'écria Tristan, béni sois-tu de Dieu, et bénis soient tes hôtes ! »

135 Seigneurs, c'est là que jadis, à grand'joie, son père Rivalen avait épousé Blanchefleur. Mais, hélas ! Tristan l'ignorait.

Quand ils parvinrent au pied du donjon, les fanfares des veneurs attirèrent aux portes les barons et le roi Marc lui-même.

Après que le maître veneur lui eut conté l'aventure, Marc admira
140 le bel arroi[1] de cette chevauchée, le cerf bien dépecé, et le grand sens des coutumes de vénerie. Mais surtout il admirait le bel enfant étranger, et ses yeux ne pouvaient se détacher de lui. D'où lui venait cette première tendresse ? Le roi interrogeait son cœur et ne pouvait le comprendre. Seigneurs, c'était son sang qui s'émouvait et parlait en
145 lui, et l'amour qu'il avait jadis porté à sa sœur Blanchefleur.

Le soir, quand les tables furent levées, un jongleur[2] gallois, maître en son art, s'avança parmi les barons assemblés, et chanta des lais[3] de harpe*. Tristan était assis aux pieds du roi, et, comme le harpeur préludait à une nouvelle mélodie, Tristan lui parla ainsi :

150 « Maître, ce lai est beau entre tous : jadis les anciens Bretons l'ont fait pour célébrer les amours de Graelent. L'air en est doux, et douces les paroles. Maître, ta voix est habile, harpe-le bien ! »

Le Gallois chanta, puis répondit :

« Enfant, que sais-tu donc de l'art des instruments ? Si les mar-
155 chands de la terre de Loonnois enseignent aussi à leurs fils le jeu des harpes, des rotes et des vielles[4], lève-toi, prends cette harpe, et montre ton adresse. »

Tristan prit la harpe et chanta si bellement que les barons s'attendrissaient à l'entendre. Et Marc admirait le harpeur venu de ce pays
160 de Loonnois où jadis Rivalen avait emporté Blanchefleur.

Quand le lai fut achevé, le roi se tut longuement.

---

1. Arroi : arrangement (ancien français).
2. Jongleur : saltimbanque itinérant aux multiples talents ; acrobate, danseur, montreur d'animaux
· savants, musicien, il récite des poèmes et raconte des « chansons d'amour et de geste ».
3. Lais : d'origine celtique, poèmes musicaux, récits d'aventures légendaires ou d'amours
exemplaires chantés et accompagnés souvent à la harpe.
4. Des rotes et des vielles : instruments à cordes.

« Fils, dit-il enfin, béni soit le maître qui t'enseigna, et béni sois-tu de Dieu ! Dieu aime les bons chanteurs. Leur voix et la voix de leur harpe* pénètrent le cœur des hommes, réveillent leurs souvenirs 165 chers et leur font oublier maint deuil et maint méfait. Tu es venu pour notre joie en cette demeure. Reste longtemps près de moi, ami !

— Volontiers, je vous servirai, sire, répondit Tristan, comme votre harpeur, votre veneur* et votre homme lige[1]. »

Il fit ainsi, et, durant trois années, une mutuelle tendresse grandit 170 dans leurs cœurs. Le jour, Tristan suivait Marc aux plaids[2] ou en chasse, et, la nuit, comme il couchait dans la chambre royale parmi les privés et les fidèles, si le roi était triste, il harpait pour apaiser son déconfort. Les barons le chérissaient, et, sur tous les autres, comme l'histoire vous l'apprendra, le sénéchal[3] Dinas de Lidan. Mais plus 175 tendrement que les barons et que Dinas de Lidan, le roi l'aimait. Malgré leur tendresse, Tristan ne se consolait pas d'avoir perdu Rohalt son père, et son maître Gorvenal, et la terre de Loonnois.

* * *

Seigneurs, il sied* au conteur qui veut plaire d'éviter les trop longs récits. La matière de ce conte est si belle et si diverse : que servirait de l'al- 180 longer ? Je dirai donc brièvement comment, après avoir longtemps erré par les mers et les pays, Rohalt le Foi-Tenant aborda en Cornouailles, retrouva Tristan, et, montrant au roi l'escarboucle[4] jadis donnée par lui à Blanchefleur comme un cher présent nuptial, lui dit :

« Roi Marc, celui-ci est Tristan de Loonnois, votre neveu, fils de 185 votre sœur Blanchefleur et du roi Rivalen. Le duc Morgan tient sa terre à grand tort ; il est temps qu'elle fasse retour au droit héritier. »

Et je dirai brièvement comment Tristan, ayant reçu de son oncle les armes de chevalier, franchit la mer sur les nefs* de Cornouailles,

---

1. Homme lige : expression des institutions féodales qualifiant un vassal lié plus étroitement que d'autres à son suzerain ; signifie alors « fidélité » et « dévouement » total.
2. Plaids : audiences au tribunal, procès, jugements (a donné le verbe « plaider »).
3. Sénéchal : officier de cour, chef de la domesticité royale, chargé de présenter les plats à la table du roi. Titre aussi donné à un officier qui rend la justice au nom du roi.
4. Escarboucle : pierre précieuse (variété de grenat) d'un rouge foncé très vif.

se fit reconnaître des anciens vassaux* de son père, défia le meurtrier
190 de Rivalen, l'occit[1] et recouvra sa terre.

Puis il songea que le roi Marc ne pouvait plus vivre heureusement
sans lui, et comme la noblesse de son cœur lui révélait toujours le parti
le plus sage, il manda[2] ses comtes et ses barons et leur parla ainsi :

« Seigneurs de Loonnois, j'ai reconquis ce pays et j'ai vengé le roi
195 Rivalen par l'aide de Dieu et par votre aide. Ainsi j'ai rendu à mon
père son droit. Mais deux hommes, Rohalt, et le roi Marc de
Cornouailles, ont soutenu l'orphelin et l'enfant errant, et je dois aussi
les appeler pères ; à ceux-là, pareillement, ne dois-je pas rendre leur
droit ? Or, un haut homme a deux choses à lui : sa terre et son corps.
200 Donc, à Rohalt, que voici, j'abandonnerai ma terre : père, vous la tiendrez, et votre fils la tiendra après vous. Au roi Marc, j'abandonnerai
mon corps ; je quitterai ce pays, bien qu'il me soit cher, et j'irai servir
mon seigneur Marc en Cornouailles. Telle est ma pensée ; mais vous
êtes mes féaux[3], seigneurs de Loonnois, et me devez le conseil ; si donc
205 l'un de vous veut m'enseigner une autre résolution, qu'il se lève et
qu'il parle ! »

Mais tous les barons le louèrent avec des larmes, et Tristan, emmenant avec lui le seul Gorvenal, appareilla pour la terre du roi Marc.

---

1. L'occit : le tua (du verbe « occire »).
2. Manda : demanda, sollicita.
3. Féaux : fidèles (sing. : féal) ; terme relié à la féodalité.

Chapitre II

LE MORHOLT D'IRLANDE

Tristrem seyd : « Ywis,
Y wil defende it as knizt. »
SIR TRISTREM

Quand Tristan y rentra, Marc et toute sa baronnie* menaient
210 grand deuil. Car le roi d'Irlande avait équipé une flotte pour ravager
la Cornouailles, si Marc refusait encore, ainsi qu'il faisait depuis
quinze années, d'acquitter un tribut[1] jadis payé par ses ancêtres. Or,
sachez que, selon d'anciens traités d'accord, les Irlandais pouvaient
lever sur la Cornouailles, la première année trois cents livres de cuivre,
215 la deuxième année trois cents livres d'argent fin, et la troisième
trois cents livres d'or. Mais quand revenait la quatrième année, ils
emportaient trois cents jeunes garçons et trois cents jeunes filles, de
l'âge de quinze ans, tirés au sort entre les familles de Cornouailles. Or,
cette année, le roi avait envoyé vers Tintagel, pour porter son message,
220 un chevalier géant*, le Morholt, dont il avait épousé la sœur, et que
nul n'avait jamais pu vaincre en bataille. Mais le roi Marc, par lettres
scellées[2], avait convoqué à sa cour tous les barons de sa terre, pour
prendre leur conseil.

Au terme marqué, quand les barons furent assemblés dans la salle
225 voûtée du palais et que Marc se fut assis sous le dais[3], le Morholt
parla ainsi :

« Roi Marc, entends pour la dernière fois le mandement du roi
d'Irlande, mon seigneur. Il te semond[4] de payer enfin le tribut* que

---

1. Tribut : contribution, ou impôt forcé, imposée au vaincu par le vainqueur en signe
de soumission.
2. Lettres scellées : lettres fermées de façon inviolable et authentifiées par un sceau — cachet
officiel, en cire ou en plomb, où sont gravés signes et devises qui symbolisent la dynastie ou
la famille royale.
3. Dais : ouvrage de bois et de tissu fait de manière à ce qu'il s'étende comme un plafond au-dessus
d'un trône (d'un lit ou d'un autel).
4. Il te semond : il t'avertit avec menace (de l'ancien français *semondre*, « imposer, ordonner, demander
avec insistance » [d'un supérieur à un vassal]) ; on trouve aussi : « donner la semonce ».

tu lui dois. Pour ce que tu l'as trop longtemps refusé, il te requiert[1]
230 de me livrer en ce jour trois cents jeunes garçons et trois cents jeunes
filles, de l'âge de quinze ans, tirés au sort entre les familles de
Cornouailles. Ma nef*, ancrée au port de Tintagel, les emportera pour
qu'ils deviennent nos serfs[2]. Pourtant, — et je n'excepte que toi seul,
roi Marc, ainsi qu'il convient —, si quelqu'un de tes barons veut prou-
235 ver par bataille que le roi d'Irlande lève ce tribut contre le droit, j'ac-
cepterai son gage. Lequel d'entre vous, seigneurs cornouaillais, veut
combattre pour la franchise[3] de ce pays ? »

Les barons se regardaient entre eux à la dérobée, puis baissaient la
tête. Celui-ci se disait : « Vois, malheureux, la stature du Morholt
240 d'Irlande : il est plus fort que quatre hommes robustes. Regarde son
épée : ne sais-tu point que par sortilège elle a fait voler la tête des plus
hardis[4] champions, depuis tant d'années que le roi d'Irlande envoie
ce géant porter ses défis par les terres vassales* ? Chétif, veux-tu chercher la mort ? À quoi bon tenter Dieu ? » Cet autre songeait : « Vous ai-
245 je élevés, chers fils, pour les besognes des serfs, et vous, chères filles,
pour celles des filles de joie ? Mais ma mort ne vous sauverait pas. » Et
tous se taisaient.

Le Morholt dit encore :

« Lequel d'entre vous, seigneurs cornouaillais, veut prendre mon
250 gage ? Je lui offre une belle bataille : car, à trois jours d'ici, nous gagne-
rons sur des barques l'île Saint-Samson, au large de Tintagel. Là,
votre chevalier et moi, nous combattrons seul à seul, et la louange
d'avoir tenté la bataille rejaillira sur toute sa parenté. »

Ils se taisaient toujours, et le Morholt ressemblait au gerfaut[5] que
255 l'on enferme dans une cage avec de petits oiseaux : quand il y entre,
tous deviennent muets.

---

1. Il te requiert : il te réclame.
2. Serfs : dans le système féodal, le serf (du latin *servus*, « esclave »), sans être véritablement
esclave, ne possédait pas une liberté personnelle complète et vivait sous la dépendance de
son seigneur ; s'il était attaché à une terre, il l'exploitait au bénéfice exclusif du seigneur.
3. Franchise : libération, indépendance.
4. Hardis : audacieux.
5. Gerfaut : oiseau de proie, vautour.

COMBAT DE TRISTAN CONTRE LE MORHOLT.

BIBLIOTHÈQUE DES ARTS DÉCORATIFS, PARIS.

Le Morholt parla pour la troisième fois :

« Eh bien, beaux seigneurs cornouaillais, puisque ce parti vous semble le plus noble, tirez vos enfants au sort et je les emporterai ! 260 Mais je ne croyais pas que ce pays ne fût habité que par des serfs*. »

Alors Tristan s'agenouilla aux pieds du roi Marc, et dit :

« Seigneur roi, s'il vous plaît de m'accorder ce don, je ferai la bataille. »

En vain le roi Marc voulut l'en détourner. Il était jeune chevalier : 265 de quoi lui servirait sa hardiesse* ? Mais Tristan donna son gage au Morholt, et le Morholt le reçut.

* * *

Au jour dit, Tristan se plaça sur une courtepointe de cendal vermeil [1], et se fit armer pour la haute aventure. Il revêtit le haubert et le heaume [2] d'acier bruni. Les barons* pleuraient de pitié sur le preux* 270 et de honte sur eux-mêmes. « Ah ! Tristan, se disaient-ils, hardi baron, belle jeunesse, que n'ai-je, plutôt que toi, entrepris cette bataille ! Ma mort jetterait un moindre deuil sur cette terre !... » Les cloches sonnent, et tous, ceux de la baronnie et ceux de la gent menue [3], vieillards, enfants et femmes, pleurant et priant, escortent Tristan jusqu'au 275 rivage. Ils espéraient encore, car l'espérance au cœur des hommes vit de chétive pâture.

Tristan monta seul dans une barque et cingla* vers l'île Saint-Samson. Mais le Morholt avait tendu à son mât une voile de riche pourpre [4], et le premier il aborda dans l'île. Il attachait sa barque au 280 rivage, quand Tristan, touchant terre à son tour, repoussa du pied la sienne vers la mer.

« Vassal*, que fais-tu ? dit le Morholt, et pourquoi n'as-tu pas retenu comme moi ta barque par une amarre ?

— Vassal, à quoi bon ? répondit Tristan. L'un de nous reviendra 285 seul vivant d'ici : une seule barque ne lui suffit-elle pas ? »

---

1. Cendal vermeil : type de tissu luxueux de couleur rouge vif.
2. Le haubert et le heaume : longue chemise de mailles d'acier et grand casque, protégeant tête et visage, que portaient les chevaliers du Moyen Âge lors des batailles.
3. La gent menue : le « bas peuple », le « petit peuple ».
4. Pourpre : matière colorante d'un rouge vif ; par extension, une étoffe rouge vif, symbole de richesse et de haut rang social.

Et tous deux, s'excitant au combat par des paroles outrageuses, s'enfoncèrent dans l'île.

Nul ne vit l'âpre bataille; mais, par trois fois, il sembla que la brise de mer portait au rivage un cri furieux. Alors, en signe de deuil, les
290 femmes battaient leurs paumes en chœur, et les compagnons du Morholt, massés à l'écart devant leurs tentes, riaient. Enfin, vers l'heure de none[1], on vit au loin se tendre la voile de pourpre*; la barque de l'Irlandais se détacha de l'île, et une clameur de détresse retentit: « Le Morholt! le Morholt! » Mais, comme la barque grandissait,
295 soudain, au sommet d'une vague, elle montra un chevalier qui se dressait à la proue[2]; chacun de ses poings tendait une épée brandie: c'était Tristan. Aussitôt vingt barques volèrent à sa rencontre et les jeunes hommes se jetaient à la nage. Le preux* s'élança sur la grève et, tandis que les mères à genoux baisaient ses chausses[3] de fer, il cria aux
300 compagnons du Morholt:

« Seigneurs d'Irlande, le Morholt a bien combattu. Voyez: mon épée est ébréchée[4], un fragment de la lame est resté enfoncé dans son crâne. Emportez ce morceau d'acier, seigneurs: c'est le tribut* de la Cornouailles! »

305 Alors il monta vers Tintagel. Sur son passage, les enfants délivrés agitaient à grands cris des branches vertes, et de riches courtines[5] se tendaient aux fenêtres. Mais quand, parmi les chants d'allégresse, aux bruits des cloches, des trompes et des buccines[6], si retentissants qu'on n'eût pas ouï[7] Dieu tonner, Tristan parvint au château, il s'affaissa
310 entre les bras du roi Marc: et le sang ruisselait de ses blessures.

* * *

---

1. Heure de none: 15 heures. La journée était divisée non pas en heures, comme aujourd'hui, mais selon le type de prières fixées par l'Église (canons de l'Église): matines (minuit), laudes (3 h du matin), prime (6 h), tierce (9 h), sexte ou midi (12 h), none (15 h), vêpres (18 h), complies (21 h).
2. Proue: avant du navire.
3. Chausses: à la manière des bas, les chausses en tissu couvrent les jambes et les pieds; mais, pour se protéger au combat, le chevalier lace, par-dessus ses chausses, des chausses de mailles d'acier.
4. Ébréchée: brisée sur le bord.
5. Courtines: tentures, rideaux.
6. Buccines (ou buccins): trompettes des anciens Romains.
7. Ouï: entendu (du verbe « ouïr »).

À grand déconfort [1], les compagnons du Morholt abordèrent en Irlande. Naguère, quand il rentrait au port de Weisefort, le Morholt se réjouissait à revoir ses hommes assemblés qui l'acclamaient en foule, et la reine sa sœur, et sa nièce, Iseut la Blonde, aux cheveux d'or, dont
315 la beauté brillait déjà comme l'aube qui se lève. Tendrement elles lui faisaient accueil, et, s'il avait reçu quelque blessure, elles le guérissaient ; car elles savaient les baumes [2] et les breuvages qui raniment les blessés déjà pareils à des morts. Mais de quoi leur serviraient maintenant les recettes magiques, les herbes cueillies à l'heure propice, les
320 philtres [3] ? Il gisait [4] mort, cousu dans un cuir de cerf, et le fragment de l'épée ennemie était encore enfoncé dans son crâne. Iseut la Blonde l'en retira pour l'enfermer dans un coffret d'ivoire, précieux comme un reliquaire [5]. Et, courbées sur le grand cadavre, la mère et la fille, redisant sans fin l'éloge du mort et sans répit lançant la même impré-
325 cation contre le meurtrier, menaient à tour de rôle parmi les femmes le regret funèbre. De ce jour, Iseut la Blonde apprit à haïr le nom de Tristan de Loonnois.

Mais, à Tintagel, Tristan languissait* : un sang venimeux découlait de ses blessures. Les médecins connurent que le Morholt avait
330 enfoncé dans sa chair un épieu empoisonné, et comme leurs boissons et leur thériaque [6] ne pouvaient le sauver, ils le remirent à la garde de Dieu. Une puanteur si odieuse s'exhalait de ses plaies que tous ses plus chers amis le fuyaient, tous, sauf le roi Marc, Gorvenal et Dinas de Lidan. Seuls, ils pouvaient demeurer à son chevet, et leur amour sur-
335 montait leur horreur. Enfin, Tristan se fit porter dans une cabane construite à l'écart sur le rivage ; et, couché devant les flots, il attendait la mort. Il songeait : « Vous m'avez donc abandonné, roi Marc, moi qui ai sauvé l'honneur de votre terre ? Non, je le sais, bel oncle, que vous donneriez votre vie pour la mienne ; mais que pourrait votre tendresse ?

---

1. Déconfort : sans consolation (construit avec le préfixe *dé-*, ce terme est issu du latin *confortare*, « consoler », « réconforter »).
2. Baume : préparation à base de plantes à effet calmant.
3. Philtre : breuvage magique destiné à provoquer l'amour (du grec *philein*, « aimer »).
4. Gisait : était couché sans mouvement (du verbe « gésir »).
5. Reliquaire : coffret précieux contenant les restes du corps d'un saint (« reliques »), objet de culte important au Moyen Âge.
6. Thériaque : remède, thérapie.

[…] Gorvenal poussa au large la barque où gisait son cher fils,
et la mer l'emporta.

Lignes 352 et 353.

MINIATURE D'UN MANUSCRIT DU XVe SIÈCLE.

OSTERREICHISCHE NATIONALBIBLIOTHEK, VIENNE.

340 il me faut mourir. Il est doux, pourtant, de voir le soleil, et mon cœur est hardi* encore. Je veux tenter la mer aventureuse… Je veux qu'elle m'emporte au loin, seul. Vers quelle terre? je ne sais, mais là peut-être où je trouverai qui me guérisse. Et peut-être un jour vous servirai-je encore, bel oncle, comme votre harpeur*, et votre veneur*, et votre
345 bon vassal*. »

Il supplia tant, que le roi Marc consentit à son désir. Il le porta sur une barque sans rames ni voile, et Tristan voulut qu'on déposât seulement sa harpe près de lui. À quoi bon les voiles que ses bras n'auraient pu dresser? À quoi bon les rames? À quoi bon l'épée? Comme
350 un marinier, au cours d'une longue traversée, lance par-dessus bord le cadavre d'un ancien compagnon, ainsi, de ses bras tremblants, Gorvenal poussa au large la barque où gisait* son cher fils, et la mer l'emporta.

Sept jours et sept nuits, elle l'entraîna doucement. Parfois, Tristan
355 harpait pour charmer[1] sa détresse. Enfin, la mer, à son insu, l'approcha d'un rivage. Or, cette nuit-là, des pêcheurs avaient quitté le port pour jeter leurs filets au large, et ramaient, quand ils entendirent une mélodie douce, hardie et vive, qui courait au ras des flots. Immobiles, leurs avirons suspendus sur les vagues, ils écoutaient; dans la pre-
360 mière blancheur de l'aube, ils aperçurent la barque errante. « Ainsi, se disaient-ils, une musique surnaturelle enveloppait* la nef* de saint Brendan, quand elle voguait vers les îles Fortunées sur la mer aussi blanche que le lait. » Ils ramèrent pour atteindre la barque: elle allait à la dérive, et rien n'y semblait vivre, que la voix de la harpe; mais, à
365 mesure qu'ils approchaient, la mélodie s'affaiblit, elle se tut, et, quand ils accostèrent, les mains de Tristan étaient retombées inertes sur les cordes frémissantes encore. Ils le recueillirent et retournèrent vers le port pour remettre le blessé à leur dame compatissante qui saurait peut-être le guérir.

370 Hélas! ce port était Weisefort, où gisait le Morholt, et leur dame était Iseut la Blonde. Elle seule, habile aux philtres*, pouvait sauver Tristan; mais, seule parmi les femmes, elle voulait sa mort. Quand

---

1. Charmer: apaiser, calmer. Le sens initial de « soumettre à un charme, une opération magique » s'est doublé du sens plus abstrait de « calmer, apaiser »; il n'a pris le sens de « plaire, séduire » qu'à la fin du XVIe siècle.

Tristan, ranimé par son art, se reconnut, il comprit que les flots l'avaient jeté sur une terre de péril. Mais, hardi* encore à défendre sa
375 vie, il sut trouver rapidement de belles paroles rusées. Il conta qu'il était un jongleur* qui avait pris passage sur une nef* marchande ; il naviguait vers l'Espagne pour y apprendre l'art de lire dans les étoiles ; des pirates avaient assailli la nef : blessé, il s'était enfui sur cette barque. On le crut : nul des compagnons du Morholt ne reconnut le
380 beau chevalier de l'île Saint-Samson, si laidement le venin avait déformé ses traits. Mais quand, après quarante jours, Iseut aux cheveux d'or l'eut presque guéri, comme déjà, en ses membres assouplis, commençait à renaître la grâce de la jeunesse, il comprit qu'il fallait fuir ; il s'échappa, et, après maints dangers courus, un jour il reparut
385 devant le roi Marc.

Chapitre III

La quête de la Belle aux cheveux d'or

> *En po d'ore vos oi paiée*
> *O la parole do chevol,*
> *Dont jo ai puis eü grant dol.*
>
> (Lai de la folie, Tristan)

Il y avait à la cour du roi Marc quatre barons, les plus félons* des hommes, qui haïssaient Tristan de male* haine pour sa prouesse et pour le tendre amour que le roi lui portait. Et je sais vous redire leurs noms : Andret, Guenelon, Gondoïne et Denoalen ; or le duc Andret
390 était, comme Tristan, un neveu du roi Marc. Connaissant que le roi méditait de vieillir sans enfants pour laisser sa terre à Tristan, leur envie s'irrita, et, par des mensonges, ils animaient contre Tristan les hauts hommes de Cornouailles :

« Que de merveilles en sa vie ! disaient les félons ; mais vous êtes des
395 hommes de grand sens, seigneurs, et qui savez sans doute en rendre raison. Qu'il ait triomphé du Morholt, voilà déjà un beau prodige ; mais par quels enchantements [1] a-t-il pu, presque mort, voguer seul sur la mer ? Lequel de nous, seigneurs, dirigerait une nef sans rames ni voile ? Les magiciens le peuvent, dit-on. Puis, en quel pays de sorti-
400 lège a-t-il pu trouver remède à ses plaies ? Certes, il est un enchanteur ; oui, sa barque était fée [2] et pareillement son épée, et sa harpe* est enchantée, qui chaque jour verse des poisons au cœur du roi Marc ! Comme il a su dompter ce cœur par puissance et charme* de sorcellerie ! Il sera roi, seigneurs, et vous tiendrez vos terres d'un
405 magicien ! »

Ils persuadèrent la plupart des barons : car beaucoup d'hommes ne savent pas que ce qui est du pouvoir des magiciens, le cœur peut

---

1. Enchantements : phénomènes magiques (du latin *incantare*, chanter des formules magiques ; a donné « incantations »).
2. Fée : enchantée ; une « fée » est un être féminin imaginaire à qui la légende attribue un pouvoir surnaturel et une influence sur les destinées humaines.

aussi l'accomplir par la force de l'amour et de la hardiesse*. C'est
pourquoi les barons pressèrent le roi Marc de prendre à femme une
410 fille de roi, qui lui donnerait des hoirs[1]; s'il refusait, ils se retireraient
dans leur forts châteaux pour le guerroyer. Le roi résistait et jurait en
son cœur qu'aussi longtemps que vivrait son cher neveu, nulle fille de
roi n'entrerait en sa couche[2]. Mais, à son tour, Tristan qui supportait à
grand'honte le soupçon d'aimer son oncle à bon profit, le menaça : que
415 le roi se rendît à la volonté de sa baronnie*; sinon, il abandonnerait la
cour, il s'en irait servir le riche roi de Gavoie. Alors Marc fixa un terme
à ses barons : à quarante jours de là, il dirait sa pensée.

Au jour marqué, seul dans sa chambre, il attendait leur venue et
songeait tristement : «Où donc trouver fille de roi si lointaine et inac-
420 cessible que je puisse feindre, mais feindre seulement, de la vouloir
pour femme ? »

À cet instant, par la fenêtre ouverte sur la mer, deux hirondelles qui
bâtissaient leur nid entrèrent en se querellant, puis, brusquement
effarouchées, disparurent. Mais de leurs becs s'était échappé un long
425 cheveu de femme, plus fin que fil de soie, qui brillait comme un rayon
de soleil.

Marc, l'ayant pris, fit entrer les barons et Tristan, et leur dit :

«Pour vous complaire, seigneurs, je prendrai femme, si toutefois
vous voulez quérir celle que j'ai choisie.

430 — Certes, nous le voulons, beau seigneur ; qui donc est celle que je
vous avez choisie ?

— J'ai choisi celle à qui fut ce cheveu d'or, et sachez que je n'en
veux point d'autre.

— Et de quelle part, beau seigneur, vous vient ce cheveu d'or ? qui
435 vous l'a porté ? et de quel pays ?

— Il me vient, seigneurs, de la Belle aux cheveux d'or ; deux hirondelles me l'ont porté ; elles savent de quel pays. »

Les barons comprirent qu'ils étaient raillés[3] et déçus. Ils regardaient Tristan avec dépit, car ils le soupçonnaient d'avoir conseillé

---

1. Hoirs : héritiers.
2. Couche : lit.
3. Raillés : ridiculisés.

440 cette ruse. Mais Tristan, ayant considéré le cheveu d'or, se souvint
d'Iseut la Blonde. Il sourit et parla ainsi :

« Roi Marc, vous agissez à grand tort ; et ne voyez-vous pas que
les soupçons de ces seigneurs me honnissent [1] ? Mais vainement
vous avez préparé cette dérision : j'irai quérir la Belle aux cheveux
445 d'or. Sachez que la quête est périlleuse et qu'il me sera plus malaisé
de retourner de son pays que de l'île où j'ai tué le Morholt ; mais de
nouveau je veux mettre pour vous, bel oncle, mon corps et ma vie à
l'aventure. Afin que vos barons connaissent si je vous aime d'amour
loyal, j'engage ma foi par ce serment : ou je mourrai dans l'entre-
450 prise, ou je ramènerai en ce château de Tintagel la Reine aux blonds
cheveux. »

* * *

Il équipa une belle nef*, qu'il garnit de froment, de vin, de miel
et de toutes bonnes denrées. Il y fit monter, outre Gorvenal, cent
jeunes chevaliers de haut parage [2], choisis parmi les plus hardis, et les
455 affubla de cottes de bure [3] et de chapes de camelin [4] grossier, en sorte
qu'ils ressemblaient à des marchands ; mais, sous le pont de la nef, ils
cachaient les riches habits de drap d'or, de cendal* et d'écarlate [5], qui
conviennent aux messagers d'un roi puissant.

Quand la nef eut pris le large, le pilote demanda :
460 « Beau seigneur, vers quelle terre naviguer ?

— Ami, cingle* vers l'Irlande, droit au port de Weisefort. »

Le pilote frémit. Tristan ne savait-il pas que, depuis le meurtre du
Morholt, le roi d'Irlande pourchassait les nefs cornouaillaises ? Les
mariniers saisis, il les pendait à des fourches. Le pilote obéit pourtant
465 et gagna la terre périlleuse.

D'abord, Tristan sut persuader aux hommes de Weisefort que
ses compagnons étaient des marchands d'Angleterre venus pour

---

1. Honnissent : blâment, couvrent de honte, déshonorent (du verbe « honnir »).
2. De haut parage : de haute naissance ; d'origine noble.
3. Cottes de bure : tuniques faites d'une étoffe grossière de laine brune (la bure servait à fabriquer
   la robe des moines, qui généralement faisaient vœu de pauvreté).
4. Chapes de camelin : manteaux à capuchon en poils de chèvre ou de chameau.
5. Écarlate : étoffe précieuse de couleur rouge.

Quand la nef eut pris le large, le pilote demanda :
« Beau seigneur, vers quelle terre naviguer ? »
— Ami, cingle vers l'Irlande, droit au port de Weisefort. »

Lignes 459 à 461.

MINIATURE D'UN MANUSCRIT DU XVe SIÈCLE.

OSTERREICHISCHE NATIONALBIBLIOTHEK, VIENNE.

trafiquer* en paix. Mais, comme ces marchands d'étrange sorte consumaient le jour aux nobles jeux des tables et des échecs et parais-
470 saient mieux s'entendre à manier les dés qu'à mesurer le froment, Tristan redoutait d'être découvert, et ne savait comment entreprendre sa quête.

Or, un matin, au point du jour, il ouït* une voix si épouvantable qu'on eût dit le cri d'un démon. Jamais il n'avait entendu bête glapir
475 en telle guise, si horrible et si merveilleuse[1]. Il appela une femme qui passait sur le port :

« Dites-moi, fait-il, dame, d'où vient cette voix que j'ai ouïe ? ne me le cachez pas.

— Certes, sire, je vous le dirai sans mensonge. Elle vient d'une bête
480 fière et la plus hideuse qui soit au monde. Chaque jour, elle descend de sa caverne et s'arrête à l'une des portes de la ville. Nul n'en peut sortir, nul n'y peut entrer, qu'on n'ait livré au dragon une jeune fille ; et, dès qu'il la tient entre ses griffes, il la dévore en moins de temps qu'il n'en faut pour dire une patenôtre[2].

485 — Dame, dit Tristan, ne vous raillez* pas de moi, mais dites-moi s'il serait possible à un homme né de mère de l'occire* en bataille.

— Certes, beau doux sire, je ne sais ; ce qui est assuré, c'est que vingt chevaliers éprouvés ont déjà tenté l'aventure ; car le roi d'Irlande a proclamé par voix de héraut[3] qu'il donnerait sa fille Iseut la Blonde
490 à qui tuerait le monstre ; mais le monstre les a tous dévorés. »

Tristan quitte la femme et retourne vers sa nef*. Il s'arme en secret, et il eût fait beau voir sortir de la nef de ces marchands si riche destrier[4] de guerre et si fier chevalier. Mais le port était désert, car l'aube venait à peine de poindre, et nul ne vit le preux* chevaucher jusqu'à
495 la porte que la femme lui avait montrée. Soudain, sur la route, cinq hommes dévalèrent, qui éperonnaient[5] leurs chevaux, les freins

---

1. Merveilleuse : qui relève d'un phénomène étrange et surnaturel (sens vieilli).
   Le « merveilleux » relève du miracle, de l'étrange. L'adjectif signifie soit « extrêmement admirable, miraculeux », soit « extrêmement horrible ».
2. Patenôtre : courte prière (du latin *Pater Noster*, « Notre Père »).
3. Héraut : au Moyen Âge, officier chargé de transmettre publiquement et à haute voix les messages du roi.
4. Destrier : cheval de bataille ; par opposition au « palefroi », cheval de parade.
5. Éperonnaient : poussaient leur cheval au galop en le piquant des éperons, des pointes de métal fixées aux talons du chevalier.

COMBAT DE TRISTAN CONTRE LE DRAGON.
TRISTAN EN PROSE, MINIATURE D'UN MANUSCRIT DU XVᵉ SIÈCLE (DÉTAIL).

BIBLIOTHÈQUE NATIONALE, PARIS.

abandonnés[1], et fuyaient vers la ville. Tristan saisit au passage l'un d'entre eux par ses rouges cheveux tressés, si fortement qu'il le renversa sur la croupe de son cheval et le maintint arrêté :

500 « Dieu vous sauve, beau sire ! dit Tristan ; par quelle route vient le dragon ? »

Et quand le fuyard lui eut montré la route, Tristan le relâcha.

Le monstre approchait. Il avait la tête d'une guivre[2], les yeux rouges et tels que des charbons embrasés, deux cornes au front, les oreilles 505 longues et velues, des griffes de lion, une queue de serpent, le corps écailleux d'un griffon[3].

Tristan lança contre lui son destrier* d'une telle force que, tout hérissé de peur, il bondit pourtant contre le monstre. La lance de Tristan heurta les écailles et vola en éclats. Aussitôt le preux* tire son 510 épée, la lève et l'assène sur la tête du dragon, mais sans même entamer le cuir. Le monstre a senti l'atteinte, pourtant ; il lance ses griffes contre l'écu*, les y enfonce, et en fait voler les attaches. La poitrine découverte, Tristan le requiert encore de l'épée, et le frappe sur les flancs d'un coup si violent que l'air en retentit. Vainement : il ne peut 515 le blesser. Alors, le dragon vomit par les naseaux un double jet de flammes venimeuses : le haubert* de Tristan noircit comme un charbon éteint, son cheval s'abat et meurt. Mais, aussitôt relevé, Tristan enfonce sa bonne épée dans la gueule du monstre : elle y pénètre toute et lui fend le cœur en deux parts. Le dragon pousse une dernière fois 520 son cri horrible et meurt.

Tristan lui coupa la langue et la mit dans sa chausse*. Puis, tout étourdi par la fumée âcre, il marcha, pour y boire, vers une eau stagnante qu'il voyait briller à quelque distance. Mais le venin distillé par la langue du dragon s'échauffa contre son corps, et, dans les hautes 525 herbes qui bordaient le marécage, le héros tomba inanimé.

* * *

---

1. Freins abandonnés : les brides lâchées (du latin *frenum*).
2. Guivre : animal imaginaire fantastique, possédant la tête et le corps d'un serpent, avec des ailes de chauve-souris et des pattes de pourceau.
3. Griffon : animal imaginaire monstrueux, mélange de lion et d'oiseau de proie.

Or, sachez que le fuyard aux rouges cheveux tressés était Aguynguerran le Roux, le sénéchal* du roi d'Irlande, et qu'il convoitait[1] Iseut la Blonde. Il était couard[2], mais telle est la puissance de l'amour que chaque matin il s'embusquait[3], armé, pour assaillir le
530 monstre; pourtant, du plus loin qu'il entendait son cri, le preux* fuyait. Ce jour-là, suivi de ses quatre compagnons, il osa rebrousser chemin. Il trouva le dragon abattu, le cheval mort, l'écu* brisé, et pensa que le vainqueur achevait de mourir en quelque lieu. Alors, il trancha la tête du monstre, la porta au roi et réclama le beau salaire promis.

535 Le roi ne crut guère à sa prouesse; mais voulant lui faire droit, il fit semondre* ses vassaux* de venir à sa cour, à trois jours de là: devant le barnage[4] assemblé, le sénéchal Aguynguerran fournirait la preuve de sa victoire.

Quand Iseut la Blonde apprit qu'elle serait livrée à ce couard, elle fit
540 d'abord une longue risée, puis se lamenta. Mais, le lendemain, soupçonnant l'imposture, elle prit avec elle son valet, le blond, le fidèle Perinis, et Brangien, sa jeune servante et sa compagne, et tous trois chevauchèrent en secret vers le repaire du monstre, tant qu'Iseut remarqua sur la route des empreintes de forme singulière: sans doute, le cheval qui avait passé
545 là n'avait pas été ferré en ce pays. Puis elle trouva le monstre sans tête et le cheval mort; il n'était pas harnaché selon la coutume d'Irlande. Certes, un étranger avait tué le dragon; mais vivait-il encore?

Iseut, Perinis et Brangien le cherchèrent longtemps; enfin, parmi les herbes du marécage, Brangien vit briller le heaume* du preux. Il
550 respirait encore. Perinis le prit sur son cheval et le porta secrètement dans les chambres des femmes. Là, Iseut conta l'aventure à sa mère, et lui confia l'étranger. Comme la reine lui ôtait son armure, la langue envenimée du dragon tomba de sa chausse*. Alors la reine d'Irlande réveilla le blessé par la vertu[5] d'une herbe, et lui dit:

555 « Étranger, je sais que tu es vraiment le tueur du monstre. Mais notre sénéchal, un félon*, un couard, lui a tranché la tête et réclame

---

1. Convoitait: désirait ardemment.
2. Couard: lâche, poltron.
3. S'embusquait: se dissimulait en vue d'attaquer un ennemi par surprise (nom: embuscade).
4. Barnage: ce terme, sans doute construit à partir de la racine *baro*, qui a donné « baron », signifierait le rassemblement de tous les barons, nobles vassaux du roi.
5. Vertu: pouvoir ou principe qui produit un effet particulier.

ma fille Iseut la Blonde pour sa récompense. Sauras-tu, à deux jours
d'ici, lui prouver son tort par bataille ?

— Reine, dit Tristan, le terme est proche. Mais, sans doute, vous
560 pouvez me guérir en deux journées. J'ai conquis Iseut sur le dragon ;
peut-être je la conquerrai sur le sénéchal. »

Alors la reine l'hébergea richement, et brassa pour lui des remèdes
efficaces. Au jour suivant, Iseut la Blonde lui prépara un bain et doucement oignit[1] son corps d'un baume* que sa mère avait composé.
565 Elle arrêta ses regards sur le visage du blessé, vit qu'il était beau, et se
prit à penser : « Certes, si sa prouesse vaut sa beauté, mon champion
fournira une rude bataille ! » Mais Tristan, ranimé par la chaleur de
l'eau et la force des aromates, la regardait, et, songeant qu'il avait
conquis la Reine aux cheveux d'or, se mit à sourire. Iseut le remarqua
570 et se dit : « Pourquoi cet étranger a-t-il souri ? Ai-je rien fait qui ne
convienne pas ? Ai-je négligé l'un des services qu'une jeune fille doit
rendre à son hôte ? Oui, peut-être a-t-il ri parce que j'ai oublié de
parer ses armes ternies par le venin. »

Elle vint donc là où l'armure de Tristan était déposée : « Ce heaume
575 est de bon acier, pensa-t-elle, et ne lui faudra pas au besoin. Et ce haubert* est fort, léger, bien digne d'être porté par un preux. » Elle prit
l'épée par la poignée : « Certes, c'est là une belle épée, et qui convient
à un hardi* baron. »

Elle tire du riche fourreau, pour l'essuyer, la lame sanglante. Mais
580 elle voit qu'elle est largement ébréchée*. Elle remarque la forme de
l'entaille : ne serait-ce point la lame qui s'est brisée dans la tête du
Morholt ? Elle hésite, regarde encore, veut s'assurer de son doute. Elle
court à la chambre où elle gardait le fragment d'acier retiré naguère
du crâne du Morholt. Elle joint le fragment à la brèche ; à peine voyait-
585 on la trace de la brisure.

Alors elle se précipita vers Tristan, et, faisant tournoyer sur la tête
du blessé la grande épée, elle cria :

« Tu es Tristan de Loonnois, le meurtrier du Morholt, mon cher
oncle. Meurs donc à ton tour ! »

---

1. Oignit : frotta, enduisit son corps d'une huile (du verbe « oindre »).

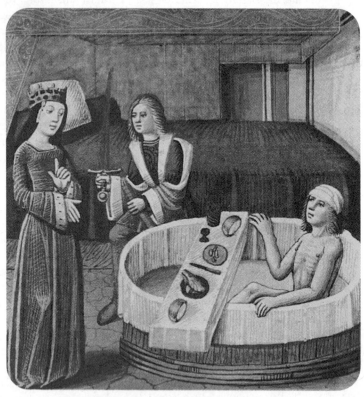

Au jour suivant, Iseut la Blonde lui prépara un bain [...].
Elle arrêta ses regards sur le visage du blessé,
vit qu'il était beau [...]

Lignes 563 à 565.

MINIATURE D'UN MANUSCRIT DU XVᵉ SIÈCLE.

OSTERREICHISCHE NATIONALBIBLIOTHEK, VIENNE.

590 Tristan fit effort pour arrêter son bras ; vainement ; son corps était perclus[1], mais son esprit restait agile. Il parla donc avec adresse :

« Soit, je mourrai ; mais, pour t'épargner les longs repentirs, écoute. Fille de roi, sache que tu n'as pas seulement le pouvoir, mais le droit de me tuer. Oui, tu as droit sur ma vie, puisque deux fois tu
595 me l'as conservée et rendue. Une première fois, naguère : j'étais le jongleur* blessé que tu as sauvé quand tu as chassé de son corps le venin dont l'épieu du Morholt l'avait empoisonné. Ne rougis pas, jeune fille, d'avoir guéri ces blessures : ne les avais-je pas reçues en loyal combat ? ai-je tué le Morholt en trahison ? ne m'avait-il pas défié ? ne devais-je
600 pas défendre mon corps ? Pour la seconde fois, en m'allant chercher au marécage, tu m'as sauvé. Ah ! c'est pour toi, jeune fille, que j'ai combattu le dragon... Mais laissons ces choses : je voulais te prouver seulement que, m'ayant par deux fois délivré du péril de la mort, tu as droit sur ma vie. Tue-moi donc, si tu penses y gagner louange et gloire.
605 Sans doute, quand tu seras couchée entre les bras du preux* sénéchal*, il te sera doux de songer à ton hôte blessé, qui avait risqué sa vie pour te conquérir et t'avait conquise, et que tu auras tué sans défense dans ce bain. »

Iseut s'écria :

610 « J'entends merveilleuses paroles. Pourquoi le meurtrier du Morholt a-t-il voulu me conquérir ? Ah ! sans doute, comme le Morholt avait jadis tenté de ravir sur sa nef* les jeunes filles de Cornouailles, à ton tour, par belles représailles, tu as fait cette vantance[2] d'emporter comme ta serve[3] celle que le Morholt chérissait
615 entre les jeunes filles...

— Non, fille de roi, dit Tristan. Mais un jour deux hirondelles ont volé jusqu'à Tintagel pour y porter l'un de tes cheveux d'or. J'ai cru qu'elles venaient m'annoncer paix et amour. C'est pourquoi je suis venu te quérir par delà la mer. C'est pourquoi j'ai affronté le monstre et
620 son venin. Vois ce cheveu cousu parmi les fils d'or de mon bliaut[4] ; la couleur des fils d'or a passé ; l'or du cheveu ne s'est pas terni. »

---

1. Perclus : transpercé.
2. As fait [...] vantance : as tiré vanité de quelque chose (construit à partir du latin *vanitare* ; nom : vantardise).
3. Serve : féminin de serf (voir la note 2, à la page 19).
4. Bliaut : longue tunique de laine ou de soie que femmes et hommes portaient.

Iseut regarda la grande épée et prit en main le bliaut* de Tristan. Elle y vit le cheveu d'or et se tut longuement ; puis elle baisa son hôte sur les lèvres en signe de paix et le revêtit de riches habits.

* * *

625   Au jour de l'assemblée des barons, Tristan envoya secrètement vers sa nef* Perinis, le valet d'Iseut, pour mander* à ses compagnons de se rendre à la cour, parés comme il convenait aux messagers d'un riche roi : car il espérait atteindre ce jour même au terme de l'aventure. Gorvenal et les cent chevaliers se désolaient depuis quatre jours
630   d'avoir perdu Tristan ; ils se réjouirent de la nouvelle.

Un à un, dans la salle où déjà s'amassaient sans nombre les barons d'Irlande, ils entrèrent, s'assirent à la file sur un même rang, et les pierreries ruisselaient au long de leurs riches vêtements d'écarlate*, de cendal* et de pourpre*. Les Irlandais disaient entre eux : « Quels sont
635   ces seigneurs magnifiques ? Qui les connaît ? Voyez ces manteaux somptueux, parés de zibeline[1] et d'orfroi[2] ! Voyez au pommeau[3] des épées, au fermail[4] des pelisses, chatoyer les rubis, les béryls[5], les émeraudes et tant de pierres que nous ne savons même pas nommer ! Qui donc vit jamais splendeur pareille ? D'où viennent ces seigneurs ? À qui
640   sont-ils ? » Mais les cent chevaliers se taisaient et ne se mouvaient de leurs sièges pour nul qui entrât.

Quand le roi d'Irlande fut assis sous le dais*, le sénéchal* Aguynguerran le Roux offrit de prouver par témoins et de soutenir par bataille qu'il avait tué le monstre et qu'Iseut devait lui être livrée.
645   Alors Iseut s'inclina devant son père et dit :

« Roi, un homme est là, qui prétend convaincre votre sénéchal de mensonge et de félonie*. À cet homme prêt à prouver qu'il a délivré votre terre du fléau et que votre fille ne doit pas être abandonnée à un couard*, promettez-vous de pardonner ses torts anciens, si grands
650   soient-ils, et de lui accorder votre merci[6] et votre paix ? »

---

1. Zibeline : fourrure très précieuse (du nom du mammifère).
2. Orfroi : bande d'étoffe brodée de fils d'or et d'argent, parfois ornée de pierres précieuses.
3. Pommeau : tête arrondie de la poignée d'une épée ou d'une canne.
4. Fermail : broche servant à agrafer un manteau.
5. Béryls : pierres précieuses transparentes et colorées (aigue-marine et émeraude).
6. Merci : pardon.

Le roi y pensa et ne se hâtait pas de répondre. Mais ses barons crièrent en foule :

« Octroyez-le, sire, octroyez-le ! »

Le roi dit :

655   « Et je l'octroie ! »

Mais Iseut s'agenouilla à ses pieds :

« Père, donnez-moi d'abord le baiser de merci et de paix, en signe que vous le donnerez pareillement à cet homme ! »

Quand elle eut reçu le baiser, elle alla chercher Tristan et le condui-
660 sit par la main dans l'assemblée. À sa vue, les cent chevaliers se levèrent à la fois, le saluèrent les bras en croix sur la poitrine, se rangèrent à ses côtés, et les Irlandais virent qu'il était leur seigneur. Mais plusieurs le reconnurent alors, et un grand cri retentit :

« C'est Tristan de Loonnois, c'est le meurtrier du Morholt ! » Les
665 épées nues brillèrent et des voix furieuses répétaient : « Qu'il meure ! »

Mais Iseut s'écria :

« Roi, baise cet homme sur la bouche, ainsi que tu l'as promis ! »

Le roi le baisa sur la bouche, et la clameur s'apaisa.

Alors Tristan montra la langue du dragon, et offrit la bataille au
670 sénéchal, qui n'osa l'accepter et reconnut son forfait. Puis Tristan parla ainsi :

« Seigneurs, j'ai tué le Morholt, mais j'ai franchi la mer pour vous offrir belle amendise[1]. Afin de racheter le méfait, j'ai mis mon corps en péril de mort et je vous ai délivrés du monstre, et voici que j'ai
675 conquis Iseut la Blonde, la belle. L'ayant conquise, je l'emporterai donc sur ma nef. Mais, afin que par les terres d'Irlande et de Cornouailles se répande non plus la haine, mais l'amour, sachez que le roi Marc, mon cher seigneur, l'épousera. Voyez ici cent chevaliers de haut parage* prêts à jurer sur les reliques* des saints que le roi Marc
680 vous mande paix et amour, que son désir est d'honorer Iseut comme sa chère femme épousée, et que tous les hommes de Cornouailles la serviront comme leur dame et leur reine. »

On apporta les corps saints à grand'joie, et les cent chevaliers jurèrent qu'il avait dit la vérité.

---

1. Offrir belle amendise : reconnaître sa faute, en demander pardon et la réparer (du latin *menda*, faute ; comme dans l'expression « faire amende honorable »).

Le roi prit Iseut par la main et demanda à Tristan
s'il la conduirait loyalement à son seigneur. [...] Tristan le jura.

Lignes 685 à 687.

Tristan en prose, miniature d'un manuscrit du XVᵉ siècle.

Bibliothèque nationale, Paris.

685   Le roi prit Iseut par la main et demanda à Tristan s'il la conduirait loyalement à son seigneur. Devant ses cent chevaliers et devant les barons* d'Irlande, Tristan le jura.

    Iseut la Blonde frémissait de honte et d'angoisse. Ainsi Tristan, l'ayant conquise, la dédaignait; le beau conte du Cheveu d'or n'était 690 que mensonge, et c'est à un autre qu'il la livrait... Mais le roi posa la main droite d'Iseut dans la main droite de Tristan, et Tristan la retint en signe qu'il se saisissait d'elle, au nom du roi de Cornouailles.

    Ainsi, pour l'amour du roi Marc, par la ruse et par la force, Tristan accomplit la quête de la Reine aux cheveux d'or.

Chapitre IV

Le philtre[*]

Nein, ezn was nith mit wine,
doch ez im glich wœre,
ez was diu wernde swaere,
diu endelôse herzenôt
von der si beide lâgen tôt.

Gottfried de Strasbourg

695   Quand le temps approcha de remettre Iseut aux chevaliers de Cornouailles, sa mère cueillit des herbes, des fleurs et des racines, les mêla dans du vin, et brassa un breuvage puissant. L'ayant achevé par science et magie, elle le versa dans un coutret[1] et dit secrètement à Brangien :

700   « Fille, tu dois suivre Iseut au pays du roi Marc, et tu l'aimes d'amour fidèle. Prends donc ce coutret de vin et retiens mes paroles. Cache-le de telle sorte que nul œil ne le voie et que nulle lèvre ne s'en approche. Mais, quand viendront la nuit nuptiale et l'instant où l'on quitte les époux, tu verseras ce vin herbé[2] dans une coupe et tu la pré-705 senteras, pour qu'ils la vident ensemble, au roi Marc et à la reine Iseut. Prends garde, ma fille, que seuls ils puissent goûter ce breuvage. Car telle est sa vertu[*]: ceux qui en boiront ensemble s'aimeront de tous leurs sens et de toute leur pensée, à toujours, dans la vie et dans la mort. »

Brangien promit à la reine qu'elle ferait selon sa volonté.

* * *

710   La nef[*], tranchant les vagues profondes, emportait Iseut. Mais, plus elle s'éloignait de la terre d'Irlande, plus tristement la jeune fille se lamentait. Assise sous la tente où elle s'était renfermée avec Brangien, sa servante, elle pleurait au souvenir de son pays. Où ces

---

1. Coutret : (probablement) bouteille fermée par une vis ; grand flacon.
2. Vin herbé : autre nom pour le philtre, en référence aux herbes à partir desquelles il est fait et qui lui donnent son pouvoir magique.

étrangers l'entraînaient-ils? Vers qui? Vers quelle destinée? Quand
715 Tristan s'approchait d'elle et voulait l'apaiser par de douces paroles, elle
s'irritait, le repoussait, et la haine gonflait son cœur. Il était venu, lui le
ravisseur, lui le meurtrier du Morholt; il l'avait arrachée par ses ruses à
sa mère et à son pays; il n'avait pas daigné la garder pour lui-même, et
voici qu'il l'emportait, comme sa proie, sur les flots, vers la terre enne-
720 mie! «Chétive! disait-elle, maudite soit la mer qui me porte! Mieux
aimerais-je mourir sur la terre où je suis née que vivre là-bas!...»

Un jour, les vents tombèrent, et les voiles pendaient dégonflées le
long du mât. Tristan fit atterrir dans une île, et, lassés de la mer, les
cent chevaliers de Cornouailles et les mariniers descendirent au
725 rivage. Seule Iseut était demeurée sur la nef, et une petite servante.
Tristan vint vers la reine et tâchait de calmer son cœur. Comme le
soleil brûlait et qu'ils avaient soif, ils demandèrent à boire. L'enfant
chercha quelque breuvage, tant qu'elle découvrit le coutret confié à
Brangien par la mère d'Iseut. «J'ai trouvé du vin!» leur cria-t-elle.
730 Non, ce n'était pas du vin: c'était la passion, c'était l'âpre joie et l'angoisse sans fin, et la mort. L'enfant remplit un hanap[1] et le présenta à
sa maîtresse. Elle but à longs traits, puis le tendit à Tristan, qui le vida.

À cet instant, Brangien entra et les vit qui se regardaient en silence,
comme égarés et ravis[2]. Elle vit devant eux le vase presque vide et
735 le hanap. Elle prit le vase, courut à la poupe[3], le lança dans les vagues
et gémit:

«Malheureuse! maudit soit le jour où je suis née et maudit le jour où
je suis montée sur cette nef! Iseut, amie, et vous, Tristan, c'est votre
mort que vous avez bue!»

* * *

740   De nouveau, la nef cinglait* vers Tintagel. Il semblait à Tristan
qu'une ronce vivace, aux épines aiguës, aux fleurs odorantes, poussait
ses racines dans le sang de son cœur et par de forts liens enlaçait au

---

1. Hanap: petit vase à boire muni d'un couvercle (vaisselle précieuse).
2. Ravis: ce mot doit être davantage pris dans le sens affectif et mystique d'un éblouissement,
   d'une extase ressentie où l'âme est comme emportée, saisie par une force supérieure à laquelle
   elle ne peut résister.
3. Poupe: arrière du navire.

L'enfant remplit un hanap et le présenta à sa maîtresse.
Elle but à longs traits, puis le tendit à Tristan, qui le vida.

Lignes 731 et 732.

TRISTAN EN PROSE, MINIATURE D'UN MANUSCRIT DU XVe SIÈCLE.

BIBLIOTHÈQUE NATIONALE, PARIS.

beau corps d'Iseut son corps et toute sa pensée, et tout son désir. Il songeait : « Andret, Denoalen, Guenelon et Gondoïne, félons* qui m'accusiez de convoiter* la terre du roi Marc, ah ! je suis plus vil[1]
encore, et ce n'est pas sa terre que je convoite ! Bel oncle, qui m'avez aimé orphelin avant même de reconnaître le sang de votre sœur Blanchefleur, vous qui me pleuriez tendrement, tandis que vos bras me portaient jusqu'à la barque sans rames ni voile, bel oncle, que n'avez-vous, dès le premier jour, chassé l'enfant errant venu pour vous trahir ? Ah ! qu'ai-je pensé ? Iseut est votre femme, et moi votre vassal*. Iseut est votre femme, et moi votre fils. Iseut est votre femme, et ne peut pas m'aimer. »

745

750

Iseut l'aimait. Elle voulait le haïr, pourtant : ne l'avait-il pas vilement dédaignée ? Elle voulait le haïr, et ne pouvait, irritée en son cœur de cette tendresse plus douloureuse que la haine.

755

Brangien les observait avec angoisse, plus cruellement tourmentée encore, car seule elle savait quel mal elle avait causé. Deux jours elle les épia, les vit repousser toute nourriture, tout breuvage et tout réconfort, se chercher comme des aveugles qui marchent à tâtons l'un vers l'autre, malheureux quand ils languissaient[2] séparés, plus malheureux encore quand, réunis, ils tremblaient devant l'horreur du premier aveu.

760

Au troisième jour, comme Tristan venait vers la tente, dressée sur le pont de la nef*, où Iseut était assise, Iseut le vit s'approcher et lui dit humblement :

765

« Entrez, seigneur.

— Reine, dit Tristan, pourquoi m'avoir appelé seigneur ? Ne suis-je pas votre homme lige*, au contraire, et votre vassal, pour vous révérer, vous servir et vous aimer comme ma reine et ma dame ? »

770

Iseut répondit :

« Non, tu le sais, que tu es mon seigneur et mon maître ! Tu le sais, que ta force me domine et que je suis ta serve* ! Ah ! que n'ai-je avivé naguère les plaies du jongleur* blessé ! Que n'ai-je laissé périr le tueur

---

1. Vil : indigne, infâme.
2. Ils languissaient : ils souffraient, dépérissaient à cause de tourments d'amour. Le sens étymologique de « languir », être abattu de corps et d'esprit par une peine épuisante, a pris au XIIe siècle cette connotation particulière.

775 du monstre dans les herbes du marécage ! Que n'ai-je asséné sur lui,
quand il gisait* dans le bain, le coup de l'épée déjà brandie ! Hélas ! je
ne savais pas alors ce que je sais aujourd'hui !

     — Iseut, que savez-vous donc aujourd'hui ? Qu'est-ce donc qui
vous tourmente ?

780   — Ah ! tout ce que je sais me tourmente, et tout ce que je vois. Ce
ciel me tourmente, et cette mer, et mon corps, et ma vie ! »

     Elle posa son bras sur l'épaule de Tristan ; des larmes éteignirent le
rayon de ses yeux, ses lèvres tremblèrent. Il répéta :

     « Amie, qu'est-ce donc qui vous tourmente ? »

785   Elle répondit :

     « L'amour de vous. »

     Alors il posa ses lèvres sur les siennes.

     Mais, comme pour la première fois tous deux goûtaient une joie
d'amour, Brangien, qui les épiait, poussa un cri, et, les bras tendus,
790 la face trempée de larmes, se jeta à leurs pieds :

     « Malheureux ! arrêtez-vous, et retournez, si vous le pouvez encore !
Mais non, la voie est sans retour, déjà la force de l'amour vous
entraîne et jamais plus vous n'aurez de joie sans douleur. C'est le vin
herbé* qui vous possède, le breuvage d'amour que votre mère, Iseut,
795 m'avait confié. Seul, le roi Marc devait le boire avec vous ; mais
l'Ennemi s'est joué de nous trois, et c'est vous qui avez vidé le hanap*.
Ami Tristan, Iseut amie, en châtiment de la male* garde que j'ai faite,
je vous abandonne mon corps, ma vie ; car, par mon crime, dans la
coupe maudite, vous avez bu l'amour et la mort ! »

800   Les amants s'étreignirent ; dans leurs beaux corps frémissaient le
désir et la vie. Tristan dit :

     « Vienne donc la mort ! »

     Et, quand le soir tomba, sur la nef* qui bondissait plus rapide vers
la terre du roi Marc, liés à jamais, ils s'abandonnèrent à l'amour.

Chapitre V

BRANGIEN LIVRÉE AUX SERFS*

Sobre totz avrai gran valor,
S'aitals camisa m'es dada,
Cum Iseus det a l'amador,
Que mais non era portada.
RAMBAUT, COMTE D'ORANGE

805   Le roi Marc accueillit Iseut la Blonde au rivage. Tristan la prit par la main et la conduisit devant le roi ; le roi se saisit d'elle en la prenant à son tour par la main. À grand honneur il la mena vers le château de Tintagel, et, lorsqu'elle parut dans la salle au milieu des vassaux*, sa beauté jeta une telle clarté que les murs s'illuminèrent, comme frap-
810 pés du soleil levant. Alors le roi Marc loua les hirondelles qui, par belle courtoisie, lui avaient porté le cheveu d'or ; il loua Tristan et les cent chevaliers qui, sur la nef aventureuse, étaient allés lui quérir la joie de ses yeux et de son cœur. Hélas ! la nef vous apporte, à vous aussi, noble roi, l'âpre deuil et les forts tourments.

815   À dix-huit jours de là, ayant convoqué tous ses barons*, il prit à femme Iseut la Blonde. Mais, lorsque vint la nuit, Brangien, afin de cacher le déshonneur de la reine et pour la sauver de la mort, prit la place d'Iseut dans le lit nuptial. En châtiment de la male garde qu'elle avait faite sur la mer et pour l'amour de son amie, elle lui sacrifia, la
820 fidèle, la pureté de son corps ; l'obscurité de la nuit cacha au roi sa ruse et sa honte.

    Les conteurs prétendent ici que Brangien n'avait pas jeté dans la mer le flacon de vin herbé, non tout à fait vidé par les amants ; mais qu'au matin, après que sa dame fut entrée à son tour dans le lit du roi
825 Marc, Brangien versa dans une coupe ce qui restait du philtre* et la présenta aux époux ; que Marc y but largement et qu'Iseut jeta sa part à la dérobée. Mais sachez, seigneurs, que ces conteurs ont corrompu l'histoire et l'ont faussée. S'ils ont imaginé ce mensonge, c'est faute de comprendre le merveilleux amour que Marc porta toujours à la reine.

À dix-huit jours de là, ayant convoqué tous ses barons,
il prit à femme Iseut la Blonde.

Lignes 815 et 816.

TRISTAN EN PROSE, MINIATURE D'UN MANUSCRIT DU XVe SIÈCLE.

MUSÉE CONDÉ, CHANTILLY.

830 Certes, comme vous l'entendrez bientôt, jamais, malgré l'angoisse, le tourment et les terribles représailles, Marc ne put chasser de son cœur Iseut ni Tristan ; mais sachez, seigneurs, qu'il n'avait pas bu le vin herbé*. Ni poison, ni sortilège ; seule, la tendre noblesse de son cœur lui inspira d'aimer.

* * *

835 Iseut est reine et semble vivre en joie. Iseut est reine et vit en tristesse. Iseut a la tendresse du roi Marc, les barons l'honorent, et ceux de la gent menue* la chérissent. Iseut passe le jour dans ses chambres richement peintes et jonchées de fleurs. Iseut a les nobles joyaux, les draps de pourpre* et les tapis venus de Thessalie[1], les chants des har-
840 peurs*, et les courtines* où sont ouvrés[2] léopards, alérions[3], papegauts[4] et toutes les bêtes de la mer et des bois. Iseut a ses vives, ses belles amours, et Tristan auprès d'elle, à loisir, et le jour et la nuit ; car, ainsi que veut la coutume chez les hauts seigneurs, il couche dans la chambre royale, parmi les privés et les fidèles. Iseut tremble pourtant.
845 Pourquoi trembler ? Ne tient-elle pas ses amours secrètes ? Qui soupçonnerait Tristan ? Qui donc soupçonnerait un fils ? Qui la voit ? Qui l'épie ? Quel témoin ? Oui, un témoin l'épie, Brangien ; Brangien la guette ; Brangien seule sait sa vie, Brangien la tient en sa merci* ! Dieu ! si, lasse de préparer chaque jour comme une servante le lit où
850 elle a couché la première, elle les dénonçait au roi ! si Tristan mourait par sa félonie* !... Ainsi la peur affole la reine. Non, ce n'est pas Brangien la fidèle, c'est de son propre cœur que vient son tourment. Écoutez, seigneurs, la grande traîtrise qu'elle médita ; mais Dieu, comme vous l'entendrez, la prit en pitié ; vous aussi, soyez-lui compa-
855 tissants !

Ce jour-là, Tristan et le roi chassaient au loin, et Tristan ne connut pas ce crime. Iseut fit venir deux serfs*, leur promit la franchise* et soixante besants d'or, s'ils juraient de faire sa volonté. Ils firent le serment.

---

1. Thessalie : une région de la Grèce.
2. Ouvrés : brodés.
3. Alérions : aigles.
4. Papegauts : perroquets.

860   « Je vous donnerai donc, dit-elle, une jeune fille ; vous l'emmènerez dans la forêt, loin ou près, mais en tel lieu que nul ne découvre
jamais l'aventure : là, vous la tuerez et me rapporterez sa langue.
Retenez, pour me les répéter, les paroles qu'elle aura dites. Allez ; à
votre retour, vous serez des hommes affranchis[1] et riches. »

865   Puis elle appela Brangien :

« Amie, tu vois comme mon corps languit* et souffre ; n'iras-tu pas
chercher dans la forêt les plantes qui conviennent à ce mal ? Deux
serfs* sont là, qui te conduiront ; ils savent où croissent les herbes
efficaces. Suis-les donc ; sœur, sache-le bien, si je t'envoie à la forêt,
870 c'est qu'il y va de mon repos et de ma vie ! »

Les serfs l'emmenèrent. Venue au bois, elle voulut s'arrêter, car les
plantes salutaires croissaient autour d'elle en suffisance. Mais ils l'en-
traînèrent plus loin :

« Viens, jeune fille, ce n'est pas ici le lieu convenable. »

875   L'un des serfs marchait devant elle, son compagnon la suivait. Plus
de sentier frayé, mais des ronces, des épines et des chardons emmêlés.
Alors l'homme qui marchait le premier tira son épée et se retourna ;
elle se rejeta vers l'autre serf pour lui demander aide ; il tenait aussi
l'épée nue à son poing et dit :

880   « Jeune fille, il nous faut te tuer. »

Brangien tomba sur l'herbe et ses bras tentaient d'écarter la pointe
des épées. Elle demandait merci* d'une voix si pitoyable et si tendre,
qu'ils dirent :

« Jeune fille, si la reine Iseut, ta dame et la nôtre, veut que tu meures,
885 sans doute lui as-tu fait quelque grand tort. »

Elle répondit :

« Je ne sais, amis ; je ne me souviens que d'un seul méfait. Quand
nous partîmes d'Irlande, nous emportions chacune, comme la plus
chère des parures, une chemise blanche comme la neige, une chemise
890 pour notre nuit de noces. Sur la mer, il advint qu'Iseut déchira sa
chemise nuptiale, et pour la nuit de ses noces je lui ai prêté la
mienne. Amis, voilà tout le tort que je lui ai fait. Mais puisqu'elle veut
que je meure, dites-lui que je lui mande* salut et amour, et que je la

---

1. Affranchis : l'affranchissement est l'acte par lequel le serf est rendu officiellement libre
(du verbe « affranchir »).

remercie de tout ce qu'elle m'a fait de bien et d'honneur, depuis
895 qu'enfant, ravie par des pirates, j'ai été vendue à sa mère et vouée à la
servir. Que Dieu, dans sa bonté, garde son honneur, son corps, sa vie !
Frères, frappez maintenant ! »

Les serfs eurent pitié. Ils tinrent conseil et, jugeant que peut-être
un tel méfait ne valait point la mort, ils la lièrent à un arbre.

900 Puis ils tuèrent un jeune chien : l'un d'eux lui coupa la langue,
la serra dans un pan de sa gonelle[1], et tous deux reparurent ainsi
devant Iseut.

« A-t-elle parlé ? demanda-t-elle, anxieuse.

— Oui, reine, elle a parlé. Elle a dit que vous étiez irritée à cause
905 d'un seul tort : vous aviez déchiré sur la mer une chemise blanche
comme neige que vous apportiez d'Irlande, elle vous a prêté la
sienne au soir de vos noces. C'était là, disait-elle, son seul crime. Elle
vous a rendu grâces pour tant de bienfaits reçus de vous dès l'enfance, elle a prié Dieu de protéger votre honneur et votre vie. Elle
910 vous mande salut et amour. Reine, voici sa langue que nous vous
apportons.

— Meurtriers ! cria Iseut, rendez-moi Brangien, ma chère servante ! Ne saviez-vous pas qu'elle était ma seule amie ? Meurtriers,
rendez-la moi !

915 — Reine, on dit justement : « Femme change en peu d'heures ; au
même temps, femme rit, pleure, aime, hait. » Nous l'avons tuée, puisque
vous l'avez commandé !

— Comment l'aurais-je commandé ? Pour quel méfait ? n'était-ce
pas ma chère compagne, la douce, la fidèle, la belle ? Vous le saviez,
920 meurtriers ; je l'avais envoyée chercher des herbes salutaires, et je vous
l'ai confiée pour que vous la protégiez sur la route. Mais je dirai que
vous l'avez tuée, et vous serez brûlés sur des charbons.

— Reine, sachez donc qu'elle vit et que nous vous la ramènerons
saine et sauve. »

925 Mais elle ne les croyait pas et, comme égarée, tour à tour maudissait les meurtriers et se maudissait elle-même. Elle retint l'un des

---

1. Gonelle (ou gonnelle) : large tunique à manches longues et à capuchon, faite d'une étoffe
   grossière.

serfs* auprès d'elle, tandis que l'autre se hâtait vers l'arbre où Brangien était attachée.

« Belle, Dieu vous a fait merci*, et voilà que votre dame vous 930 rappelle ! »

Quand elle parut devant Iseut, Brangien s'agenouilla, lui demandant de lui pardonner ses torts ; mais la reine était aussi tombée à genoux devant elle, et toutes deux, embrassées[1], se pâmèrent longuement.

---

1. Embrassées : enlacées.

Chapitre VI

LE GRAND PIN

Isot ma drue, Isot m'amie,
En vos ma mort, en vos ma vie!
GOTTFRIED DE STRASBOURG

935 Ce n'est pas Brangien la fidèle, c'est eux-mêmes que les amants doivent redouter. Mais comment leur cœurs enivrés seraient-ils vigilants? L'amour les presse, comme la soif précipite vers la rivière le cerf sur ses fins; ou tel encore, après un long jeûne, l'épervier soudain lâché fond sur la proie. Hélas! amour ne se peut celer[1]. Certes, par la 940 prudence de Brangien, nul ne surprit la reine entre les bras de son ami; mais, à toute heure, en tout lieu, chacun ne voit-il pas comment le désir les agite, les étreint, déborde de tous leurs sens ainsi que le vin nouveau ruisselle de la cuve?

Déjà, les quatre félons* de la cour, qui haïssaient Tristan pour sa 945 prouesse, rôdent autour de la reine. Déjà, ils connaissent la vérité de ses belles amours. Ils brûlent de convoitise*, de haine et de joie. Ils porteront au roi la nouvelle: ils verront la tendresse se muer en fureur, Tristan chassé ou livré à la mort, et le tourment de la reine. Ils craignaient pourtant la colère de Tristan; mais, enfin, leur haine dompta 950 leur terreur; un jour, les quatre barons appelèrent le roi Marc à parlement, et Andret lui dit:

«Beau roi, sans doute ton cœur s'irritera, et tous quatre nous en avons grand deuil; mais nous devons te révéler ce que nous avons surpris. Tu as placé ton cœur en Tristan, et Tristan veut te honnir*. 955 Vainement nous t'avions averti; pour l'amour d'un seul homme, tu fais fi de ta parenté et de ta baronnie* entière, et tu nous délaisses tous. Sache donc que Tristan aime la reine; c'est là vérité prouvée, et déjà l'on en dit mainte parole.»

---

1. Celer: cacher.

Le noble roi chancela et répondit :

960 « Lâche ! quelle félonie* as-tu pensée ! Certes, j'ai placé mon cœur en Tristan. Au jour où le Morholt vous offrit la bataille, vous baissiez tous la tête, tremblants et pareils à des muets ; mais Tristan l'affronta pour l'honneur de cette terre, et par chacune de ses blessures son âme aurait pu s'envoler. C'est pourquoi vous le haïssez, et c'est pourquoi 965 je l'aime, plus que toi, Andret, plus que vous tous, plus que personne. Mais que prétendez-vous avoir découvert ? qu'avez-vous vu ? qu'avez-vous entendu ?

— Rien, en vérité, seigneur, rien que tes yeux ne puissent voir, rien que tes oreilles ne puissent entendre. Regarde, écoute, beau sire ; peut-970 être il en est temps encore. »

Et, s'étant retirés, ils le laissèrent à loisir savourer le poison.

Le roi Marc ne put secouer le maléfice. À son tour, contre son cœur, il épia son neveu, il épia la reine. Mais Brangien s'en aperçut, les avertit et vainement le roi tenta d'éprouver Iseut par des ruses. Il s'in-975 digna bientôt de ce vil* combat, et, comprenant qu'il ne pourrait plus chasser le soupçon, il manda* Tristan et lui dit :

« Tristan, éloigne-toi de ce château ; et, quand tu l'auras quitté, ne sois plus si hardi* que d'en franchir les fossés ni les lices. Des félons t'accusent d'une grande traîtrise. Ne m'interroge pas : je ne saurais 980 rapporter leurs propos sans nous honnir* tous les deux. Ne cherche pas des paroles qui m'apaisent : je le sens, elles resteraient vaines. Pourtant, je ne crois pas les félons : si je les croyais, ne t'aurais-je pas déjà jeté à la mort honteuse ? Mais leurs discours maléfiques ont troublé mon cœur, et seul ton départ le calmera. Pars ; sans doute je te rap-985 pellerai bientôt ; pars, mon fils toujours cher ! »

Quand les félons ouïrent* la nouvelle :

« Il est parti, dirent-ils entre eux, il est parti, l'enchanteur*, chassé comme un larron ! Que peut-il devenir désormais ? Sans doute il passera la mer pour chercher les aventures et porter son service 990 déloyal à quelque roi lointain ! »

Non, Tristan n'eut pas la force de partir ; et quand il eut franchi les lices et les fossés du château, il connut qu'il ne pourrait s'éloigner davantage ; il s'arrêta dans le bourg même de Tintagel, prit hôtel avec Gorvenal dans la maison d'un bourgeois, et languit*, torturé par la

995 fièvre, plus blessé que naguère, aux jours où l'épieu du Morholt avait empoisonné son corps. Naguère, quand il gisait* dans la cabane construite au bord des flots et que tous fuyaient la puanteur de ses plaies, trois hommes pourtant l'assistaient : Gorvenal, Dinas de Lidan et le roi Marc. Maintenant, Gorvenal et Dinas se tenaient encore à son
1000 chevet ; mais le roi Marc ne venait plus, et Tristan gémissait :

« Certes, bel oncle, mon corps répand maintenant l'odeur d'un venin plus repoussant, et votre amour ne sait plus surmonter votre horreur. »

Mais, sans relâche, dans l'ardeur de la fièvre, le désir l'entraînait,
1005 comme un cheval emporté, vers les tours bien closes qui tenaient la reine enfermée ; cheval et cavalier se brisaient contre les murs de pierre ; mais cheval et cavalier se relevaient et reprenaient sans cesse la même chevauchée.

Derrière les tours bien closes, Iseut la Blonde languit aussi, plus
1010 malheureuse encore : car, parmi ces étrangers qui l'épient, il lui faut tout le jour feindre la joie et rire ; et, la nuit, étendue aux côtés du roi Marc, il lui faut dompter, immobile, l'agitation de ses membres et les tressauts de la fièvre. Elle veut fuir vers Tristan. Il lui semble qu'elle se lève et qu'elle court jusqu'à la porte ; mais, sur le seuil obscur, les
1015 félons ont tendu de grandes faux : les lames affilées et méchantes saisissent au passage ses genoux délicats. Il lui semble qu'elle tombe et que, de ses genoux tranchés, s'élancent deux rouges fontaines.

Bientôt les amants mourront, si nul ne les secourt. Et qui donc les secourra, sinon Brangien ? Au péril de sa vie, elle s'est glissée vers la
1020 maison où Tristan languit. Gorvenal lui ouvre tout joyeux, et, pour sauver les amants, elle enseigne une ruse à Tristan.

Non, jamais, seigneurs, vous n'aurez ouï parler d'une plus belle ruse d'amour.

* * *

Derrière le château de Tintagel, un verger s'étendait, vaste et clos
1025 de fortes palissades. De beaux arbres y croissaient sans nombre, chargés de fruits, d'oiseaux et de grappes odorantes. Au lieu le plus éloigné du château, tout auprès des pieux de la palissade, un pin s'élevait, haut et droit, dont le tronc robuste soutenait une large ramure.

À son pied, une source vive : l'eau s'épandait d'abord en une large
1030 nappe, claire et calme, enclose par un perron de marbre ; puis, contenue
entre deux rives resserrées, elle courait par le verger et, pénétrant dans
l'intérieur même du château, traversait les chambres des femmes. Or,
chaque soir, Tristan, par le conseil de Brangien, taillait avec art des
morceaux d'écorce et de menus branchages. Il franchissait les pieux
1035 aigus, et, venu sous le pin, jetait les copeaux dans la fontaine. Légers
comme l'écume, ils surnageaient et coulaient avec elle, et, dans les
chambres des femmes, Iseut épiait leur venue. Aussitôt, les soirs où
Brangien avait su écarter le roi Marc et les félons*, elle s'en venait vers
son ami.

1040 Elle s'en vient, agile et craintive pourtant, guettant à chacun de
ses pas si des félons se sont embusqués* derrière les arbres. Mais, dès
que Tristan l'a vue, les bras ouverts, il s'élance vers elle. Alors la nuit
les protège et l'ombre amie du grand pin.

« Tristan, dit la reine, les gens de mer n'assurent-ils pas que ce
1045 château de Tintagel est enchanté* et que, par sortilège, deux fois l'an,
en hiver et en été, il se perd et disparaît aux yeux ? Il s'est perdu maintenant. N'est-ce pas ici le verger merveilleux* dont parlent les lais*
de harpe* : une muraille d'air l'enclôt de toutes parts ; des arbres
fleuris, un sol embaumé ; le héros y vit sans vieillir entre les bras de
1050 son amie et nulle force ennemie ne peut briser la muraille d'air ? »

Déjà, sur les tours de Tintagel, retentissent les trompes des guetteurs qui annoncent l'aube.

« Non, dit Tristan, la muraille d'air est déjà brisée, et ce n'est pas ici
le verger merveilleux. Mais, un jour, amie, nous irons ensemble au
1055 Pays Fortuné dont nul ne retourne. Là s'élève un château de marbre
blanc ; à chacune de ses mille fenêtres brille un cierge allumé ; à chacune, un jongleur* joue et chante une mélodie sans fin ; le soleil n'y
brille pas, et pourtant nul ne regrette sa lumière : c'est l'heureux pays
des vivants. »

1060 Mais, au sommet des tours de Tintagel, l'aube éclaire les grands
blocs alternés de sinople* et d'azur.

* * *

Iseut a recouvré la joie : le soupçon de Marc se dissipe et les félons comprennent, au contraire, que Tristan a revu la reine. Mais Brangien fait si bonne garde qu'ils épient vainement. Enfin, le duc
1065 Andret, que Dieu honnisse* ! dit à ses compagnons :

« Seigneurs, prenons conseil de Frocin, le nain bossu. Il connaît les sept arts, la magie et toutes manières d'enchantements. Il sait, à la naissance d'un enfant, observer si bien les sept planètes et le cours des étoiles, qu'il conte par avance tous les points de sa vie. Il découvre,
1070 par la puissance de Bugibus et de Noiron, les choses secrètes. Il nous enseignera, s'il veut, les ruses d'Iseut la Blonde. »

En haine de beauté et de prouesse, le petit homme méchant traça les caractères de sorcellerie, jeta ses charmes et ses sorts, considéra le cours d'Orion et de Lucifer, et dit :
1075 « Vivez en joie, beaux seigneurs ; cette nuit vous pourrez les saisir. »

Ils le menèrent devant le roi.

« Sire, dit le sorcier, mandez* à vos veneurs* qu'ils mettent la laisse aux limiers* et la selle aux chevaux ; annoncez que sept jours et sept nuits vous vivrez dans la forêt, pour conduire votre chasse, et vous
1080 me pendrez aux fourches si vous n'entendez pas, cette nuit même, quel discours Tristan tient à la reine. »

Le roi fit ainsi, contre son cœur. La nuit tombée, il laissa ses veneurs dans la forêt, prit le nain en croupe, et retourna vers Tintagel. Par une entrée qu'il savait, il pénétra dans le verger, et le nain le
1085 conduisit sous le grand pin.

« Beau roi, il convient que vous montiez dans les branches de cet arbre. Portez là-haut votre arc et vos flèches : ils vous serviront peut-être. Et tenez-vous coi : vous n'attendrez pas longuement.

— Va-t'en, chien de l'Ennemi ! » répondit Marc.
1090 Et le nain s'en alla, emmenant le cheval.

Il avait dit vrai : le roi n'attendit pas longuement. Cette nuit, la lune brillait, claire et belle. Caché dans la ramure, le roi vit son neveu bondir par-dessus les pieux aigus. Tristan vint sous l'arbre et jeta dans l'eau les copeaux et les branchages. Mais, comme il s'était penché sur
1095 la fontaine en les jetant, il vit, réfléchie dans l'eau, l'image du roi. Ah ! s'il pouvait arrêter les copeaux qui fuient ! Mais non, ils courent, rapides, par le verger. Là-bas, dans les chambres des femmes, Iseut

épie leur venue ; déjà, sans doute, elle les voit, elle accourt. Que Dieu
protège les amants !

1100   Elle vient. Assis, immobile, Tristan la regarde, et, dans l'arbre, il
entend le crissement de la flèche, qui s'encoche dans la corde de l'arc.

Elle vient, agile et prudente pourtant, comme elle avait coutume.
« Qu'est-ce donc ? pense-t-elle. Pourquoi Tristan n'accourt-il pas ce
soir à ma rencontre ? aurait-il vu quelque ennemi ? »

1105   Elle s'arrête, fouille du regard les fourrés noirs ; soudain, à la clarté
de la lune, elle aperçut à son tour l'ombre du roi dans la fontaine. Elle
montra bien la sagesse des femmes, en ce qu'elle ne leva point les yeux
vers les branches de l'arbre : « Seigneur Dieu ! dit-elle tout bas, accordez-
moi seulement que je puisse parler la première ! »

1110   Elle s'approche encore. Écoutez comme elle devance et prévient
son ami :

« Sire Tristan, qu'avez-vous osé ? M'attirer en tel lieu, à telle heure !
Maintes fois déjà vous m'aviez mandée*, pour me supplier, disiez-
vous. Et par quelle prière ? Qu'attendez-vous de moi ? Je suis venue
1115 enfin, car je n'ai pu l'oublier, si je suis reine, je vous le dois. Me voici
donc : que voulez-vous ?

— Reine, vous crier merci*, afin que vous apaisiez le roi ! »

Elle tremble et pleure. Mais Tristan loue le Seigneur Dieu, qui a
montré le péril à son amie.

1120   « Oui, reine, je vous ai mandée souvent et toujours en vain ; jamais,
depuis que le roi m'a chassé, vous n'avez daigné venir à mon appel.
Mais prenez en pitié le chétif que voici ; le roi me hait, j'ignore pourquoi ; mais vous le savez peut-être ; et qui donc pourrait charmer* sa
colère, sinon vous seule, reine franche, courtoise Iseut, en qui son
1125 cœur se fie ?

— En vérité, sire Tristan, ignorez-vous encore qu'il nous soup-
çonne tous les deux ? Et de quelle traîtrise ! faut-il, par surcroît de
honte, que ce soit moi qui vous l'apprenne ? Mon seigneur croit que
je vous aime d'amour coupable. Dieu le sait pourtant, et, si je mens,
1130 qu'il honnisse* mon corps ! jamais je n'ai donné mon amour à nul
homme, hormis à celui qui le premier m'a prise, vierge, entre ses bras.
Et vous voulez, Tristan, que j'implore du roi votre pardon ? Mais s'il

savait seulement que je suis venue sous ce pin, demain il ferait jeter ma cendre aux vents ! »

1135 Tristan gémit :

« Bel oncle, on dit : « Nul n'est vilain, s'il ne fait vilenie*. » Mais en quel cœur a pu naître un tel soupçon ?

— Sire Tristan, que voulez-vous dire ? Non, le roi mon seigneur n'eût pas de lui-même imaginé telle vilenie. Mais les félons* de cette
1140 terre lui ont fait accroire ce mensonge, car il est facile de décevoir les cœurs loyaux. Ils s'aiment, lui ont-ils dit, et les félons nous l'ont tourné à crime. Oui, vous m'aimiez, Tristan ; pourquoi le nier ? ne suis-je pas la femme de votre oncle et ne vous avais-je pas deux fois sauvé de la mort ? Oui, je vous aimais en retour : n'êtes-vous pas du
1145 lignage du roi, et n'ai-je pas ouï* maintes fois ma mère répéter qu'une femme n'aime pas son seigneur tant qu'elle n'aime pas la parenté de son seigneur ? C'est pour l'amour du roi que je vous aimais, Tristan ; maintenant encore, s'il vous reçoit en grâce, j'en serai joyeuse. Mais mon corps tremble, j'ai grand'peur, je pars, j'ai
1150 trop demeuré déjà. »

Dans la ramure, le roi eut pitié et sourit doucement. Iseut s'enfuit, Tristan la rappelle :

« Reine, au nom du Sauveur, venez à mon secours, par charité ! Les couards* voulaient écarter du roi tous ceux qui l'aiment ; ils ont
1155 réussi et le raillent* maintenant. Soit ; je m'en irai donc hors de ce pays, au loin, misérable, comme j'y vins jadis : mais, tout au moins, obtenez du roi qu'en reconnaissance des services passés, afin que je puisse sans honte chevaucher loin d'ici, il me donne du sien assez pour acquitter mes dépenses, pour dégager mon cheval et
1160 mes armes.

— Non, Tristan, vous n'auriez pas dû m'adresser cette requête. Je suis seule sur cette terre, seule en ce palais où nul ne m'aime, sans appui, à la merci du roi. Si je lui dis un seul mot pour vous, ne voyez-vous pas que je risque la mort honteuse ? Ami, que Dieu vous protège !
1165 Le roi vous hait à grand tort ! Mais, en toute terre où vous irez, le Seigneur Dieu vous sera un ami vrai. »

Dans la ramure, le roi eut pitié et sourit doucement.

Ligne 1151.

À GAUCHE : TRISTAN ET ISEUT ÉPIÉS PAR
LE ROI MARC, DANS L'ARBRE. COFFRET D'IVOIRE, XIVe SIÈCLE.

METROPOLITAN MUSEUM OF ART, NEW YORK.

Elle part et fuit jusqu'à sa chambre, où Brangien la prend, tremblante, entre ses bras. La reine lui dit l'aventure ; Brangien s'écrie :

« Iseut, ma dame, Dieu a fait pour vous un grand miracle ! Il est père
1170 compatissant et ne veut pas le mal de ceux qu'il sait innocents. »

Sous le grand pin, Tristan, appuyé contre le perron de marbre, se lamentait :

« Que Dieu me prenne en pitié et répare la grande injustice que je souffre de mon cher seigneur ! »

1175 Quand il eut franchi la palissade du verger, le roi dit en souriant :

« Beau neveu, bénie soit cette heure ! Vois : la lointaine chevauchée que tu préparais ce matin, elle est déjà finie ! »

Là-bas, dans une clairière de la forêt, le nain Frocin interrogeait le cours des étoiles. Il y lut que le roi le menaçait de mort ; il noircit
1180 de peur et de honte, enfla de rage, et s'enfuit prestement vers la terre de Galles.

Chapitre VII

LE NAIN FROCIN

Wé dem selbin getwerge,
Daz er den edelin man vorrit!

EILHART D'OBERG

Le roi Marc a fait sa paix avec Tristan. Il lui a donné congé de revenir au château, et, comme naguère, Tristan couche dans la chambre
du roi, parmi les privés et les fidèles. À son gré, il y peut entrer, il en
1185 peut sortir : le roi n'en a plus souci. Mais qui donc peut longtemps
tenir ses amours secrètes ? Hélas ! amour ne se peut celer* !

Marc avait pardonné aux félons*, et comme le sénéchal* Dinas de
Lidan avait un jour trouvé dans une forêt lointaine, errant et misérable, le nain bossu, il le ramena au roi, qui eut pitié et lui pardonna
1190 son méfait.

Mais sa bonté ne fit qu'exciter la haine des barons ; ayant de nouveau surpris Tristan et la reine, ils se lièrent par ce serment : si le roi
ne chassait pas son neveu hors du pays, ils se retireraient dans leurs
forts châteaux pour le guerroyer. Ils appelèrent le roi à parlement :

1195 « Seigneur, aime-nous, hais-nous, à ton choix : mais nous voulons
que tu chasses Tristan. Il aime la reine, et le voit qui veut ; mais nous,
nous ne le souffrirons[1] plus. »

Le roi les entend, soupire, baisse le front vers la terre, se tait.

« Non, roi, nous ne le souffrirons plus, car nous savons maintenant
1200 que cette nouvelle, naguère étrange, n'est plus pour te surprendre et
que tu consens à leur crime. Que feras-tu ? Délibère et prends conseil.
Pour nous, si tu n'éloignes pas ton neveu sans retour, nous nous reti-
rerons sur nos baronnies* et nous entraînerons aussi nos voisins hors
de ta cour, car nous ne pouvons supporter qu'ils y demeurent. Tel est
1205 le choix que nous t'offrons ; choisis donc !

— Seigneurs, une fois j'ai cru aux laides paroles que vous disiez de
Tristan, et je m'en suis repenti. Mais vous êtes mes féaux*, et je ne veux

---

1. Souffrirons : supporterons, endurerons, tolérerons.

pas perdre le service de mes hommes. Conseillez-moi donc, je vous
en requiers[1], vous qui me devez le conseil. Vous savez bien que je fuis
1210 tout orgueil et toute démesure.

— Donc, seigneur, mandez* ici le nain Frocin. Vous vous défiez de
lui, pour l'aventure du verger. Pourtant, n'avait-il pas lu dans les étoiles
que la reine viendrait ce soir-là sous le pin ? Il sait maintes choses ;
prenez son conseil. »

1215   Il accourut, le bossu maudit, et Denoalen l'accola. Écoutez quelle
trahison il enseigna au roi :

« Sire, commande à ton neveu que demain, dès l'aube, au galop, il
chevauche vers Carduel pour porter au roi Arthur[2] un bref[3] sur parchemin, bien scellé de cire. Roi, Tristan couche près de ton lit. Sors
1220 de ta chambre à l'heure du premier sommeil, et, je te le jure par Dieu
et par la loi de Rome, s'il aime Iseut de fol amour, il voudra venir lui
parler avant son départ : mais, s'il y vient sans que je le sache et sans
que tu le voies, alors tue-moi. Pour le reste, laisse-moi mener l'aventure à ma guise et garde-toi seulement de parler à Tristan de ce mes-
1225 sage avant l'heure du coucher.

— Oui, répondit Marc, qu'il en soit fait ainsi ! »

Alors le nain fit une laide félonie. Il entra chez un boulanger et lui
prit pour quatre deniers[4] de fleur de farine qu'il cacha dans le giron
de sa robe. Ah ! qui se fût jamais avisé de telle traîtrise ? La nuit venue,
1230 quand le roi eut pris son repas et que ses hommes furent endormis
par la vaste salle voisine de sa chambre, Tristan s'en vint, comme il
avait coutume, au coucher du roi Marc.

« Beau neveu, faites ma volonté : vous chevaucherez vers le roi
Arthur jusqu'à Carduel, et vous lui ferez déplier ce bref. Saluez-le de
1235 ma part et ne séjournez qu'un jour auprès de lui.

— Roi, je le porterai demain.

---

1. Je vous en requiers : je vous en prie instamment (sens vieilli).
2. Roi Arthur : le légendaire roi Arthur (ou Artur ou Artus) — et ses chevaliers de la Table Ronde
— aurait pour figure historique réelle le chef militaire de l'Angleterre du vıᵉ siècle, Artorius. Il
a fondé l'institution de la Table Ronde afin que les nobles chevaliers de son royaume prennent
place autour de lui dans une absolue égalité. Dans le roman de *Tristan et Iseut,* le roi Arthur
est donné comme contemporain et voisin du roi Marc ; sa présence, et celle de ses célèbres
chevaliers, offre ici la garantie d'un témoignage de la plus haute intégrité morale.
3. Bref : court écrit ; lettre, message.
4. Deniers : unités du système monétaire au Moyen Âge, valant un douzième (1/12) du sou.

— Oui, demain, avant que le jour se lève. »

Voilà Tristan en grand émoi. De son lit au lit de Marc il y avait bien la longueur d'une lance. Un désir furieux le prit de parler à la reine, et
1240 il se promit en son cœur que, vers l'aube, si Marc dormait, il se rapprocherait d'elle. Ah ! Dieu ! la folle pensée !

Le nain couchait, comme il en avait coutume, dans la chambre du roi. Quand il crut que tous dormaient, il se leva et répandit entre le lit de Tristan et celui de la reine la fleur de farine : si l'un des deux amants
1245 allait rejoindre l'autre, la farine garderait la forme de ses pas. Mais, comme il l'éparpillait, Tristan, qui restait éveillé, le vit :

« Qu'est-ce à dire ? Ce nain n'a pas coutume de me servir pour mon bien ; mais il sera déçu : bien fou qui lui laisserait prendre l'empreinte de ses pas ! »

1250 À la mi-nuit, le roi se leva et sortit, suivi du nain bossu. Il faisait noir dans la chambre : ni cierge allumé, ni lampe. Tristan se dressa debout sur son lit. Dieu ! pourquoi eut-il cette pensée ? Il joint les pieds, estime la distance, bondit et retombe sur le lit du roi. Hélas ! la veille, dans la forêt, le boutoir[1] d'un grand sanglier l'avait navré[2] à la
1255 jambe, et, pour son malheur, la blessure n'était point bandée. Dans l'effort de ce bond, elle s'ouvre, saigne ; mais Tristan ne voit pas le sang qui fuit et rougit les draps. Et dehors, à la lune, le nain, par son art de sortilège, connut que les amants étaient réunis. Il en trembla de joie et dit au roi :

1260 « Va, et maintenant, si tu ne les surprends pas ensemble, fais-moi pendre ! »

Ils viennent donc vers la chambre, le roi, le nain et les quatre félons*. Mais Tristan les a entendus : il se relève, s'élance, atteint son lit… Hélas ! au passage, le sang a malement* coulé de la blessure sur
1265 la farine.

Voici le roi, les barons*, et le nain qui porte une lumière. Tristan et Iseut feignaient de dormir ; ils étaient restés seuls dans la chambre avec Perinis, qui couchait aux pieds de Tristan et ne bougeait pas. Mais le roi voit sur le lit les draps tout vermeils* et, sur le sol, la fleur
1270 de farine trempée de sang frais.

---

1. Boutoir : extrémité du groin et canines du sanglier.
2. Navré : blessé, transpercé.

Alors les quatre barons, qui haïssaient Tristan pour sa prouesse, le maintiennent sur son lit, et menacent la reine et la raillent*, la narguent et lui promettent bonne justice. Ils découvrent la blessure qui saigne :

« Tristan, dit le roi, nul démenti ne vaudrait désormais ; vous 1275 mourrez demain. »

Il lui crie :

« Accordez-moi merci*, seigneur ! Au nom du Dieu qui souffrit* la Passion, seigneur, pitié pour nous !

— Seigneur, venge-toi ! répondent les félons.

1280 — Bel oncle, ce n'est pas pour moi que je vous implore ; que m'importe de mourir ? Certes, n'était la crainte de vous courroucer*, je vendrais cher cet affront aux couards* qui, sans votre sauvegarde, n'auraient pas osé toucher mon corps de leurs mains ; mais, par respect et pour l'amour de vous, je me livre à votre merci ; faites de 1285 moi selon votre plaisir. Me voici, seigneur, mais pitié pour la reine ! »

Et Tristan s'incline et s'humilie à ses pieds.

« Pitié pour la reine, car s'il est un homme en ta maison assez hardi* pour soutenir ce mensonge que je l'ai aimée d'amour coupable, il me trouvera debout devant lui en champ clos. Sire, grâce pour elle, 1290 au nom du Seigneur Dieu ! »

Mais les trois barons l'ont lié de cordes, lui et la reine. Ah ! s'il avait su qu'il ne serait pas admis à prouver son innocence en combat singulier, on l'eût démembré vif avant qu'il eût souffert d'être lié vilement*.

1295 Mais il se fiait en Dieu et savait qu'en champ clos nul n'oserait brandir une arme contre lui. Et, certes, il se fiait justement en Dieu. Quand il jurait qu'il n'avait jamais aimé la reine d'amour coupable, les félons riaient de l'insolente imposture. Mais je vous appelle, seigneurs, vous qui savez la vérité du philtre* bu sur la mer et qui com- 1300 prenez, disait-il mensonge ? Ce n'est pas le fait qui prouve le crime, mais le jugement. Les hommes voient le fait, mais Dieu voit les cœurs, et, seul, il est vrai juge. Il a donc institué que tout homme accusé pourrait soutenir son droit par bataille, et lui-même combat avec l'innocent. C'est pourquoi Tristan réclamait justice et bataille et se garda 1305 de manquer en rien au roi Marc. Mais, s'il avait pu prévoir ce qui advint, il aurait tué les félons. Ah ! Dieu ! pourquoi ne les tua-t-il pas ?

Chapitre VIII

LE SAUT DE LA CHAPELLE

Qui voit son cors et sa façon
Trop par avroit le cuer felon
Qui n'en avroit d'Iseut pitié.

BÉROUL

Par la cité, dans la nuit noire, la nouvelle court : Tristan et la reine ont été saisis ; le roi veut les tuer. Riches bourgeois et petites gens, tous pleurent.

1310 « Hélas ! nous devons bien pleurer ! Tristan, hardi* baron*, mourrez-vous donc par si laide traîtrise ? Et vous, reine franche, reine honorée, en quelle terre naîtra jamais fille de roi si belle, si chère ? C'est donc là, nain bossu, l'œuvre de tes devinailles ? Qu'il ne voie jamais la face de Dieu, celui qui, t'ayant trouvé, n'enfoncera pas son épieu dans ton

1315 corps ! Tristan, bel ami cher, quand le Morholt, venu pour ravir nos enfants, prit terre sur ce rivage, nul de nos barons n'osa armer contre lui, et tous se taisaient, pareils à des muets. Mais vous, Tristan, vous avez fait le combat pour nous tous, hommes de Cornouailles, et vous avez tué le Morholt ; et lui vous navra d'un épieu dont vous avez

1320 manqué mourir pour nous. Aujourd'hui, en souvenir de ces choses, devrions-nous consentir à votre mort ? »

Les plaintes, les cris montent par la cité, tous courent au palais. Mais tel est le courroux* du roi qu'il n'y a ni si fort ni si fier baron qui ose risquer une seule parole pour le fléchir.

1325 Le jour approche, la nuit s'en va. Avant le soleil levé, Marc chevauche hors de la ville, au lieu où il avait coutume de tenir ses plaids* et de juger. Il commande qu'on creuse une fosse en terre et qu'on y amasse des sarments[1] noueux et tranchants et des épines blanches et noires, arrachées avec leurs racines.

---

1. Sarments : rameaux de vigne ; par extension, en ancien français, toute branche sèche.

1330   À l'heure de prime[1], il fait crier un ban[2] par le pays pour convoquer aussitôt les hommes de Cornouailles. Ils s'assemblent à grand bruit ; nul qui ne pleure, hormis le nain de Tintagel. Alors le roi leur parla ainsi :

« Seigneurs, j'ai fait dresser ce bûcher d'épines pour Tristan et pour
1335 la reine, car ils ont forfait. »

Mais tous lui crièrent :

« Jugement, roi ! le jugement d'abord, l'escondit[3] et le plaid ! Les tuer sans jugement, c'est honte et crime. Roi, répit et merci* pour eux ! »

Marc répondit en sa colère :

1340   « Non, ni répit, ni merci, ni plaid, ni jugement ! Par ce seigneur qui créa le monde, si nul n'ose encore requérir de telle chose il brûlera le premier sur ce brasier ! »

Il ordonne qu'on allume le feu et qu'on aille quérir au château Tristan d'abord.

1345   Les épines flambent, tous se taisent, le roi attend.

* * *

Les valets ont couru jusqu'à la chambre où les amants sont étroitement gardés. Ils entraînent Tristan par ses mains liées de cordes. Par Dieu ! Ce fut vilenie* de l'entraver ainsi ! Il pleure sous l'affront ; mais de quoi lui servent ses larmes ? On l'emmène honteusement ; et la
1350 reine s'écrie, presque folle d'angoisse :

« Être tuée, ami, pour que vous soyez sauvé, ce serait grande joie ! »

Les gardes et Tristan descendent hors de la ville, vers le bûcher. Mais, derrière eux, un cavalier se précipite, les rejoint, saute à bas du destrier* encore courant : c'est Dinas, le bon sénéchal*. Au bruit de
1355 l'aventure, il s'en venait de son château de Lidan, et l'écume, la sueur et le sang ruisselaient aux flancs de son cheval :

« Fils, je me hâte vers le plaid du roi. Dieu m'accordera peut-être d'y ouvrir tel conseil qui vous aidera tous deux ; déjà il me permet du

---

1. Heure de prime : 6 heures du matin (voir la note 1, à la page 22).

2. Ban : convocation faite par le suzerain à tous ses vassaux ; terme qui a subsisté dans « la publication des bans », annonce officielle d'un mariage futur.

3. Escondit : terme de justice désignant la disculpation d'un accusé qui fait la preuve de son innocence en recourant à des procédures spéciales.

moins de te servir par une menue courtoisie. Amis, dit-il aux valets,
1360 je veux que vous le meniez sans ces entraves, — et Dinas trancha les
cordes honteuses; s'il essayait de fuir, ne tenez-vous pas vos épées?»

Il baise Tristan sur les lèvres, remonte en selle, et son cheval l'emporte.

* * *

Or, écoutez comme le Seigneur Dieu est plein de pitié. Lui qui ne
veut pas la mort du pécheur, il reçut en gré les larmes et la clameur
1365 des pauvres gens qui le suppliaient pour les amants torturés. Près de
la route où Tristan passait, au faîte d'un roc et tournée vers la bise, une
chapelle se dressait sur la mer.

Le mur du chevet était posé au ras d'une falaise, haute, pierreuse,
aux escarpements aigus; dans l'abside[1], sur le précipice, était une ver-
1370 rière, œuvre habile d'un saint. Tristan dit à ceux qui le menaient:

« Seigneurs, voyez cette chapelle; permettez que j'y entre. Ma mort
est prochaine, je prierai Dieu qu'il ait merci* de moi, qui l'ai tant
offensé. Seigneurs, la chapelle n'a d'autre issue que celle-ci; chacun de
vous tient son épée; vous savez bien que je ne puis passer que par cette
1375 porte, et quand j'aurai prié Dieu, il faudra bien que je me remette entre
vos mains!»

L'un des gardes dit:

« Nous pouvons bien le lui permettre. »

Ils le laissèrent entrer. Il court par la chapelle, franchit le cœur[2],
1380 parvient à la verrière de l'abside, saisit la fenêtre, l'ouvre et s'élance…
Plutôt cette chute que la mort sur le bûcher, devant telle assemblée!

Mais sachez, seigneurs, que Dieu lui fit belle merci: le vent se
prend en ses vêtements, le soulève, le dépose sur une large pierre au
pied du rocher. Les gens de Cornouailles appellent encore cette pierre
1385 le «Saut de Tristan».

Et devant l'église les autres l'attendaient toujours. Mais pour
néant, car c'est Dieu maintenant qui l'a pris en sa garde. Il fuit: le
sable meuble croule sous ses pas. Il tombe, se retourne, voit au loin le
bûcher: la flamme bruit, la fumée monte. Il fuit.

---

1. Abside: partie arrondie de certaines églises, située derrière le chœur.
2. Cœur: chœur; partie, devant le maître-autel, où se tiennent les chantres (chanteurs d'église) et le clergé durant les services religieux.

1390   L'épée ceinte, à bride abattue, Gorvenal s'était échappé de la cité : le roi l'aurait fait brûler en place de son seigneur. Il rejoignit Tristan sur la lande, et Tristan s'écria :

« Maître, Dieu m'a accordé sa merci. Ah ! chétif, à quoi bon ? Si je n'ai Iseut, rien ne me vaut. Que ne me suis-je plutôt brisé dans ma
1395 chute ! J'ai échappé, Iseut, et l'on va te tuer. On la brûle pour moi ; pour elle je mourrai aussi. »

Gorvenal lui dit :

« Beau sire, prenez réconfort, n'écoutez pas la colère. Voyez ce buisson épais, enclos d'un large fossé ; cachons-nous là : les gens pas-
1400 sent nombreux sur cette route ; ils nous renseigneront, et, si l'on brûle Iseut, fils, je jure par Dieu, le fils de Marie, de ne jamais coucher sous un toit jusqu'au jour où nous l'aurons vengée.

— Beau maître, je n'ai pas mon épée.

— La voici, je te l'ai apportée.

1405   — Bien, maître ; je ne crains plus rien, fors[1] Dieu.

— Fils, j'ai encore sous ma gonelle* telle chose qui te réjouira : ce haubert* solide et léger, qui pourra te servir.

— Donne, beau maître. Par ce Dieu en qui je crois, je vais maintenant délivrer mon amie.

1410   — Non, ne te hâte point, dit Gorvenal. Dieu sans doute te préserve quelque plus sûre vengeance. Songe qu'il est hors de ton pouvoir d'approcher du bûcher ; les bourgeois l'entourent et craignent le roi ; tel voudrait bien ta délivrance, qui, le premier, te frappera. Fils, on dit bien : Folie n'est pas prouesse… Attends… »

* * *

1415   Or, quand Tristan s'était précipité de la falaise, un pauvre homme de la gent menue* l'avait vu se relever et fuir. Il avait couru vers Tintagel et s'était glissé jusqu'en la chambre d'Iseut :

« Reine, ne pleurez plus. Votre ami s'est échappé !

— Dieu, dit-elle, en soit remercié ! Maintenant, qu'ils me lient
1420 ou me délient, qu'ils m'épargnent ou qu'ils me tuent, je n'en ai plus souci ! »

---

1. Fors : hormis.

Or, les félons* avaient si cruellement serré les cordes de ses poignets que le sang jaillissait. Mais, souriante, elle dit :

« Si je pleurais pour cette souffrance, alors qu'en sa bonté Dieu
1425 vient d'arracher mon ami à ces félons, certes, je ne vaudrais guère ! »

Quand la nouvelle parvint au roi que Tristan s'était échappé par la verrière, il blêmit de courroux* et commanda à ses hommes de lui amener Iseut.

On l'entraîne ; hors de la salle, sur le seuil, elle apparaît ; elle tend
1430 ses mains délicates, d'où le sang coule. Une clameur monte par la rue :
« Ô Dieu, pitié pour elle ! Reine franche, reine honorée, quel deuil ont jeté sur cette terre ceux qui vous ont livrée ! Malédiction sur eux ! »

La reine est traînée jusqu'au bûcher d'épines, qui flambe. Alors, Dinas, seigneur de Lidan, se laissa choir aux pieds du roi :

1435 « Sire, écoute-moi : je t'ai servi longuement, sans vilenie*, en loyauté, sans en retirer nul profit : car il n'est pas un pauvre homme, ni un orphelin, ni une vieille femme, qui me donnerait un denier* de ta sénéchaussée[1], que j'ai tenue toute ma vie. En récompense, accorde-moi que tu recevras la reine à merci*. Tu veux la brûler sans
1440 jugement : c'est forfaire[2], puisqu'elle ne reconnaît pas le crime dont tu l'accuses. Songes-y, d'ailleurs. Si tu brûles son corps, il n'y aura plus de sûreté sur la terre : Tristan s'est échappé ; il connaît bien les plaines, les bois, les gués, les passages, et il est hardi*. Certes, tu es son oncle, et il ne s'attaquera pas à toi ; mais tous les barons, tes vassaux*,
1445 qu'il pourra surprendre, il les tuera. »

Et les quatre félons pâlissent à l'entendre : déjà ils voient Tristan embusqué*, qui les guette.

« Roi, dit le sénéchal*, s'il est vrai que je t'ai bien servi toute ma vie, livre-moi Iseut ; je répondrai d'elle comme son garde et son garant. »
1450 Mais le roi prit Dinas par la main et jura par le nom des saints qu'il ferait immédiate justice.

Alors Dinas se releva :

« Roi, je m'en retourne à Lidan et je renonce à votre service. »

---

1. Sénéchaussée : circonscription du territoire sur laquelle s'exerce la fonction du sénéchal.
2. Forfaire : agir contrairement à ce qu'on a le devoir de faire.

Iseut sourit tristement. Il monte sur son destrier* et s'éloigne,
1455　marri[1] et morne, le front baissé.

Iseut se tient debout devant la flamme. La foule, à l'entour, crie,
maudit le roi, maudit les traîtres. Les larmes coulent le long de sa face.
Elle est vêtue d'un étroit bliaut* gris, où court un filet d'or menu ; un
fil d'or est tressé dans ses cheveux, qui tombent jusqu'à ses pieds. Qui
1460　pourrait la voir si belle sans la prendre en pitié aurait un cœur de
félon. Dieu ! comme ses bras sont étroitement liés !

* * *

Or, cent lépreux, déformés, la chair rongée et toute blanchâtre,
accourus sur leurs béquilles au claquement des crécelles[2], se pres-
saient devant le bûcher, et, sous leurs paupières enflées, leurs yeux
1465　sanglants jouissaient du spectacle.

Yvain, le plus hideux des malades, cria au roi d'une voix aiguë :
« Sire, tu veux jeter ta femme en ce brasier, c'est bonne justice, mais
trop brève. Ce grand feu l'aura vite brûlée, ce grand vent aura vite dis-
persé sa cendre. Et, quand cette flamme tombera tout à l'heure, sa
1470　peine sera finie. Veux-tu que je t'enseigne pire châtiment, en sorte
qu'elle vive, mais à grand déshonneur, et toujours souhaitant la mort ?
Roi, le veux-tu ? »

Le roi répondit :
« Oui, la vie pour elle, mais à grand déshonneur et pire que la
1475　mort… Qui m'enseignera un tel supplice, je l'en aimerai mieux.

— Sire, je te dirai donc brièvement ma pensée. Vois, j'ai là cent
compagnons. Donne-nous Iseut, et qu'elle nous soit commune ! Le
mal attise nos désirs. Donne-la à tes lépreux, jamais dame n'aura fait
pire fin. Vois, nos haillons[3] sont collés à nos plaies, qui suintent. Elle
1480　qui, près de toi, se plaisait aux riches étoffes fourrées de vair[4], aux
joyaux, aux salles parées de marbre, elle qui jouissait de bons vins, de
l'honneur, de la joie, quand elle verra la cour de tes lépreux, quand il

---

1. Marri : contrarié, fâché, triste (ancien français).
2. Crécelles : moulinets de bois formés d'une planchette mobile qui produit un crépitement ;
　 attributs traditionnels du lépreux qui, par ce bruit, avertissait la population de son arrivée.
3. Haillons : vieux lambeaux d'étoffes servant de vêtements.
4. Vair : fourrure (gris-bleu) d'écureuil.

Tristan reprit la reine : désormais, elle ne se sent plus nul mal. […] quittant la plaine, ils s'enfoncèrent dans la forêt du Morois.

Lignes 1508 à 1510.

MINIATURE D'UN MANUSCRIT DU XVᵉ SIÈCLE.

OSTERREICHISCHE NATIONALBIBLIOTHEK, VIENNE.

lui faudra entrer sous nos taudis [1] bas et coucher avec nous, alors Iseut la Belle, la Blonde, reconnaîtra son péché et regrettera ce beau
1485 feu d'épines!»

Le roi l'entend, se lève, et longuement reste immobile. Enfin, il court vers la reine et la saisit par la main. Elle crie:

«Par pitié, sire, brûlez-moi plutôt, brûlez-moi!»

Le roi la livre. Yvain la prend et les cent malades se pressent autour
1490 d'elle. À les entendre crier et glapir, tous les cœurs se fondent de pitié; mais Yvain est joyeux; Iseut s'en va, Yvain l'emmène. Hors de la cité descend le hideux cortège.

Ils ont pris la route où Tristan est embusqué*. Gorvenal jette un cri:

«Fils, que feras-tu? Voici ton amie!»

1495 Tristan pousse son cheval hors du fourré:

«Yvain, tu lui as assez longtemps fait compagnie; laisse-la maintenant, si tu veux vivre!»

Mais Yvain dégrafe son manteau.

«Hardi*, compagnons! À vos bâtons! À vos béquilles! C'est l'ins-
1500 tant de montrer sa prouesse!»

Alors, il fit beau voir les lépreux rejeter leurs chapes*, se camper sur leurs pieds malades, souffler, crier, brandir leurs béquilles: l'un menace et l'autre grogne. Mais il répugnait à Tristan de les frapper; les conteurs prétendent que Tristan tua Yvain: c'est dire vilenie*; non,
1505 il était trop preux* pour occire* telle engeance. Mais Gorvenal, ayant arraché une forte pousse de chêne, l'assena sur le crâne d'Yvain; le sang noir jaillit et coula jusqu'à ses pieds difformes.

Tristan reprit la reine: désormais, elle ne sent plus nul mal. Il trancha les cordes de ses bras, et, quittant la plaine, ils s'enfoncèrent dans
1510 la forêt du Morois. Là, dans les grands bois, Tristan se sent en sûreté comme derrière la muraille d'un fort château.

Quand le soleil pencha, ils s'arrêtèrent au pied d'un mont: la peur avait lassé la reine; elle reposa sa tête sur le corps de Tristan et s'endormit.

---

1. Taudis: logement misérable, malpropre et laid.

1515   Au matin, Gorvenal déroba à un forestier son arc et deux flèches bien empennées et barbelées[1] et les donna à Tristan, le bon archer, qui surprit un chevreuil et le tua. Gorvenal fit un amas de branches sèches, battit le fusil[2], fit jaillir l'étincelle et alluma un grand feu pour cuire la venaison*; Tristan coupa des branchages, construisit une hutte

1520 et la recouvrit de feuillée ; Iseut la joncha d'herbes épaisses.

Alors, au fond de la forêt sauvage, commença pour les fugitifs l'âpre vie, aimée pourtant.

---

1. Empennées et barbelées : garnies de plumes (pour régulariser la trajectoire) et hérissées de pointes.

2. Battit le fusil : le « fusil » désigne la pièce d'acier avec laquelle on frotte (« bat ») un silex pour faire du feu (du latin *focilis*, qui produit du feu).

Chapitre IX

La forêt du Morois

« Nous avons perdu le monde, et le monde, nous ; que vous en samble,
Tristan ami ? — Amie, quand je vous ai avec moi, que me fault-il dont ?
Se tous li mondes estoit orendroit avec nous, je ne verroie fors vous seule. »

ROMAN EN PROSE DE TRISTAN

Au fond de la forêt sauvage, à grand ahan[1], comme des bêtes tra-
quées, ils errent, et rarement osent revenir le soir au gîte[2] de la veille.
1525 Ils ne mangent que de la chair des fauves et regrettent le goût du sel.
Leurs visages amaigris se font blêmes, leurs vêtements tombent en
haillons*, déchirés par les ronces. Ils s'aiment, ils ne souffrent pas.

Un jour, comme ils parcouraient ces grands bois qui n'avaient
jamais été abattus, ils arrivèrent par aventure à l'ermitage[3] du
1530 Frère Ogrin.

Au soleil, sous un bois léger d'érables, auprès de sa chapelle, le
vieil homme, appuyé sur sa béquille, allait à pas menus.

« Sire Tristan, s'écria-t-il, sachez quel grand serment ont juré
les hommes de Cornouailles. Le roi a fait crier un ban* par toutes les
1535 paroisses. Qui se saisira de vous recevra cent marcs[4] d'or pour son
salaire, et tous les barons ont juré de vous livrer mort ou vif. Repentez-
vous, Tristan ! Dieu pardonne au pécheur qui vient à repentance.

— Me repentir, sire Ogrin ? De quel crime ? Vous qui nous jugez,
savez-vous quel boire nous avons bu sur la mer ? Oui, la bonne
1540 liqueur nous enivre, et j'aimerais mieux mendier toute ma vie par les
routes et vivre d'herbes et de racines avec Iseut, que sans elle être roi
d'un beau royaume.

— Sir Tristan, Dieu vous soit en aide, car vous avez perdu ce
monde-ci et l'autre. Le traître à son seigneur, on doit le faire écarteler

---

1. À grand ahan : avec de pénibles efforts (forme d'onomatopée de la respiration bruyante
   qui accompagne un dur effort).
2. Gîte : abri où loger.
3. Ermitage : habitation d'un religieux qui s'est retiré dans la solitude (ermite).
4. Marcs : unités monétaires pesant chacune « huit onces » d'argent ou d'or.

1545 par deux chevaux, le brûler sur un bûcher, et là où sa cendre tombe, il ne croît plus d'herbe et le labour reste inutile ; les arbres, la verdure y dépérissent. Tristan, rendez la reine à celui qu'elle a épousé selon la loi de Rome !

— Elle n'est pas à lui ; il l'a donnée à ses lépreux ; c'est sur les 1550 lépreux que je l'ai conquise. Désormais, elle est mienne ; je ne puis me séparer d'elle, ni elle de moi. »

Ogrin s'était assis ; à ses pieds, Iseut pleurait, la tête sur les genoux de l'homme qui souffre pour Dieu. L'ermite* lui redisait les saintes paroles du Livre ; mais, toute pleurante, elle secouait la tête et refusait 1555 de le croire.

« Hélas ! dit Ogrin, quel réconfort peut-on donner à des morts ? Repens-toi, Tristan, car celui qui vit dans le péché sans repentir est un mort.

— Non, je vis et ne me repens pas. Nous retournons à la forêt, qui 1560 nous protège et nous garde. Viens, Iseut, amie ! »

Iseut se releva ; ils se prirent par les mains. Ils entrèrent dans les hautes herbes et les bruyères ; les arbres refermèrent sur eux leurs branchages ; ils disparurent derrière les frondaisons[1].

* * *

Écoutez, seigneurs, une belle aventure. Tristan avait nourri un 1565 chien, un brachet[2], beau, vif, léger à la course : ni comte, ni roi n'a son pareil pour la chasse à l'arc. On l'appelait Husdent. Il avait fallu l'enfermer dans le donjon, entravé par un billot[3] suspendu à son cou ; depuis le jour où il avait cessé de voir son maître, il refusait toute pitance[4], grattant la terre du pied, pleurait des yeux, hurlait. Plusieurs 1570 en eurent compassion.

« Husdent, disaient-ils, nulle bête n'a su si bien aimer que toi ; oui, Salomon a dit sagement : « Mon ami vrai, c'est mon lévrier[5]. »

---

1. Frondaisons : feuillage abondant.
2. Brachet : chien utilisé spécialement pour la chasse à courre.
3. Billot : bloc de bois.
4. Pitance : nourriture.
5. Lévrier : chien utilisé spécialement pour la chasse à courre.

Et le roi Marc, se rappelant les jours passés, songeait en son cœur :
« Ce chien montre grand sens à pleurer ainsi son seigneur : car y a-
1575 t-il personne par toute la Cornouailles qui vaille Tristan ? »

Trois barons vinrent au roi :

« Sire, faites délier Husdent : nous saurons bien s'il mène tel deuil
par regret de son maître ; si non, vous le verrez, à peine détaché, la
gueule ouverte, la langue au vent, poursuivre, pour les mordre, gens
1580 et bêtes. »

On le délie. Il bondit par la porte et court à la chambre où naguère
il trouvait Tristan. Il gronde, gémit, cherche, découvre enfin la trace
de son seigneur. Il parcourt pas à pas la route que Tristan a suivie vers
le bûcher. Chacun le suit. Il jappe clair et grimpe vers la falaise. Le
1585 voici dans la chapelle, et qui bondit sur l'autel ; soudain il se jette par
la verrière, tombe au pied du rocher, reprend la piste sur la grève,
s'arrête un instant dans le bois fleuri où Tristan s'était embusqué*,
puis repart vers la forêt. Nul ne le voit qui n'en ait pitié.

« Beau roi, dirent alors les chevaliers, cessons de le suivre ; il nous
1590 pourrait mener en tel lieu d'où le retour serait malaisé. »

Ils le laissèrent et s'en revinrent. Sous bois, le chien donna de la
voix et la forêt en retentit. De loin, Tristan, la reine et Gorvenal
l'ont entendu : « C'est Husdent ! » Ils s'effrayent : sans doute le roi les
poursuit ; ainsi il les fait relancer comme des fauves par des
1595 limiers* !... Ils s'enfoncent sous un fourré. À la lisière, Tristan se
dresse, son arc bandé[1]. Mais quand Husdent eut vu et reconnu son
seigneur, il bondit jusqu'à lui, remua sa tête et sa queue, ploya
l'échine, se roula en cercle. Qui vit jamais telle joie ? Puis il courut à
Iseut la Blonde, à Gorvenal, et fit fête aussi au cheval. Tristan en eut
1600 grande pitié :

« Hélas ! par quel malheur nous a-t-il retrouvés ? Que peut faire de
ce chien, qui ne sait se tenir coi, un homme harcelé ? Par les plaines
et par les bois, par toute sa terre, le roi nous traque : Husdent nous
trahira par ses aboiements. Ah ! c'est par amour et par noblesse de
1605 nature qu'il est venu chercher la mort. Il faut nous garder pourtant.
Que faire ? Conseillez-moi. »

---

1. Bandé : tendu avec effort afin d'y adapter la flèche à tirer.

Iseut flatta Husdent de la main et dit :

« Sire, épargnez-le ! J'ai ouï* parler d'un forestier gallois qui avait habitué son chien à suivre, sans aboyer, la trace de sang des cerfs bles-
1610 sés. Ami Tristan, quelle joie si on réussissait, en y mettant sa peine, à dresser ainsi Husdent ! »

Il y songea un instant, tandis que le chien léchait les mains d'Iseut. Tristan eut pitié et dit :

« Je veux essayer ; il m'est trop dur de le tuer. »

1615 Bientôt Tristan se met en chasse, déloge un daim, le blesse d'une flèche. Le brachet* veut s'élancer sur la voie du daim, et crie si haut que le bois en résonne. Tristan le fait taire en le frappant ; Husdent lève la tête vers son maître, s'étonne, n'ose plus crier, abandonne la trace ; Tristan le met sous lui, puis bat sa botte de sa baguette de châ-
1620 taignier, comme font les veneurs* pour exciter les chiens ; à ce signal, Husdent veut crier encore, et Tristan le corrige. En l'enseignant ainsi, au bout d'un mois à peine, il l'eut dressé à chasser à la muette : quand sa flèche avait blessé un chevreuil ou un daim, Husdent, sans jamais donner de la voix, suivait la trace sur la neige, la glace ou
1625 l'herbe ; s'il atteignait la bête sous bois, il savait marquer la place en y portant des branchages ; s'il la prenait sur la lande, il amassait des herbes sur le corps abattu et revenait, sans un aboi, chercher son maître.

L'été s'en va, l'hiver est venu. Les amants vécurent tapis dans le
1630 creux d'un rocher : et sur le sol durci par la froidure, les glaçons héris-saient leur lit de feuilles mortes. Par la puissance de leur amour, ni l'un ni l'autre ne sentit sa misère.

Mais quand revint le temps clair, ils dressèrent sous les grands arbres leur hutte de branches reverdies. Tristan savait d'enfance l'art
1635 de contrefaire le chant des oiseaux des bois ; à son gré, il imitait le loriot, la mésange, le rossignol et toute la gent ailée ; et, parfois, sur les branches de la hutte, venus à son appel, les oiseaux nombreux, le cou gonflé, chantaient leurs lais* dans la lumière.

* * *

Les amants ne fuyaient plus par la forêt, sans cesse errants ; car nul
1640 des barons ne se risquait à les poursuivre, connaissant que Tristan les

eût pendus aux branches des arbres. Un jour, pourtant, l'un des quatre traîtres, Guenelon, que Dieu maudisse ! entraîné par l'ardeur de la chasse, osa s'aventurer aux alentours du Morois. Ce matin-là, sur la lisière de la forêt, au creux d'une ravine, Gorvenal, ayant enlevé la 1645 selle de son destrier*, lui laissait paître l'herbe nouvelle ; là-bas, dans la loge de feuillage, sur la jonchée fleurie, Tristan tenait la reine étroitement embrassée*, et tous deux dormaient.

Tout à coup, Gorvenal entendit le bruit d'une meute : à grande allure les chiens lançaient un cerf, qui se jeta au ravin. Au loin, sur la 1650 lande, apparut un veneur ; Gorvenal le reconnut : c'était Guenelon, l'homme que son seigneur haïssait entre tous. Seul, sans écuyer, les éperons* aux flancs saignants de son destrier et lui cinglant* l'encolure, il accourait. Embusqué* derrière un arbre, Gorvenal le guette : il vient vite, il sera plus lent à s'en retourner.

1655 Il passe. Gorvenal bondit de l'embuscade, saisit le frein*, et, revoyant à cet instant tout le mal que l'homme avait fait, l'abat, le démembre tout, et s'en va, emportant la tête tranchée.

Là-bas, dans la loge de feuillée, sur la jonchée fleurie, Tristan et la reine dormaient étroitement embrassés. Gorvenal y vint sans bruit, 1660 la tête du mort à la main.

Lorsque les veneurs trouvèrent sous l'arbre le tronc sans tête, éperdus, comme si déjà Tristan les poursuivait, ils s'enfuirent, craignant la mort. Depuis, l'on ne vint plus guère chasser dans ce bois.

Pour réjouir au réveil le cœur de son seigneur, Gorvenal attacha, 1665 par les cheveux, la tête à la fourche de la hutte : la ramée épaisse l'enguirlandait[1].

Tristan s'éveilla et vit, à demi cachée derrière les feuilles, la tête qui le regardait. Il reconnaît Guenelon ; il se dresse sur ses pieds, effrayé. Mais son maître lui crie :

1670 « Rassure-toi, il est mort. Je l'ai tué de cette épée. Fils, c'était ton ennemi ! »

Et Tristan se réjouit ; celui qu'il haïssait, Guenelon, est occis*.

Désormais, nul n'osa plus pénétrer dans la forêt sauvage : l'effroi en garde l'entrée et les amants y sont maîtres. C'est alors que Tristan

---

1. La ramée épaisse l'enguirlandait : l'ensemble des branches feuillées formait une guirlande autour de sa tête.

1675 façonna l'arc Qui-ne-faut[1], lequel atteignait toujours le but, homme
ou bête, à l'endroit visé.

* * *

Seigneurs, c'était un jour d'été, au temps où l'on moissonne, un
peu après la Pentecôte, et les oiseaux à la rosée chantaient l'aube prochaine. Tristan sortit de la hutte, ceignit[2] son épée, apprêta l'arc Qui-
1680 ne-faut et, seul, s'en fut chasser par le bois. Avant que descende le soir,
une grande peine lui adviendra. Non, jamais amants ne s'aimèrent
tant et ne l'expièrent si durement.

Quand Tristan revint de la chasse, accablé par la lourde chaleur, il
prit la reine entre ses bras.

1685 « Ami, où avez-vous été ?

— Après un cerf qui m'a tout lassé. Vois, la sueur coule de mes
membres, je voudrais me coucher et dormir. »

Sous la loge des verts rameaux, jonchée d'herbes fraîches, Iseut
s'étendit la première. Tristan se coucha près d'elle et déposa son épée
1690 nue entre leurs corps. Pour leur bonheur, ils avaient gardé leurs vêtements. La reine avait au doigt l'anneau d'or aux belles émeraudes que
Marc lui avait donné au jour des épousailles ; ses doigts étaient deve-
nus si grêles, que la bague y tenait à peine. Ils dormaient ainsi, l'un des
bras de Tristan passé sous le cou de son amie, l'autre jeté sur son beau
1695 corps, étroitement embrassés*; mais leurs lèvres ne se touchaient
point. Pas un souffle de brise, pas une feuille qui tremble. À travers le
toit de feuillage, un rayon de soleil descendait sur le visage d'Iseut, qui
brillait comme un glaçon.

Or, un forestier trouva dans le bois une place où les herbes étaient
1700 foulées ; la veille, les amants s'étaient couchés là ; mais il ne reconnut
pas l'empreinte de leurs corps, suivit la trace et parvint à leur gîte*. Il
les vit qui dormaient, les reconnut et s'enfuit, craignant le réveil terrible de Tristan. Il s'enfuit jusqu'à Tintagel, à deux lieues de là, monta

---

1. Arc Qui-ne-faut : il était de tradition pour le chevalier de donner un nom à ses armes,
   plus fréquemment à son épée ; ici, l'arc est « infaillible » (« faut » : présent de l'indicatif
   du verbe « faillir »).

2. Ceignit : attacha (son épée) à la taille (du verbe « ceindre », mettre autour du corps,
   dont le participe « ceint » a donné « ceinture »).

les degrés de la salle [1], et trouva le roi qui tenait ses plaids* au milieu
1705 de ses vassaux* assemblés.

« Ami, que viens-tu quérir céans [2], hors d'haleine comme je te vois ?
On dirait un valet de limiers* qui a longtemps couru après les chiens.
Veux-tu, toi aussi, nous demander raison de quelque tort ? Qui t'a
chassé de ma forêt ? »

1710 Le forestier le prit à l'écart et, tout bas, lui dit :

« J'ai vu la reine et Tristan. Ils dormaient, j'ai pris peur.

— En quel lieu ?

— Dans une hutte du Morois. Ils dorment aux bras l'un de l'autre.
Viens tôt, si tu veux prendre ta vengeance.

1715 — Va m'attendre à l'entrée du bois, au pied de la Croix Rouge. Ne
parle à nul homme de ce que tu as vu ; je te donnerai de l'or et de l'argent, tant que tu en voudras prendre. »

Le forestier y va et s'assied sous la Croix Rouge. Maudit soit l'espion ! Mais il mourra honteusement, comme cette histoire vous le
1720 dira tout à l'heure.

Le roi fit seller son cheval, ceignit son épée, et, sans nulle compagnie, s'échappa de la cité. Tout en chevauchant, seul, il se ressouvint
de la nuit où il avait saisi son neveu : quelle tendresse avait alors montrée pour Tristan Iseut la Belle, au visage clair ! S'il les surprend, il châ-
1725 tiera ces grands péchés ; il se vengera de ceux qui l'ont honni*…

À la Croix Rouge, il trouva le forestier :

« Va devant ; mène-moi vite et droit. »

L'ombre noire des grands arbres les enveloppe*. Le roi suit l'espion.
Il se fie à son épée, qui jadis a frappé de beaux coups. Ah ! si Tristan
1730 s'éveille, l'un des deux, Dieu sait lequel ! restera mort sur la place. Enfin
le forestier dit tout bas :

« Roi, nous approchons. »

Il lui tint l'étrier et lia les rênes du cheval aux branches d'un pommier vert. Ils approchèrent encore, et soudain, dans une clairière
1735 ensoleillée, virent la hutte fleurie.

---

1. Degrés de la salle : marches de l'escalier menant à la pièce principale du château.
2. Céans : à l'intérieur, ici dedans (formé de ça et de enz, terme de l'ancien français signifiant « dedans »).

Le roi prit ses gants parés d'hermine […] Puis il enleva l'épée
qui séparait les amants, celle-là même — il la reconnut —
qui s'était ébréchée […]

Lignes 1753, 1754 et 1760 à 1762.

COFFRET D'IVOIRE, XIIIᵉ SIÈCLE.

MUSÉE DE L'ERMITAGE, LENINGRAD.

Le roi délace son manteau aux attaches d'or fin, le rejette, et son beau corps apparaît. Il tire son épée hors de la gaine, et redit en son cœur qu'il veut mourir s'il ne les tue. Le forestier le suivait ; il lui fait signe de s'en retourner.

1740 Il pénètre, seul, sous la hutte, l'épée nue, et la brandit… Ah ! quel deuil s'il assène un coup ! Mais il remarqua que leurs bouches ne se touchaient pas et qu'une épée nue séparait leurs corps :

« Dieu ! se dit-il, que vois-je ici ? Faut-il les tuer ? Depuis si longtemps qu'ils vivent en ce bois, s'ils s'aimaient de fol amour, auraient1745 ils placé cette épée entre eux ? Et chacun ne sait-il pas qu'une lame nue, qui sépare deux corps, est garante et gardienne de chasteté ? S'ils s'aimaient de fol amour, reposeraient-ils si purement ? Non, je ne les tuerai pas ; ce serait grand péché de les frapper ; et si j'éveillais ce dormeur et que l'un de nous deux fût tué, on en parlerait longtemps, et1750 pour notre honte. Mais je ferai qu'à leur réveil ils sachent que je les ai trouvés endormis, que je n'ai pas voulu leur mort, et que Dieu les a pris en pitié. »

Le soleil, traversant la hutte, brûlait la face blanche d'Iseut. Le roi prit ses gants parés d'hermine[1] : « C'est elle, songeait-il, qui, naguère,1755 me les apporta d'Irlande !… » Il les plaça dans le feuillage pour fermer le trou par où le rayon descendait ; puis il retira doucement la bague aux pierres d'émeraude qu'il avait donnée à la reine ; naguère il avait fallu forcer un peu pour la lui passer au doigt ; maintenant ses doigts étaient si grêles que la bague vint sans effort : à la place, le roi mit l'an-1760 neau dont Iseut, jadis, lui avait fait présent. Puis il enleva l'épée qui séparait les amants, celle-là même — il la reconnut — qui s'était ébréchée* dans le crâne du Morholt, posa la sienne à la place, sortit de la loge, sauta en selle, et dit au forestier :

« Fuis maintenant, et sauve ton corps, si tu peux ! »

1765 Or, Iseut eut une vision dans son sommeil : elle était sous une riche tente, au milieu d'un grand bois. Deux lions s'élançaient sur elle et se battaient pour l'avoir… Elle jeta un cri et s'éveilla : les gants parés d'hermine blanche tombèrent sur son sein. Au cri, Tristan se dressa

---

1. Hermine : fourrure de l'hermine, mammifère de la famille de la belette.

en pieds, voulut ramasser son épée et reconnut, à sa garde[1] d'or, celle
1770 du roi. Et la reine vit à son doigt l'anneau de Marc. Elle s'écria :

« Sire, malheur à nous ! Le roi nous a surpris !

— Oui, dit Tristan, il a emporté mon épée ; il était seul, il a pris
peur, il est allé chercher du renfort ; il reviendra, nous fera brûler
devant tout le peuple. Fuyons !... »

1775 Et, à grandes journées, accompagnés de Gorvenal, ils s'enfuirent
vers la terre de Galles, jusqu'aux confins de la forêt du Morois. Que de
tortures amour leur aura causées !

---

1. Garde : rebord placé entre la lame et la poignée de l'épée, servant à protéger la main.

Chapitre X

L'ermite* Ogrin

Aspre vie meinent et dure :
Tant s'entraiment de bone amor
L'uns por l'autre ne sent dolor.

Béroul

À trois jours de là, comme Tristan avait longuement suivi les erres[1] d'un cerf blessé, la nuit tomba, et sous le bois obscur, il se prit
1780 à songer :

« Non, ce n'est point par crainte que le roi nous a épargnés. Il avait pris mon épée, je dormais, j'étais à sa merci*, il pouvait frapper ; à quoi bon du renfort ? Et s'il voulait me prendre vif, pourquoi, m'ayant désarmé, m'aurait-il laissé sa propre épée ? Ah ! je t'ai reconnu, père : non
1785 par peur, mais par tendresse et par pitié, tu as voulu nous pardonner. Nous pardonner ? Qui donc pourrait, sans s'avilir, remettre un tel forfait ? Non, il n'a point pardonné, mais il a compris. Il a connu qu'au bûcher, au saut de la chapelle, à l'embuscade contre les lépreux, Dieu nous avait pris en sa sauvegarde. Il s'est alors rappelé l'enfant qui,
1790 jadis, harpait* à ses pieds, et ma terre de Loonnois, abandonnée pour lui, et l'épieu du Morholt, et le sang versé pour son honneur. Il s'est rappelé que je n'avais pas reconnu mon tort, mais vainement réclamé jugement, droit et bataille, et la noblesse de son cœur l'a incliné à comprendre les choses qu'autour de lui ses hommes ne comprennent
1795 pas : non qu'il sache ni jamais puisse savoir la vérité de notre amour ; mais il doute, il espère, il sent que je n'ai pas dit mensonge, il désire que par jugement je trouve mon droit. Ah ! bel oncle, vaincre en bataille par l'aide de Dieu, gagner votre paix, et pour vous, revêtir encore le haubert* et le heaume* ! Qu'ai-je pensé ? Il reprendrait
1800 Iseut : je la lui livrerais ? Que ne m'a-t-il égorgé plutôt dans mon

---

1. Erres : traces d'un animal (errer signifiant alors « voyager »).

sommeil! Naguère, traqué par lui, je pouvais le haïr et l'oublier: il avait abandonné Iseut aux malades; elle n'était plus à lui, elle était mienne. Voici que par sa compassion il a réveillé ma tendresse et reconquis la reine. La reine? Elle était reine près de lui, et dans ce bois 1805 elle vit comme une serve*. Qu'ai-je fait de sa jeunesse? Au lieu de ses chambres tendues de draps de soie, je lui donne cette forêt sauvage; une hutte, au lieu de ses belles courtines*; et c'est pour moi qu'elle suit cette route mauvaise. Au seigneur Dieu, roi du monde, je crie merci* et je le supplie qu'il me donne la force de rendre Iseut au roi Marc. 1810 N'est-elle pas sa femme, épousée selon la loi de Rome, devant tous les riches hommes de sa terre?»

Tristan s'appuie sur son arc, et longuement se lamente dans la nuit.

Dans le fourré clos de ronces qui leur servait de gîte*, Iseut la Blonde attendait le retour de Tristan. À la clarté d'un rayon de lune, elle vit 1815 luire à son doigt l'anneau d'or que Marc y avait glissé. Elle songea:

«Celui qui par belle courtoisie m'a donné cet anneau d'or n'est pas l'homme irrité qui me livrait aux lépreux; non, c'est le seigneur compatissant qui, du jour où j'ai abordé sur sa terre, m'accueillit et me protégea. Comme il aimait Tristan! Mais je suis venue, et qu'ai-je fait? 1820 Tristan ne devrait-il pas vivre au palais du roi, avec cent damoiseaux autour de lui, qui seraient de sa mesnie[1] et le serviraient pour être armés chevaliers? Ne devrait-il pas, chevauchant par les cours et les baronnies*, chercher soudées[2] et aventures? Mais, pour moi, il oublie toute chevalerie, exilé de la cour, pourchassé dans ce bois, menant 1825 cette vie sauvage!…»

Elle entendit alors sur les feuilles et les branches mortes s'approcher le pas de Tristan. Elle vint à sa rencontre comme à son ordinaire, pour lui prendre ses armes. Elle lui enleva des mains l'arc Qui-ne-faut et ses flèches, et dénoua les attaches de son épée.

1830 «Amie, dit Tristan, c'est l'épée du roi Marc. Elle devait nous égorger, elle nous a épargnés.»

Iseut prit l'épée, en baisa la garde* d'or; et Tristan vit qu'elle pleurait.

---

1. Sa mesnie: parmi les gens à son service, sa cour (de l'ancien français *maisniee, -nie*, «compagnie ordinaire du roi»).

2. Soudées: probablement métonymie pour «combats» (de l'ancien français *souldee*, «paie que l'on donne aux soldats»).

« Amie, dit-il, si je pouvais faire accord avec le roi Marc ! S'il m'ad-
1835 mettait à soutenir par la bataille que jamais, ni en fait, ni en paroles,
je ne vous ai aimée d'amour coupable, tout chevalier de son royaume
depuis Lidan jusqu'à Durham qui m'oserait contredire me trouverait
armé en champ clos. Puis, si le roi voulait souffrir* de me garder en sa
mesnie, je le servirais à grand honneur, comme mon seigneur et mon
1840 père ; et, s'il préférait m'éloigner et vous garder, je passerais en Frise
ou en Bretagne, avec Gorvenal comme seul compagnon. Mais partout
où j'irais, reine, et toujours, je resterais vôtre. Iseut, je ne songerais pas
à cette séparation, n'était la dure misère que vous supportez pour moi
depuis si longtemps, belle, en cette terre déserte.

1845   — Tristan, qu'il vous souvienne de l'ermite Ogrin dans son
bocage ! Retournons vers lui, et puissions-nous crier merci au puissant roi céleste, Tristan, ami ! »

Ils éveillèrent Gorvenal ; Iseut monta sur le cheval, que Tristan
conduisit par le frein*, et, toute la nuit, traversant pour la dernière fois
1850 les bois aimés, ils cheminèrent sans une parole.

* * *

Au matin, ils prirent du repos, puis marchèrent encore, tant qu'ils
parvinrent à l'ermitage*. Au seuil de sa chapelle, Ogrin lisait en un
livre. Il les vit, et, de loin, les appela tendrement :

« Amis ! comme amour vous traque de misère en misère ! Combien
1855 durera votre folie ? Courage ! repentez-vous enfin ! »

Tristan lui dit :

« Écoutez, sire Ogrin. Aidez-nous pour offrir un accord au roi. Je
lui rendrais la reine. Puis, je m'en irais au loin, en Bretagne ou en
Frise ; un jour, si le roi voulait me souffrir près de lui, je reviendrais et
1860 le servirais comme je dois. »

Inclinée aux pieds de l'ermite, Iseut dit à son tour, dolente[1] :

« Je ne vivrai plus ainsi. Je ne dis pas que je me repente d'avoir aimé
et d'aimer Tristan, encore et toujours ; mais nos corps, du moins,
seront désormais séparés. »

---

1. Dolente : triste, affligée.

1865   L'ermite pleura et adora Dieu : « Dieu, beau roi tout- puissant ! Je vous rends grâces de m'avoir laissé vivre assez longtemps pour venir en aide à ceux-ci ! » Il les conseilla sagement, puis il prit de l'encre et du parchemin et écrivit un bref* où Tristan offrait un accord au roi. Quant il y eut écrit toutes les paroles que Tristan lui dit, celui-ci les
1870 scella de son anneau.

« Qui portera ce bref ? demanda l'ermite.

— Je le porterai moi-même.

— Non, sire Tristan, vous ne tenterez point cette chevauchée hasardeuse ; j'irai pour vous, je connais bien les êtres du château.

1875   — Laissez, beau sire Ogrin ; la reine restera en votre ermitage* ; à la tombée de la nuit, j'irai avec mon écuyer, qui gardera mon cheval. »

Quand l'obscurité descendit sur la forêt, Tristan se mit en route avec Gorvenal. Aux portes de Tintagel, il le quitta. Sur les murs, les guetteurs sonnaient leurs trompes. Il se coula dans le fossé et traversa
1880 la ville au péril de son corps. Il franchit comme autrefois les palissades aiguës du verger, revit le perron de marbre, la fontaine et le grand pin, et s'approcha de la fenêtre derrière laquelle le roi dormait. Il l'appela doucement. Marc s'éveilla :

« Qui es-tu, toi qui m'appelles dans la nuit, à pareille heure ?

1885   — Sire, je suis Tristan, je vous apporte un bref ; je le laisse là, sur le grillage de cette fenêtre. Faites attacher votre réponse à la branche de la Croix Rouge.

— Pour l'amour de Dieu, beau neveu, attends-moi ! »

Il s'élança sur le seuil, et, par trois fois, cria dans la nuit :

1890   « Tristan ! Tristan ! Tristan, mon fils ! »

Mais Tristan avait fui. Il rejoignit son écuyer et, d'un bond léger, se mit en selle :

« Fou ! dit Gorvenal, hâte-toi, fuyons par ce chemin. »

Ils parvinrent enfin à l'ermitage où ils trouvèrent, les attendant,
1895 l'ermite qui priait, Iseut qui pleurait.

Chapitre XI

LE GUÉ[1] AVENTUREUX

Oyez, vous tous qui passez par la voie,
Venez çà, chascun de vous voie
S'il est douleur fors que la moie :
C'est Tristan que la mort mestroie.

LE LAI MORTEL

Marc fit éveiller son chapelain[2] et lui tendit la lettre. Le clerc brisa la cire[3] et salua d'abord le roi au nom de Tristan ; puis, ayant habilement déchiffré les paroles écrites, il lui rapporta ce que Tristan lui mandait*. Marc l'écouta sans mot dire et se réjouissait en son cœur,
1900 car il aimait encore la reine.

Il convoqua nommément les plus prisés[4] de ses barons*, et, quand ils furent tous assemblés, ils firent silence et le roi parla :

« Seigneurs, j'ai reçu ce bref. Je suis roi sur vous, et vous êtes mes féaux*. Écoutez les choses qui me sont mandées ; puis conseillez-moi,
1905 je vous en requiers*, puisque vous me devez le conseil. »

Le chapelain se leva, délia le bref de ses deux mains, et, debout devant le roi :

« Seigneurs, dit-il, Tristan mande d'abord salut et amour au roi et à toute sa baronnie.

1910 « Roi, ajoute-t-il, quand j'ai eu tué le dragon et que j'eus conquis la fille du roi d'Irlande, c'est à moi qu'elle fut donnée ; j'étais maître de la garder, mais je ne l'ai point voulu : je l'ai amenée en votre contrée

---

1. Gué : endroit d'une rivière où le niveau d'eau est assez bas pour qu'il soit possible de traverser à pied. Dans la tradition celtique, le gué est un lieu particulièrement symbolique, frontière entre le monde humain et l'« Autre monde », mais aussi lieu d'une épreuve majeure.
2. Chapelain : prêtre qui dessert une chapelle (ici, le lieu consacré au culte religieux dans le château du roi Marc). À l'époque où, même parmi les nobles, l'instruction était rare, pratiquement seuls les gens d'Église (les membres du clergé, d'où est tiré le mot « clerc ») savaient lire et écrire.
3. Brisa la cire : ouvrit la lettre, car elle était fermée par un sceau de cire.
4. Prisés : estimés, appréciés.

et vous l'ai livrée. Pourtant, à peine l'aviez-vous prise pour femme, des félons* vous firent accroire leurs mensonges. En votre colère, bel
1915 oncle, mon seigneur, vous avez voulu nous faire brûler sans jugement. Mais Dieu a été pris de compassion : nous l'avons supplié, il a sauvé la reine, et ce fut justice ; moi aussi, en me précipitant d'un rocher élevé, j'échappai, par la puissance de Dieu. Qu'ai-je fait depuis, que l'on puisse blâmer ? La reine était livrée aux malades, je suis venu à sa res-
1920 cousse, je l'ai emportée : pouvais-je donc manquer en ce besoin à celle qui avait failli mourir, innocente, à cause de moi ? J'ai fui avec elle par les bois : pouvais-je donc, pour vous la rendre, sortir de la forêt et descendre dans la plaine ? N'aviez-vous pas commandé qu'on nous prît morts ou vifs ? Mais, aujourd'hui comme alors, je suis prêt, beau sire,
1925 à donner mon gage et à soutenir contre tout venant par bataille[1] que jamais la reine n'eut pour moi, ni moi pour la reine, d'amour qui vous fût une offense. Ordonnez le combat : je ne récuse[2] nul adversaire, et, si je ne puis prouver mon droit, faites-moi brûler devant vos hommes. Mais si je triomphe et qu'il vous plaise de reprendre Iseut au clair
1930 visage, nul de vos barons ne vous servira mieux que moi ; si, au contraire, vous n'avez cure de mon service, je passerai la mer, j'irai m'offrir au roi de Gavoie ou au roi de Frise, et vous n'entendrez plus jamais parler de moi. Sire, prenez conseil, et, si vous ne consentez à nul accord, je ramènerai Iseut en Irlande, où je l'ai prise ; elle sera
1935 reine en son pays. »

Quand les barons* cornouaillais entendirent que Tristan leur offrait la bataille, ils dirent tous au roi :

« Sire, reprends la reine : ce sont des insensés qui l'ont calomniée auprès de toi. Quant à Tristan, qu'il s'en aille, ainsi qu'il l'offre, guer-
1940 royer en Gavoie ou près du roi de Frise. Mande*-lui de te ramener Iseut, à tel jour et bientôt. »

---

1. Soutenir contre tout venant par bataille : appel de Tristan à un combat singulier avec tout chevalier volontaire, prêt à relever le défi. Ceci se réfère à une procédure de justice appelée « le duel judiciaire » où l'accusé — ici Tristan (accusé du crime d'adultère) — se voyait totalement innocenté, s'il sortait vainqueur du combat, ou au contraire incriminé et gravement puni, s'il était vaincu. L'issue du duel était considérée comme voulue par Dieu.

2. Je ne récuse : je ne refuse, je ne repousse.

Le roi demanda par trois fois :

« Nul ne se lève-t-il pour accuser Tristan ? »

Tous se taisaient. Alors il dit au chapelain* :

1945 « Faites donc un bref* au plus vite ; vous avez ouï* ce qu'il faut y mettre ; hâtez-vous de l'écrire : Iseut n'a que trop souffert en ses jeunes années ! Et que la charte soit suspendue à la branche de la Croix Rouge avant ce soir ; faites vite ! »

Il ajouta :

1950 « Vous direz encore que je leur envoie à tous deux salut et amour. »

* * *

Vers la mi-nuit, Tristan traversa la Blanche Lande, trouva le bref et l'apporta scellé à l'ermite* Ogrin. L'ermite lui lut les lettres : Marc consentait, sur le conseil de tous ses barons, à reprendre Iseut, mais non à garder Tristan comme soudoyer[1] ; pour Tristan, il lui faudrait
1955 passer la mer, quand, à trois jours de là, au Gué Aventureux, il aurait remis la reine entre les mains de Marc.

« Dieu ! dit Tristan, quel deuil de vous perdre, amie ! Il le faut, pourtant, puisque la souffrance que vous supportiez à cause de moi, je puis maintenant vous l'épargner. Quand viendra l'instant de nous
1960 séparer, je vous donnerai un présent, gage de mon amour. Du pays inconnu où je vais, je vous enverrai un messager ; il me redira votre désir, amie, et, au premier appel, de la terre lointaine, j'accourrai. »

Iseut soupira et dit :

« Tristan, laisse-moi Husdent, ton chien. Jamais limier* de prix
1965 n'aura été gardé à plus d'honneur. Quand je le verrai, je me souviendrai de toi et je serai moins triste. Ami, j'ai un anneau de jaspe vert, prends-le pour l'amour de moi, porte-le à ton doigt : si jamais un messager prétend venir de ta part, je ne le croirai pas, quoi qu'il fasse ou qu'il dise, tant qu'il ne m'aura pas montré cet anneau. Mais, dès que
1970 je l'aurai vu, nul pouvoir, nulle défense royale ne m'empêcheront de faire ce que tu m'auras mandé, que ce soit sagesse ou folie.

---

1. Soudoyer : chevalier. Renvoie à la définition la plus ancienne du mot « chevalier ». Avant le XIIᵉ siècle, alors que les chevaliers étaient des nobles, n'importe qui — paysan (vilain), même serf — pouvait offrir ses services comme guerrier à un seigneur qui, en retour, le nourrissait et lui donnait une « solde » pour entretenir cheval et armes (correspond au sens ancien de « soudoyer » : payer une solde, un « sou », à des gens de guerre).

— Amie, je vous donne Husdent.

— Ami, prenez cet anneau en récompense. »

Et tous deux se baisèrent sur les lèvres.

* * *

1975   Or, laissant les amants à l'ermitage*, Ogrin avait cheminé sur sa béquille jusqu'au Mont ; il y acheta du vair*, du gris[1], de l'hermine*, des draps de soie, de pourpre* et d'écarlate*, et un chainse[2] plus blanc que fleur de lis, et encore un palefroi harnaché d'or[3], qui allait l'amble[4] doucement. Les gens riaient à le voir disperser, pour ces
1980 achats étranges et magnifiques, ses deniers* dès longtemps amassés ; mais le vieil homme chargea sur le palefroi les riches étoffes et revint auprès d'Iseut :

« Reine, vos vêtements tombent en lambeaux ; acceptez ces présents, afin que vous soyez plus belle le jour où vous irez au Gué
1985 Aventureux ; je crains qu'ils ne vous déplaisent : je ne suis pas expert à choisir de tels atours[5]. »

* * *

Pourtant, le roi faisait crier par la Cornouailles la nouvelle qu'à trois jour de là, au Gué Aventureux, il ferait accord avec la reine. Dames et chevaliers se rendirent en foule à cette assemblée ; tous dési-
1990 raient revoir la reine Iseut, tous l'aimaient, sauf les trois félons* qui survivaient encore.

Mais, de ces trois, l'un mourra par l'épée, l'autre périra transpercé par une flèche, l'autre noyé ; et, quant au forestier, Perinis, le Franc, le Blond, l'assommera à coups de bâton, dans le bois. Ainsi Dieu, qui
1995 hait toute démesure, vengera les amants de leurs ennemis.

Au jour marqué pour l'assemblée, au Gué Aventureux, la prairie brillait au loin, toute tendue et parée des riches tentes des barons*.

---

1. Gris : fourrure du dos de l'écureuil.

2. Chainse : vêtement de toile très fine porté sous la chemise.

3. Palefroi harnaché d'or : cheval de parade dont l'équipement — selle, bride, licou, harnais, etc. — est d'or.

4. Amble : allure particulière du cheval quand il se déplace, comme lors de parades, en levant en même temps les deux jambes du même côté.

5. Atours : toilettes et parures féminines.

Dans la forêt, Tristan chevauchait avec Iseut, et, par crainte d'une embûche, il avait revêtu son haubert* sous ses haillons*. Soudain, tous 2000 deux apparurent au seuil de la forêt et virent au loin, parmi les barons, le roi Marc.

« Amie, dit Tristan, voici le roi votre seigneur, ses chevaliers et ses soudoyers*; ils viennent vers nous; dans un instant nous ne pourrons plus nous parler. Par le Dieu puissant et glorieux, je vous conjure : si 2005 jamais je vous adresse un message, faites ce que je vous manderai* !

— Ami Tristan, dès que j'aurai revu l'anneau de jaspe vert, ni tour, ni mur, ni fort château ne m'empêcheront de faire la volonté de mon ami.

— Iseut, Dieu t'en sache gré ! »

Leurs deux chevaux marchaient côte à côte : il l'attira vers lui et la 2010 pressa entre ses bras.

« Ami, dit Iseut, entends ma dernière prière : tu vas quitter ce pays; attends du moins quelques jours; cache-toi, tant que tu saches comment me traite le roi, dans sa colère ou sa bonté !… Je suis seule : qui me défendra des félons ? J'ai peur ! Le forestier Orri t'hébergera 2015 secrètement; glisse-toi la nuit jusqu'au cellier ruiné[1] : j'y enverrai Perinis pour te dire si nul me maltraite.

— Amie, nul n'osera. Je resterai caché chez Orri : quiconque te fera outrage[2], qu'il se garde de moi comme de l'Ennemi ! »

Les deux troupes s'étaient assez rapprochées pour échanger leurs 2020 saluts. À une portée d'arc en avant des siens, le roi chevauchait hardiment*; avec lui, Dinas de Lidan.

Quand les barons l'eurent rejoint, Tristan, tenant par les rênes le palefroi d'Iseut, salua le roi et dit :

« Roi, je te rends Iseut la Blonde. Devant les hommes de ta terre, je 2025 te requiers* de m'admettre à me défendre en ta cour. Jamais je n'ai été jugé. Fais que je me justifie par bataille : vaincu, brûle-moi dans le soufre; vainqueur, retiens-moi près de toi; ou, si tu ne veux pas me retenir, je m'en irai vers un pays lointain. »

Nul n'accepta le défi de Tristan. Alors, Marc prit à son tour le pale-2030 froi d'Iseut par les rênes, et, la confiant à Dinas, se mit à l'écart pour prendre conseil.

---

1. Cellier ruiné : lieu aménagé pour conserver vin et nourriture, délabré et « hors d'usage ».
2. Fera outrage : commettra une grave offense, une injure à l'endroit de quelqu'un.

Joyeux, Dinas fit à la reine maint honneur et mainte courtoisie. Il lui ôta sa chape* d'écarlate* somptueuse, et son corps apparut gracieux sous la tunique fine et le grand bliaut* de soie. Et la reine sourit
2035 au souvenir du vieil ermite*, qui n'avait pas épargné ses deniers*. Sa robe est riche, ses membres délicats, ses yeux vairs[1], ses cheveux clairs comme des rayons de soleil.

Quand les félons* la virent belle et honorée comme jadis, irrités, ils chevauchèrent vers le roi. À ce moment, un baron*, André de
2040 Nicole, s'efforçait de le persuader :

« Sire, disait-il, retiens Tristan près de toi ; tu seras, grâce à lui, un roi plus redouté. »

Et, peu à peu, il assouplissait le cœur de Marc. Mais les félons vinrent à l'encontre et dirent :
2045 « Roi, écoute le conseil que nous te donnons en loyauté. On a médit de la reine ; à tort, nous te l'accordons ; mais si Tristan et elle rentrent ensemble à ta cour, on en parlera de nouveau. Laisse plutôt Tristan s'éloigner quelque temps ; un jour, sans doute, tu le rappelleras. »
2050 Marc fit ainsi : il fit mander* à Tristan par ses barons de s'éloigner sans délai. Alors, Tristan vint vers la reine et lui dit adieu. Il se regardèrent. La reine eut honte à cause de l'assemblée et rougit.

Mais le roi fut ému de pitié, et parlant à son neveu pour la première fois :
2055 « Où iras-tu, sous ces haillons*? Prends dans mon trésor ce que tu voudras, or, argent, vair* et gris.

— Roi, dit Tristan, je n'y prendrai ni un denier, ni une maille. Comme je pourrai, j'irai servir à grand'joie le riche roi de Frise. »

Il tourna bride et descendit vers la mer. Iseut le suivit du regard, et,
2060 si longtemps qu'elle put l'apercevoir au loin, ne se détourna point.

* * *

À la nouvelle de l'accord, grands et petits, hommes, femmes et enfants, accoururent en foule hors de la ville à la rencontre d'Iseut ; et, menant grand deuil de l'exil de Tristan, ils faisaient fête à leur reine

---

1. Vairs : de couleur gris-bleu.

retrouvée. Au bruit des cloches, par les rues bien jonchées, encour-
2065 tinées de soie, le roi, les comtes et les princes lui firent cortège ; les
portes du palais s'ouvrirent à tous venants ; riches et pauvres purent
s'asseoir et manger, et, pour célébrer ce jour, Marc, ayant affranchi*
cent de ses serfs*, donna l'épée et le haubert* à vingt bacheliers qu'il
arma de sa main[1].

2070   Cependant, la nuit venue, Tristan, comme il l'avait promis à la
reine, se glissa chez le forestier Orri, qui l'hébergea secrètement dans
le cellier ruiné*. Que les félons se gardent !

---

1. Donna l'épée et le haubert à vingt bacheliers qu'il arma de sa main : ce sont les actes rituels
de l'« adoubement », cérémonie au cours de laquelle le « bachelier » (jeune homme aspirant à
devenir « chevalier ») accède à cette classe presque sacrée qu'est la chevalerie au Moyen Âge.
En affranchissant les serfs et en adoubant les bacheliers, le roi Marc fait ainsi, du retour
de la reine, le jour de joie suprême pour tous les sujets de son royaume.

Chapitre XII

Le jugement par le fer rouge

Dieus i a fait vertuz.

Béroul

Bientôt, Denoalen, Andret et Gondoïne se crurent en sûreté : sans doute, Tristan traînait sa vie outre la mer, en pays trop lointain pour
2075 les atteindre. Donc, un jour de chasse, comme le roi, écoutant les abois de sa meute, retenait son cheval au milieu d'un essart[1], tous trois chevauchèrent vers lui :

« Roi, entends notre parole. Tu avais condamné la reine sans jugement, et c'était forfaire*. Aujourd'hui tu l'absous[2] sans jugement :
2080 n'est-ce pas forfaire encore ? Jamais elle ne s'est justifiée, et les barons de ton pays vous en blâment tous deux. Conseille-lui plutôt de réclamer elle-même le jugement de Dieu[3]. Que lui en coûtera-t-il, innocente, de jurer sur les ossements des saints qu'elle n'a jamais failli ? Innocente, de saisir un fer rougi au feu ? Ainsi le veut la coutume, et
2085 par cette facile épreuve seront à jamais dissipés les soupçons anciens. »

Marc, irrité, répondit :

« Que Dieu vous détruise, seigneurs cornouaillais, vous qui sans répit cherchez ma honte ! Pour vous j'ai chassé mon neveu : qu'exigez-vous encore ? Que je chasse la reine en Irlande ? Quels sont vos griefs
2090 nouveaux ? Contre les anciens griefs, Tristan ne s'est-il pas offert à la défendre ? Pour la justifier, il vous a présenté la bataille et vous

---

1. Essart : espace de terrain déboisé.
2. Tu l'absous : tu la libères, la délivres de ses péchés, de ses fautes ; tu la déclares innocente, tu lui pardonnes (du verbe « absoudre »).
3. Jugement de Dieu : le jugement de Dieu ou « serment d'escondit », qui consiste à jurer devant les reliques de saints, au regard du Dieu « omniscient et omniprésent », était une procédure de justice « jugée suffisante pour faire la preuve de l'innocence ou de la culpabilité » d'une personne car, à l'époque, se parjurer devant Dieu (mentir) revenait à damner son âme pour l'éternité. Le serment était parfois suivi de l'épreuve physique, « plonger l'accusé dans l'eau bouillante ou lui faire empoigner un fer rouge » ; cette pratique semble être restée « en vigueur jusqu'au XIIIᵉ siècle » (*Tristan et Yseut*, Gallimard, coll. La Pléiade, p. 1652).

l'entendiez tous : que n'avez-vous pris contre lui vos écus et vos lances ? Seigneurs, vous m'avez requis outre le droit ; craignez donc que l'homme pour vous chassé, je ne le rappelle ici ! »

2095   Alors les couards* tremblèrent ; ils crurent voir Tristan revenu, qui saignait à blanc leurs corps.

« Sire, nous vous donnions loyal conseil, pour votre honneur, comme il sied* à vos féaux* ; mais nous nous tairons désormais. Oubliez votre courroux*, rendez-nous notre paix ! »

2100   Mais Marc se dressa sur ses arçons* :

« Hors de ma terre, félons* ! Vous n'aurez plus ma paix. Pour vous j'ai chassé Tristan ; à votre tour, hors de ma terre !

— Soit, beau sire ! Nos châteaux sont forts, bien clos de pieux, sur des rocs rudes à gravir ! »

2105   Et, sans le saluer, ils tournèrent bride.

* * *

Sans attendre limiers* ni veneurs*, Marc poussa son cheval vers Tintagel, monta les degrés de la salle*, et la reine entendit son pas pressé retentir sur les dalles.

Elle se leva, vint à sa rencontre, lui prit son épée, comme elle avait
2110   coutume, et s'inclina jusqu'à ses pieds. Marc la retint par les mains et la relevait, quand Iseut, haussant vers lui son regard, vit ses nobles traits tourmentés par la colère : tel il lui était apparu jadis, forcené [1], devant le bûcher.

« Ah ! pensa-t-elle, mon ami est découvert, le roi l'a pris ! »

2115   Son cœur se refroidit dans sa poitrine, et sans une parole, elle s'abattit aux pieds du roi. Il la prit dans ses bras et la baisa douce-ment ; peu à peu, elle se ranimait :

« Amie, amie, quel est votre tourment ?

— Sire, j'ai peur ; je vous ai vu si courroucé !

2120   — Oui, je revenais irrité de cette chasse.

— Ah ! seigneur, si vos veneurs vous ont marri*, vous sied-il de prendre tant à cœur des fâcheries de chasse ? »

---

1. Forcené : hors de ses sens ; fou de colère.

Marc sourit de ce propos :

« Non, amie, mes veneurs* ne m'ont pas irrité, mais trois félons*, qui
2125 dès longtemps nous haïssent. Tu les connais : Andret, Denoalen et
Gondoïne. Je les ai chassés de ma terre.

— Sire, quel mal ont-il osé dire de moi ?

— Que t'importe ? Je les ai chassés.

— Sire, chacun a le droit de dire sa pensée. Mais j'ai le droit de
2130 connaître le blâme jeté sur moi. Et de qui l'apprendrais-je, sinon de
vous ? Seule en ce pays étranger, je n'ai personne hormis vous, sire,
pour me défendre.

— Soit. Ils prétendaient donc qu'il te convient de te justifier par le
serment et par l'épreuve du fer rouge. « La reine, disaient-ils, ne
2135 devrait-elle pas requérir* elle-même ce jugement ? Ces épreuves sont
légères à qui se sait innocent. Que lui en coûterait-il ?... Dieu est vrai
juge ; il dissiperait à jamais les griefs anciens... Voilà ce qu'ils prétendaient. Mais laissons ces choses. Je les ai chassés, te dis-je. »

Iseut frémit ; elle regarda le roi :

2140 « Sire, mandez*-leur de revenir à votre cour. Je me justifierai par
serment.

— Quand ?

— Au dixième jour.

— Ce terme est bien proche, amie !

2145 — Il n'est que trop lointain. Mais je requiers que d'ici là vous man-
diez au roi Arthur de chevaucher avec Monseigneur Gauvain, avec
Girflet, Ké le sénéchal* et cent de ses chevaliers jusqu'à la marche de
votre terre, à la Blanche-Lande, sur la rive du fleuve qui sépare vos
royaumes. C'est là, devant eux, que je veux faire le serment, et non
2150 devant vos seuls barons* : car, à peine aurais-je juré, vos barons vous
requerront encore de m'imposer une nouvelle épreuve, et jamais nos
tourments ne finiraient. Mais ils n'oseront plus, si Arthur et ses chevaliers sont les garants du jugement. »

Tandis que se hâtaient vers Carduel les hérauts* d'armes, messa-
2155 gers de Marc auprès du roi Arthur, secrètement Iseut envoya vers
Tristan son valet, Perinis le Blond, le Fidèle.

Perinis courut sous les bois, évitant les sentiers frayés, tant qu'il
atteignit la cabane d'Orri le forestier, où, depuis de longs jours,

Tristan l'attendait. Perinis lui rapporta les choses advenues, la nou-
2160 velle félonie, le terme du jugement, l'heure et le lieu marqués :

« Sire, ma dame vous mande qu'au jour fixé, sous une robe de
pèlerin[1], si habilement déguisé que nul ne puisse vous reconnaître,
sans armes, vous soyez à la Blanche-Lande : il lui faut, pour atteindre
le lieu du jugement, passer le fleuve en barque ; sur la rive opposée, là
2165 où seront les chevaliers du roi Arthur, vous l'attendrez. Sans doute,
alors, vous pourrez lui porter aide. Ma dame redoute le jour du jugement : pourtant elle se fie en la courtoisie de Dieu, qui déjà sut l'arracher aux mains des lépreux.

— Retourne vers la reine, beau doux ami Perinis : dis-lui que je
2170 ferai sa volonté. »

Or, seigneurs, quand Perinis s'en retourna vers Tintagel, il advint
qu'il aperçut dans un fourré le même forestier qui, naguère, ayant surpris les amants endormis, les avait dénoncés au roi. Un jour qu'il était
ivre, il s'était vanté de sa traîtrise. L'homme, ayant creusé dans la terre
2175 un trou profond, le recouvrait habilement de branchages, pour y
prendre loups et sangliers. Il vit s'élancer sur lui le valet de la reine et
voulut fuir. Mais Perinis l'accula sur le bord du piège :

« Espion, qui as vendu la reine, pourquoi t'enfuir ? Reste là, près
de ta tombe, que toi-même tu as pris le soin de creuser ! »
2180 Son bâton tournoya dans l'air en bourdonnant. Le bâton et le
crâne se brisèrent à la fois, et Perinis le Blond, le Fidèle, poussa du
pied le corps dans la fosse couverte de branches.

* * *

Au jour marqué pour le jugement, le roi Marc, Iseut et les barons
de Cornouailles, ayant chevauché jusqu'à la Blanche-Lande, parvin-
2185 rent en bel arroi* devant le fleuve, et, massés au long de l'autre rive,
les chevaliers d'Arthur les saluèrent de leurs bannières brillantes.

---

1. Pèlerin : le pèlerinage (voyage) vers de grands lieux saints — tels Rome, Saint-Jacques-de-
Compostelle et Jérusalem pour la chrétienté —, afin d'obtenir un miracle, une guérison ou le
pardon des péchés, était une pratique fréquente au Moyen Âge. Le pèlerin portait un costume
distinctif, exprimant l'humilité, qui lui permettait d'être accueilli selon les lois de l'hospitalité,
le long des routes qu'il parcourait généralement à pied. L'un de ces signes distinctifs était le
port de coquillages marins — « coquilles » de Saint-Jacques — accrochés aux vêtements.
(*Tristan et Yseut*, Gallimard, coll. La Pléiade, p. 1676 et 1677.)

Devant eux, assis sur la berge, un pèlerin* miséreux, enveloppé dans sa chape*, où pendaient des coquilles, tendait sa sébile[1] de bois et demandait l'aumône d'une voie aiguë et dolente*.

2190 À force de rames, les barques de Cornouailles approchaient. Quand elles furent près d'atterrir, Iseut demanda aux chevaliers qui l'entouraient:

« Seigneurs, comment pourrais-je atteindre la terre ferme, sans souiller mes longs vêtements dans cette fange? Il faudrait qu'un pas-
2195 seur vînt m'aider. »

L'un des chevaliers héla le pèlerin:

« Ami, retrousse ta chape, descends dans l'eau et porte la reine, si pourtant tu ne crains pas, cassé comme je te vois, de fléchir à mi-route. »

2200 L'homme prit la reine dans ses bras. Elle lui dit tout bas: « Ami! » Puis, tout bas encore: « Laisse-toi choir sur le sable. »

Parvenu au rivage, il trébucha et tomba, tenant la reine pressée entre ses bras. Écuyers et mariniers, saisissant les rames et les gaffes, pourchassaient le pauvre hère[2].

2205 « Laissez-le, dit la reine; sans doute un long pèlerinage l'avait affaibli. »

Et, détachant un fermail* d'or fin, elle le jeta au pèlerin.

Devant le pavillon d'Arthur, un riche drap de soie de Nicée[3] était étendu sur l'herbe verte, et les reliques* des saints, retirées des écrins
2210 et des châsses[4], y étaient déjà disposées. Monseigneur Gauvain, Girflet et Ké le sénéchal* les gardaient.

La reine, ayant supplié Dieu, retira les joyaux de son cou et de ses mains et les donna aux pauvres mendiants; elle détacha son manteau de pourpre* et sa guimpe[5] fine, et les donna; elle donna son chainse*
2215 et son bliaut* et ses chaussures enrichies de pierreries. Elle garda seulement sur son corps une tunique sans manches, et, les bras et les pieds nus, s'avança devant les deux rois. À l'entour, les barons* la

---

1. Sébile: petite coupe utilisée pour mendier.
2. Hère: homme misérable.
3. Nicée: ancienne ville d'Asie mineure.
4. Châsses: coffres richement travaillés renfermant les reliques d'un saint.
5. Guimpe: voile de toile fine qui couvrait partiellement les cheveux, le visage et les épaules des femmes mariées.

contemplaient en silence, et pleuraient. Près des reliques brûlait un brasier. Tremblante, elle étendit la main droite vers les ossements des
2220 saints, et dit :

« Roi de Logres, et vous, roi de Cornouailles, et vous, sire Gauvain, siré Ké, sire Girflet, et vous tous qui serez mes garants, par ces corps saints et par tous les corps saints qui sont en ce monde, je jure que jamais un homme né de femme ne m'a tenue entre ses bras, hormis le
2225 roi Marc, mon seigneur, et le pauvre pèlerin qui, tout à l'heure, s'est laissé choir à vos yeux. Roi Marc, ce serment convient-il ?

— Oui, reine, et que Dieu manifeste son vrai jugement !

— Amen ! » dit Iseut.

Elle s'approcha du brasier, pâle et chancelante. Tous se taisaient ; le
2230 fer était rouge. Alors, elle plongea ses bras nus dans la braise, saisit la barre de fer, marcha neuf pas en la portant, puis, l'ayant rejetée, étendit ses bras en croix, les paumes ouvertes. Et chacun vit que sa chair était plus saine que prune de prunier.

Alors de toutes les poitrines un grand cri de louange monta
2235 vers Dieu.

Chapitre XIII

LA VOIX DU ROSSIGNOL

> *Tristan defors e chante e gient*
> *Cum rossignol que prent congé*
> *En fin d'esté od grant pitié.*
>
> LE DOMNEI DES AMANZ

Quand Tristan, rentré dans la cabane du forestier Orri, eut rejeté son bourdon[1] et dépouillé[2] sa chape* de pèlerin*, il connut clairement en son cœur que le jour était venu de tenir la foi jurée au roi Marc et de s'éloigner du pays de Cornouailles.

2240   Que tardait-il encore? La reine s'était justifiée, le roi la chérissait, il l'honorait. Arthur au besoin la prendrait en sa sauvegarde, et, désormais, nulle félonie* ne prévaudrait contre elle. Pourquoi plus longtemps rôder aux alentours de Tintagel? Il risquait vainement sa vie, et la vie du forestier, et le repos d'Iseut. Certes, il fallait partir, et c'est

2245 pour la dernière fois, sous sa robe de pèlerin, à la Blanche-Lande, qu'il avait senti le beau corps d'Iseut frémir entre ses bras.

Trois jours encore il tarda, ne pouvant se déprendre du pays où vivait la reine. Mais, quand vint le quatrième jour, il prit congé du forestier qui l'avait hébergé et dit à Gorvenal:

2250   « Beau maître, voici l'heure du long départ: nous irons vers la terre de Galles. »

Ils se mirent à la voie, tristement, dans la nuit. Mais leur route longeait le verger enclos de pieux où Tristan, jadis, attendait son amie. La nuit brillait, limpide. Au détour du chemin, non loin de la palissade,

2255 il vit se dresser dans la clarté du ciel le tronc robuste du grand pin.

« Beau maître, attends sous le bois prochain; bientôt je serai revenu.

— Où vas-tu? Fou, veux-tu sans répit chercher la mort? »

---

1. Bourdon: long bâton terminé par un pommeau, signe distinctif du pèlerin.
2. Dépouillé: enlevé.

Mais déjà, d'un bond assuré, Tristan avait franchi la palissade de
2260 pieux. Il vint sous le grand pin, près du perron de marbre clair. Que
servirait maintenant de jeter à la fontaine des copeaux bien taillés ?
Iseut ne viendrait plus ! À pas souples et prudents, par le sentier
qu'autrefois suivait la reine, il osa s'approcher du château.

Dans sa chambre, entre les bras de Marc endormi, Iseut veillait.
2265 Soudain, par la croisée[1] entr'ouverte, où se jouaient les rayons de la
lune, entra la voix d'un rossignol.

Iseut écoutait la voix sonore qui venait enchanter* la nuit, et la voix
s'élevait plaintive et telle qu'il n'est pas de cœur cruel, pas de cœur de
meurtrier, qu'elle n'eût attendri. La reine songea : « D'où vient cette
2270 mélodie ?... » Soudain elle comprit : « Ah ! c'est Tristan ! Ainsi dans la
forêt du Morois il imitait pour me charmer* les oiseaux chanteurs. Il
part, et voici son dernier adieu. Comme il se plaint ! Tel le rossignol
quand il prend congé, en fin d'été, à grande tristesse. Ami, jamais plus
je n'entendrai ta voix ! »
2275 La mélodie vibra plus ardente.

« Ah ! qu'exiges-tu ? Que je vienne ? Non ! Souviens-toi d'Ogrin
l'ermite*, et des serments jurés. Tais-toi, la mort nous guette...
Qu'importe la mort ? Tu m'appelles, tu me veux, je viens ! »

Elle se délaça des bras du roi et jeta un manteau fourré de gris* sur
2280 son corps presque nu. Il lui fallait traverser la salle voisine, où chaque
nuit dix chevaliers veillaient à tour de rôle : tandis que cinq dormaient, les cinq autres, en armes, debout devant les huis[2] et les croi-
sées, guettaient au dehors. Mais, par aventure, ils s'étaient tous
endormis, cinq sur des lits, cinq sur les dalles. Iseut franchit leurs
2285 corps épars, souleva la barre de la porte : l'anneau sonna, mais sans
éveiller aucun des guetteurs. Elle franchit le seuil. Et le chanteur se tut.

Sous les arbres, sans une parole, il la pressa contre sa poitrine ; leurs
bras se nouèrent fermement autour de leurs corps, et jusqu'à l'aube,
comme cousus par des lacs[3], ils ne se déprirent pas de l'étreinte. Malgré
2290 le roi et les guetteurs, les amants mènent leur joie et leurs amours.

* * *

---

1. Croisée : châssis vitré qui ferme une fenêtre.
2. Huis : portes.
3. Lacs : cordons qui servaient à attacher (du latin *laqueus* ; a donné « lacet », même racine que
le verbe « enlacer »).

Cette nuitée affola les amants ; et les jours qui suivirent, comme le roi avait quitté Tintagel pour tenir ses plaids* à Saint-Lubin, Tristan, revenu chez Orri, osa chaque matin, au clair de lune, se glisser par le verger jusqu'aux chambres des femmes.

2295   Un serf* le surprit et s'en fut trouver Andret, Denoalen et Gondoïne :

« Seigneurs, la bête que vous croyez délogée est revenue au repaire.

— Qui ?

— Tristan.

2300   — Quand l'as-tu vu ?

— Ce matin, et je l'ai bien reconnu. Et vous pourrez pareillement, demain, à l'aurore, le voir venir, l'épée ceinte*, un arc dans une main, deux flèches dans l'autre.

— Où le verrons nous ?

2305   — Par telle fenêtre que je sais. Mais, si je vous le montre, combien me donnerez-vous ?

— Trente marcs* d'argent, et tu seras un manant[1] riche.

— Donc, écoutez, dit le serf. On peut voir dans la chambre de la reine par une fenêtre étroite qui la domine, car elle est percée très 2310 haut dans la muraille. Mais une grande courtine* tendue à travers la chambre masque le pertuis[2]. Que demain l'un de vous trois pénètre bellement dans le verger ; il coupera une longue branche d'épine et l'aiguisera par le bout ; qu'il se hisse alors jusqu'à la haute fenêtre et pique la branche, comme une broche, dans l'étoffe de la courtine ; il 2315 pourra ainsi l'écarter légèrement, et vous ferez brûler mon corps, seigneurs, si, derrière la tenture, vous ne voyez pas alors ce que je vous ai dit. »

Andret, Gondoïne et Denoalen débattirent lequel d'entre eux aurait le premier la joie de ce spectacle et convinrent enfin de l'octroyer 2320 d'abord à Gondoïne. Ils se séparèrent : le lendemain, à l'aube, ils se retrouveraient. Demain, à l'aube, beaux seigneurs, gardez-vous de Tristan !

Le lendemain, dans la nuit encore obscure, Tristan, quittant la cabane d'Orri le forestier, rampa vers le château sous les épais fourrés

---

1. Manant : paysan ; villageois.
2. Pertuis : ouverture (fenêtre).

2325 d'épines. Comme il sortait d'un hallier[1], il regarda par la clairière et vit Gondoïne qui s'en venait de son manoir. Tristan se rejeta dans les épines et se tapit en embuscade* :

« Ah ! Dieu ! fais que celui qui s'avance là-bas ne m'aperçoive pas avant l'instant favorable ! »

2330 L'épée au poing, il l'attendait ; mais, par aventure, Gondoïne prit une autre voie et s'éloigna. Tristan sortit du hallier, déçu, banda son arc, visa ; hélas ! l'homme était déjà hors de portée.

À cet instant, voici venir au loin, descendant doucement le sentier, à l'amble* d'un petit palefroi* noir, Denoalen, suivi de deux grands 2335 lévriers*. Tristan le guetta, caché derrière un pommier. Il le vit qui excitait ses chiens à lever un sanglier dans un taillis. Mais, avant que les lévriers l'aient délogé de sa bauge[2], leur maître aura reçu telle blessure que nul médecin ne saura le guérir. Quand Denoalen fut près de lui, Tristan rejeta sa chape*, bondit, se dressa devant son ennemi.

2340 Le traître voulut fuir ; vainement : il n'eut pas le loisir de crier : « Tu me blesses ! » Il tomba de cheval. Tristan lui coupa la tête, trancha les tresses qui pendaient autour de son visage et les mit dans sa chausse* : il voulait les montrer à Iseut pour en réjouir le cœur de son amie. « Hélas ! songeait-il, qu'est devenu Gondoïne ? Il s'est échappé : que 2345 n'ai-je pu lui payer même salaire ! »

Il essuya son épée, la remit en sa gaine, traîna sur le cadavre un tronc d'arbre, et, laissant le corps sanglant, il s'en fut, le chaperon[3] en tête, vers son amie.

Au château de Tintagel, Gondoïne l'avait devancé : déjà, grimpé 2350 sur la haute fenêtre, il avait piqué sa baguette d'épine dans la courtine, écarté légèrement les deux pans de l'étoffe, et regardait au travers la chambre bien jonchée[4]. D'abord, il n'y vit personne que Perinis ; puis, ce fut Brangien, qui tenait encore le peigne dont elle venait de peigner la reine aux cheveux d'or.

---

1. Hallier : groupe de buissons serrés et touffus.
2. Bauge : habitat, gîte du sanglier.
3. Chaperon : capuchon.
4. Chambre bien jonchée : selon la coutume, le sol de la chambre était recouvert de paille, en hiver, ou de feuillages, de roseaux ou de fleurs, à la belle saison.

2355   Mais Iseut entra, puis Tristan. Il portait d'une main son arc d'aubier[1] et deux flèches; dans l'autre, il tenait deux longues tresses d'homme.

    Il laissa tomber sa chape*, et son beau corps apparut. Iseut la Blonde s'inclina pour le saluer, et comme elle se redressait, levant la
2360 tête vers lui, elle vit, projetée sur la tenture, l'ombre de la tête de Gondoïne. Tristan lui disait:

    «Vois-tu ces belles tresses? Ce sont celles de Denoalen. Je t'ai vengée de lui. Jamais plus il n'achètera ni ne vendra écu* ni lance!

    — C'est bien, seigneur; mais tendez cet arc, je vous prie; je vou-
2365 drais voir s'il est commode à bander.»

    Tristan le tendit, étonné, comprenant à demi. Iseut prit l'une des deux flèches, l'encocha, regarda si la corde était bonne, et dit, à voix basse et rapide:

    «Je vois chose qui me déplaît. Vise bien, Tristan!»

2370   Il prit la pose, leva la tête et vit, tout au haut de la courtine*, l'ombre de la tête de Gondoïne. «Que Dieu, fait-il, dirige cette flèche!» Il dit, se retourne vers la paroi, tire. La longue flèche siffle dans l'air, émerillon[2] ni hirondelle ne vole si vite, crève l'œil du traître, traverse sa cervelle comme la chair d'une pomme, et s'arrête, vibrante, contre
2375 le crâne. Sans un cri, Gondoïne s'abattit et tomba sur un pieu.

    Alors Iseut dit à Tristan:

    «Fuis maintenant, ami! Tu le vois, les félons* connaissent ton refuge! Andret survit, il l'enseignera au roi; il n'est plus de sûreté pour toi dans la cabane du forestier! Fuis, ami! Perinis le Fidèle
2380 cachera ce corps dans la forêt, si bien que le roi n'en saura jamais nulles nouvelles. Mais toi, fuis de ce pays, pour ton salut, pour le mien!»

    Tristan dit:

    «Comment pourrais-je vivre?

    — Oui, ami Tristan, nos vies sont enlacées et tissées l'une à
2385 l'autre. Et moi, comment pourrais-je vivre? Mon corps reste ici, tu as mon cœur.

---

1. Aubier: arbuste à bois blanc dont est fait l'arc.
2. Émerillon: petit faucon au vol très rapide, employé jadis pour la chasse.

— Iseut, amie, je pars, je ne sais pour quel pays. Mais, si jamais tu revois l'anneau de jaspe vert, feras-tu ce que je te manderai* par lui ?

— Oui, tu le sais : si je revois l'anneau de jaspe vert, ni tour, ni fort
2390 château, ni défense royale ne m'empêcheront de faire la volonté de mon ami, que ce soit folie ou sagesse !

— Amie, que le Dieu né en Bethléem t'en sache gré !

— Ami, que Dieu te garde ! »

Chapitre XIV

LE GRELOT[1] MERVEILLEUX

> « *Ne membre vus, ma bele amie,*
> *D'une petite druerie ?* »
> LA FOLIE TRISTAN

Tristan se réfugia en Galles, sur la terre du noble duc Gilain. Le duc
2395 était jeune, puissant, débonnaire ; il l'accueillit comme un hôte bienvenu. Pour lui faire honneur et joie, il n'épargna nulle peine ; mais ni
les aventures ni les fêtes ne purent apaiser l'angoisse de Tristan.

Un jour qu'il était assis aux côtés du jeune duc, son cœur était si
douloureux qu'il soupirait sans même s'en apercevoir. Le duc, pour
2400 adoucir sa peine, commanda d'apporter dans sa chambre privée son
jeu favori, qui, par sortilège, aux heures tristes, charmait* ses yeux et
son cœur. Sur une table recouverte d'une pourpre* noble et riche, on
plaça son chien Petit-Crû. C'était un chien enchanté* : il venait au duc
de l'île d'Avallon[2] ; une fée* le lui avait envoyé comme un présent
2405 d'amour. Nul ne saurait par des paroles assez habiles décrire sa nature
et sa beauté. Son poil était coloré de nuances si merveilleusement*
disposées que l'on ne savait nommer sa couleur ; son encolure semblait d'abord plus blanche que neige, sa croupe plus verte que feuille
de trèfle, l'un de ses flancs rouge comme l'écarlate*, l'autre jaune
2410 comme le safran, son ventre bleu comme le lapis-lazuli, son dos rosé ;
mais, quand on le regardait plus longtemps, toutes ces couleurs dan-
saient aux yeux et muaient, tour à tour blanches et vertes, jaunes,
bleues, pourprées, sombres ou fraîches. Il portait au cou, suspendu à
une chaînette d'or, un grelot au tintement si gai, si clair, si doux,
2415 qu'à l'ouïr*, le cœur de Tristan s'attendrit, s'apaisa, et que sa peine se

---

1. Grelot : petite boule de métal creuse, contenant un morceau de métal qui la fait résonner
   quand on l'agite ; (a donné « grelotter » pour la similitude du son des claquements de dents
   quand on tremble de froid ou de fièvre).
2. Île d'Avallon : lieu mythique celtique d'un Autre Monde, où résident les dieux, déesses et fées,
   et où vont les humains, une fois morts, pour un séjour éternel de beauté et de bonheur.

fondit. Il ne lui souvint plus de tant de misères endurées pour la reine ; car telle était la merveilleuse vertu* du grelot : le cœur, à l'entendre sonner, si doux, si gai, si clair, oubliait toute peine. Et tandis que Tristan, ému par le sortilège, caressait la petite bête enchantée qui
2420 lui prenait tout son chagrin et dont la robe, au toucher de sa main, semblait plus douce qu'une étoffe de samit [1], il songeait que ce serait là un beau présent pour Iseut. Mais que faire ? le duc Gilain aimait Petit-Crû par-dessus toute chose, et nul n'aurait pu l'obtenir de lui, ni par ruse, ni par prière.

2425 Un jour, Tristan dit au duc :

« Sire, que donneriez-vous à qui délivrerait votre terre du géant* Urgan le Velu, qui réclame de vous de si lourds tributs* ?

— En vérité, je donnerais à choisir à son vainqueur, parmi mes richesses, celle qu'il tiendrait pour la plus précieuse ; mais nul n'osera
2430 s'attaquer au géant.

— Voilà merveilleuses paroles, reprit Tristan. Mais le bien ne vient jamais dans un pays que par les aventures, et, pour tout l'or de Pavie [2], je ne renoncerais pas à mon désir de combattre le géant.

— Alors, dit le duc Gilain, que le Dieu né d'une Vierge vous
2435 accompagne et vous défende de la mort ! »

Tristan atteignit Urgan le Velu dans son repaire. Longtemps ils combattirent furieusement. Enfin la prouesse triompha de la force, l'épée agile de la lourde massue, et Tristan, ayant tranché le poing droit du géant, le rapporta au duc :

2440 « Sire, en récompense, ainsi que vous l'avez promis, donnez-moi Petit-Crû, votre chien enchanté !

— Ami, qu'as-tu demandé ? Laisse-le-moi et prends plutôt ma sœur et la moitié de ma terre.

— Sire, votre sœur est belle, et belle est votre terre ; mais c'est pour
2445 gagner votre chien-fée que j'ai attaqué Urgan le Velu. Souvenez-vous de votre promesse !

— Prends-le donc ; mais sache que tu m'as enlevé la joie de mes yeux et la gaieté de mon cœur.

---

1. Samit : soie.
2. Pour tout l'or de Pavie : expression équivalente à « pour tout l'or du monde » ; Pavie, ville en Lombardie, en Italie, est reconnue au Moyen Âge pour sa richesse et la splendeur de ses églises.

Tristan confia le chien à un jongleur* de Galles, sage et rusé, qui le
2450 porta de sa part en Cornouailles. Le jongleur parvint à Tintagel et le
remit secrètement à Brangien. La reine s'en réjouit grandement,
donna en récompense dix marcs* d'or au jongleur et dit au roi que la
reine d'Irlande, sa mère, envoyait ce cher présent. Elle fit ouvrir* pour
le chien, par un orfèvre[1], une niche précieusement incrustée d'or et
2455 de pierreries et, partout où elle allait, le portait avec elle en souvenir
de son ami. Et, chaque fois qu'elle le regardait, tristesse, angoisse,
regrets s'effaçaient de son cœur.

Elle ne comprit pas d'abord la merveille*; si elle trouvait une telle
douceur à le contempler, c'était, pensait-elle, parce qu'il lui venait de
2460 Tristan; c'était, sans doute, la pensée de son ami qui endormait ainsi
sa peine. Mais un jour elle connut que c'était un sortilège, et que seul
le tintement du grelot* charmait* son cœur.

« Ah! pensa-t-elle, convient-il que je connaisse le réconfort, tandis
que Tristan est malheureux? Il aurait pu garder ce chien enchanté* et
2465 oublier ainsi toute douleur; par belle courtoisie, il a mieux aimé me
l'envoyer, me donner sa joie et reprendre sa misère. Mais il ne sied*
pas qu'il en soit ainsi; Tristan, je veux souffrir* aussi longtemps que
tu souffriras. »

Elle prit le grelot magique, le fit tinter une dernière fois, le détacha
2470 doucement; puis, par la fenêtre ouverte, elle le lança dans la mer.

---

1. Orfèvre : artisan qui fabrique des objets en métaux précieux.

Chapitre XV

Iseut aux Blanches Mains

Ire de femme est a duter,
Mult s'en deit bien chascuns garder.
Cum de leger vient lur amur,
De leger revient lur haür.

Thomas de Bretagne

Les amants ne pouvaient ni vivre ni mourir l'un sans l'autre. Séparés, ce n'était pas la vie, ni la mort, mais la vie et la mort à la fois.

Par les mers, les îles et les pays, Tristan voulut fuir sa misère. Il revit son pays de Loonnois, où Rohalt le Foi-Tenant reçut son fils avec des
2475 larmes de tendresse ; mais, ne pouvant supporter de vivre dans le repos de sa terre, Tristan s'en fut par les duchés et les royaumes, cherchant les aventures. Du Loonnois en Frise, de Frise en Gavoie, d'Allemagne en Espagne, il servit maints seigneurs, acheva maintes emprises. Hélas ! pendant deux années, nulle nouvelle ne lui vint de la
2480 Cornouailles, nul ami, nul message.

Alors il crut qu'Iseut s'était déprise de lui et qu'elle l'oubliait.

* * *

Or, il advint qu'un jour, chevauchant avec le seul Gorvenal, il entra sur la terre de Bretagne. Ils traversèrent une plaine dévastée : partout des murs ruinés, des villages sans habitants, des champs essartés* par
2485 le feu, et leurs chevaux foulaient des cendres et des charbons. Sur la lande déserte, Tristan songea :

« Je suis las et recru[1]. De quoi me servent ces aventures ? Ma dame est au loin, jamais je ne la reverrai. Depuis deux années, que ne m'a-t-elle fait quérir par les pays ? Pas un message d'elle. À
2490 Tintagel, le roi l'honore et la sert ; elle vit en joie. Certes, le grelot du chien enchanté accomplit bien son œuvre ! Elle m'oublie, et peu lui

---

1. Recru : épuisé.

chaut[1] des deuils et des joies d'antan, peu lui chaut du chétif qui erre par ce pays désolé. À mon tour, n'oublierai-je jamais celle qui m'oublie? Jamais ne trouverai-je qui guérisse ma misère?

2495   Pendant deux jours, Tristan et Gorvenal passèrent les champs et les bourgs sans voir un homme, un coq, un chien. Au troisième jour, à l'heure de none, ils approchèrent d'une colline où se dressait une vieille chapelle, et, tout près, l'habitacle d'un ermite*. L'ermite ne portait point de vêtements tissés, mais une peau de chèvre avec des hail-
2500 lons* de laine sur l'échine. Prosterné sur le sol, les genoux et les coudes nus, il priait Marie-Madeleine de lui inspirer des prières salutaires. Il souhaita la bienvenue aux arrivants, et tandis que Gorvenal établait[2] les chevaux, il désarma Tristan, puis disposa le manger. Il ne leur donna point de mets délicats, mais de l'eau de source et du pain
2505 d'orge pétri avec de la cendre. Après le repas, comme la nuit était tombée et qu'ils étaient assis autour du feu, Tristan demanda quelle était cette terre ruinée.

« Beau seigneur, dit l'ermite, c'est la terre de Bretagne, que tient le duc Hoël. C'était naguère un beau pays, riche en prairies et en terres
2510 de labour : ici des moulins, là des pommiers, là des métairies. Mais le comte Riol de Nantes y a fait le dégât ; ses fourrageurs ont partout bouté le feu, et de partout enlevé les proies. Ses hommes en sont riches pour longtemps : ainsi va la guerre.

— Frère, dit Tristan, pourquoi le comte Riol a-t-il ainsi honni*
2515 votre seigneur Hoël ?

— Je vous dirai donc, seigneur, l'occasion de la guerre. Sachez que Riol était le vassal* du duc Hoël. Or, le duc a une fille, belle entre les filles de hauts hommes, et le comte Riol voulait la prendre à femme. Mais son père refusa de la donner à un vassal, et le comte Riol a tenté de l'enlever
2520 par la force. Bien des hommes sont morts pour cette querelle. »

Tristan demanda :

« Le duc Hoël peut-il encore soutenir sa guerre ?

— À grand'peine, seigneur. Pourtant, son dernier château, Carhaix, résiste encore, car les murailles en sont fortes, et fort est le

---

1. Peu lui chaut : peu lui importe.
2. Établait : logeait dans une étable (de l'ancien verbe « établer » ; le mot « étable » a longtemps été employé pour désigner une « écurie »).

2525 cœur du fils du duc Hoël, Kaherdin, le bon chevalier. Mais l'ennemi les presse et les affame : pourront-ils tenir longtemps ? »

Tristan demanda à quelle distance était le château de Carhaix.

« Sire, à deux milles seulement. »

Ils se séparèrent et dormirent. Au matin, après que l'ermite eut 2530 chanté et qu'ils eurent partagé le pain d'orge et de cendre, Tristan prit congé du prud'homme[1] et chevaucha vers Carhaix.

Quand il s'arrêta au pied des murailles closes, il vit une troupe d'hommes debout sur le chemin de ronde, et demanda le duc. Hoël se trouvait parmi ces hommes avec son fils Kaherdin. Il se fit connaître 2535 et Tristan lui dit :

« Je suis Tristan, roi de Loonnois, et Marc, le roi de Cornouailles, est mon oncle. J'ai su, seigneur, que vos vassaux vous faisaient tort et je suis venu pour vous offrir mon service.

— Hélas ! sire Tristan, passez votre voie et que Dieu vous récom- 2540 pense ! Comment vous accueillir céans*? Nous n'avons plus de vivres ; point de blé, rien que des fèves et de l'orge pour subsister.

— Qu'importe ? dit Tristan. J'ai vécu dans une forêt, pendant deux ans, d'herbes, de racines et de venaison*, et sachez que je trouvais bonne cette vie. Commandez qu'on m'ouvre cette porte. »

2545 Kaherdin dit alors :

« Recevez-le, mon père, puisqu'il est de tel courage, afin qu'il prenne sa part de nos biens et de nos maux. »

* * *

Ils l'accueillirent avec honneur. Kaherdin fit visiter à son hôte les fortes murailles et la tour maîtresse, bien flanquée de bretèches palis- 2550 sadées[2] où s'embusquaient* les arbalétriers[3]. Des créneaux[4], il lui fit voir dans la plaine, au loin, les tentes et les pavillons plantés par le

---

1. Prud'homme : homme vaillant et courageux ; preux.
2. Flanquée de bretèches palissadées : fortifiée pour la défense militaire de petites constructions protégées de pieux, d'où les « arbalétriers » tiraient sur l'ennemi.
3. Arbalétriers : soldats armés d'une arbalète, sorte d'arc d'acier doté d'un mécanisme qui permettait un tir puissant et précis de la flèche.
4. Créneaux : ouvertures pratiquées à intervalles réguliers au sommet de remparts et qui servaient à la défense.

comte Riol. Quand ils furent revenus au seuil du château, Kaherdin
dit à Tristan :

« Or, bel ami, nous monterons à la salle où sont ma mère et ma
2555 sœur. »

Tous deux, se tenant par la main, entrèrent dans la chambre des
femmes. La mère et la fille, assises sur une courtepointe, paraient d'orfroi* un paile[1] d'Angleterre et chantaient une chanson de toile[2] : elles
disaient comment Belle Doette, assise au vent sous l'épine blanche,
2560 attend et regrette Doon son ami, si lent à venir. Tristan les salua et
elles le saluèrent, puis les deux chevaliers s'assirent auprès d'elles.
Kaherdin, montrant l'étole que brodait sa mère :

« Voyez, dit-il, bel ami Tristan, quelle ouvrière est ma dame :
comme elle sait à merveille orner les étoles[3] et les chasubles[3] pour en
2565 faire aumône aux moutiers* pauvres ! et comme les mains de ma
sœur font courir les fils d'or sur ce samit* blanc ! Par foi, belle sœur*,
c'est à droit que vous avez nom Iseut aux Blanches Mains ! »

Alors Tristan, connaissant qu'elle s'appelait Iseut, sourit et la
regarda plus doucement.

2570 Or, le comte Riol avait dressé son camp à trois milles de Carhaix,
et, depuis bien des jours, les hommes du duc Hoël n'osaient plus,
pour l'assaillir, franchir les barres. Mais, dès le lendemain, Tristan,
Kaherdin et douze jeunes chevaliers sortirent de Carhaix, les hau-
berts* endossés, les heaumes* lacés, et chevauchèrent sous des bois de
2575 sapins jusqu'aux approches des tentes ennemies ; puis, s'élançant de
l'aguet[4], ils enlevèrent par force un charroi[5] du comte Riol. À partir
de ce jour, variant maintes fois ruses et prouesses, ils culbutaient ses
tentes mal gardées, attaquaient ses convois, navraient et tuaient ses
hommes et jamais ils ne rentraient dans Carhaix sans y ramener
2580 quelque proie. Par là, Tristan et Kaherdin commencèrent à se porter

---

1. Paile : tissu rayé d'or servant à la confection de rideaux et de couvertures.
2. Chanson de toile : le terme « toile » désignant alors toutes sortes de tissus, il s'agit
   là d'un type de chansons que les dames chantaient pendant leurs travaux d'aiguille
   (couture, tapisserie, broderie).
3. Étoles, chasubles : vêtements que porte le prêtre pour célébrer la messe.
4. Aguet : endroit d'où l'on observe secrètement l'ennemi (seule l'expression « être ou rester
   aux aguets » — observer en éveil et sur ses gardes — est utilisée de nos jours).
5. Charroi : grand chariot utilisé pour les bagages et pour entourer le camp, la nuit.

foi et tendresse, tant qu'ils se jurèrent amitié et compagnonnage. Jamais ils ne faussèrent cette parole, comme l'histoire vous l'apprendra.

Or, tandis qu'ils revenaient de ces chevauchées, parlant de chevalerie et de courtoisie, souvent Kaherdin louait à son cher compagnon sa sœur Iseut aux Blanches Mains, la simple, la belle.

2585

* * *

Un matin, comme l'aube venait de poindre, un guetteur descendit en hâte de sa tour et courut par les salles en criant:

« Seigneurs, vous avez trop dormi ! Levez-vous, Riol vient faire l'assaillie[1] ! »

2590 Chevaliers et bourgeois s'armèrent et coururent aux murailles: ils virent dans la plaine briller les heaumes, flotter les pennons[2] de cendal*, et tout l'ost[3] de Riol qui s'avançait en bel arroi*. Le duc Hoël et Kaherdin déployèrent aussitôt devant les portes les premières batailles de chevaliers. Arrivés à la portée d'un arc, ils brochèrent les chevaux[4], lances baissées, et les flèches tombaient sur eux comme pluie d'avril.

2595

Mais Tristan s'armait à son tour avec ceux que le guetteur avait réveillés les derniers. Il lace ses chausses*, passe le bliaut*, les housseaux[5] étroits et les éperons* d'or ; il endosse le haubert, fixe le heaume* sur la ventaille[6]; il monte, éperonne son cheval jusque dans la plaine et paraît, l'écu* dressé contre sa poitrine, en criant: « Carhaix ! » Il était temps: déjà les hommes d'Hoël reculaient vers les bailes[7]. Alors il fit beau voir la mêlée des chevaux abattus et des vassaux* navrés*, les coups portés par les jeunes chevaliers, et l'herbe qui, sous leurs pas, devenait sanglante. En avant de tous, Kaherdin s'était fièrement arrêté, en voyant poindre contre lui un hardi* baron*, le

2600

2605

---

1. Assaillie: assaut.
2. Pennons: drapeaux triangulaires à longue pointe que portaient les chevaliers.
3. Ost (ou host): armée (a donné l'adjectif « hostile »).
4. Brochèrent les chevaux: piquèrent les chevaux de l'éperon pour les lancer au galop.
5. Housseaux: jambières.
6. Ventaille: partie de la visière du casque, qui s'ouvre sur le visage et par où passe l'air.
7. Bailes: ce terme désigne probablement les fossés profonds, souvent remplis d'eau, qui protégeaient l'enceinte extérieure du château (« baille », à l'origine « baquet », a signifié par métonymie « eau » ou « mer » où l'on risque de se noyer).

Devant tous, à la porte du moutier, selon la loi de sainte Église, Tristan
épouse Iseut aux Blanches Mains.

Lignes 2653 à 2655.

MINIATURE D'UN MANUSCRIT DU XVe SIÈCLE.

OSTERREICHISCHE NATIONALBIBLIOTHEK, VIENNE.

frère du comte Riol. Tous deux se heurtèrent des lances baissées. Le Nantais brisa la sienne sans ébranler Kaherdin, qui, d'un coup plus sûr, écartela l'écu* de l'adversaire et lui planta son fer bruni dans 2610 le côté jusqu'au gonfanon [1]. Soulevé de selle, le chevalier vide les arçons [2] et tombe.

Au cri que poussa son frère, le comte Riol s'élança contre Kaherdin, le frein* abandonné. Mais Tristan lui barra le passage. Quand ils se heurtèrent, la lance de Tristan se rompit à son poing, et 2615 celle de Riol, rencontrant le poitrail du cheval ennemi, pénétra dans les chairs et l'étendit mort sur le pré. Tristan, aussitôt relevé, l'épée fourbie [3] à la main :

« Couard*, dit-il, la male* mort à qui laisse le maître pour navrer le cheval ! Tu ne sortiras pas vivant de ce pré !

2620   — Je crois que vous mentez ! » répondit Riol en poussant sur lui son destrier*.

Mais Tristan esquiva l'atteinte, et, levant le bras, fit lourdement tomber sa lame sur le heaume* de Riol, dont il embarra le cercle [4] et emporta le nasal [5]. La lame glissa de l'épaule du chevalier au flanc du 2625 cheval, qui chancela et s'abattit à son tour. Riol parvint à s'en débarrasser et se redressa ; à pied tous deux, l'écu troué, fendu, le haubert* démaillé, ils se requièrent* et s'assaillent ; enfin Tristan frappe Riol sur l'escarboucle* de son heaume. Le cercle cède, et le coup était si fortement asséné que le baron tombe sur les genoux et sur les mains :

2630   « Relève-toi, si tu peux, vassal*, lui cria Tristan ; à la male heure estu venu dans ce champ ; il te faut mourir ! »

Riol se remet en pieds, mais Tristan l'abat encore d'un coup qui fendit le heaume, trancha la coiffe et découvrit le crâne. Riol implora merci*, demanda la vie sauve et Tristan reçut son épée [6]. Il la prit à

---

1. Gonfanon : petit étendard de combat ; rectangulaire et terminé par plusieurs pointes, il était cloué en haut de la lance, juste au-dessous du fer, et permettait, par ses couleurs, la reconnaissance des groupes de chevaliers dans les batailles.
2. Vide les arçons : tombe de cheval (les arçons composant les parties de la selle).
3. Fourbie : préparée, prête pour le combat (du verbe « fourbir », nettoyer en frottant).
4. Embarra le cercle : enfonça une partie du casque.
5. Nasal : prolongement du casque sur le devant, qui protège le nez.
6. Tristan reçut son épée : rituel voulant que le vaincu rende son arme (d'où l'expression « rendre les armes ») au vainqueur qui, l'acceptant, lui épargne la vie ; ce geste signifie la fin des hostilités.

2635 temps, car de toutes parts les Nantais étaient venus à la rescousse de leur seigneur. Mais déjà leur seigneur était recréant[1].

Riol promit de se rendre en la prison du duc Hoël, de lui jurer de nouveau hommage et foi, de restaurer les bourgs et les villages brûlés. Par son ordre, la bataille s'apaisa, et son ost* s'éloigna.

2640 Quand les vainqueurs furent rentrés dans Carhaix, Kaherdin dit à son père :

« Sire, mandez* Tristan, et retenez-le ; il n'est pas de meilleur chevalier, et votre pays a besoin d'un baron* de telle prouesse. »

Ayant pris le conseil de ses hommes, le duc Hoël appela Tristan :

2645 « Ami, je ne saurais trop vous aimer, car vous m'avez conservé cette terre. Je veux donc m'acquitter envers vous. Ma fille, Iseut aux Blanches Mains, est née de ducs, de rois et de reines. Prenez-la, je vous la donne.

— Sire, je la prends », dit Tristan.

2650 Ah ! seigneurs, pourquoi dit-il cette parole ? Mais, pour cette parole, il mourut.

Jour est pris, terme fixé. Le duc vient avec ses amis, Tristan avec les siens. Le chapelain* chante la messe. Devant tous, à la porte du moutier*, selon la loi de sainte Église, Tristan épouse Iseut aux Blanches

2655 Mains. Les noces furent grandes et riches. Mais la nuit venue, tandis que les hommes de Tristan le dépouillaient de ses vêtements, il advint que, en retirant la manche trop étroite de son bliaut*, ils enlevèrent et firent choir de son doigt son anneau de jaspe vert, l'anneau d'Iseut la Blonde. Il sonne clair sur les dalles.

2660 Tristan regarde et le voit. Alors son ancien amour se réveille, et Tristan connaît son forfait.

Il lui ressouvint du jour où Iseut la Blonde lui avait donné cet anneau : c'était dans la forêt, où, pour lui, elle avait mené l'âpre vie. Et, couché auprès de l'autre Iseut, il revit la hutte du Morois. Par

2665 quelle forsennerie[2] avait-il en son cœur accusé son amie de trahison ? Non, elle souffrait pour lui toute misère, et lui seul l'avait trahie.

---

1. Était recréant : s'était rendu à merci, s'était déclaré vaincu.
2. Forsennerie : folie, égarement (de l'ancien français *forsener*, « rendre fou » ; a donné l'adjectif « forcené »).

Mais il prenait aussi en compassion Iseut, sa femme, la simple, la belle. Les deux Iseut l'avaient aimé à la male* heure. À toutes les deux il avait menti sa foi.

2670 Pourtant, Iseut aux Blanches Mains s'étonnait de l'entendre soupirer, étendu à ses côtés. Elle lui dit enfin, un peu honteuse :

« Cher seigneur, vous ai-je offensé en quelque chose ? Pourquoi ne me donnez-vous pas un seul baiser ? Dites-le-moi, que je connaisse mon tort, et je vous en ferai belle amendise*, si je puis.

2675 — Amie, dit Tristan, ne vous courroucez* pas, mais j'ai fait un vœu. Naguère, en un autre pays, j'ai combattu un dragon, et j'allais périr, quand je me suis souvenu de la Mère de Dieu : je lui ai promis que, délivré du monstre par sa courtoisie, si jamais je prenais femme, tout un an je m'abstiendrais de l'accoler et de l'embrasser*…

2680 — Or donc, dit Iseut aux Blanches Mains, je le souffrirai* bonnement.

Mais, quand les servantes, au matin, lui ajustèrent la guimpe* des femmes épousées, elle sourit tristement, et songea qu'elle n'avait guère droit à cette parure.

Chapitre XVI

KAHERDIN

La dame chante dulcement,
Sa voiz accorde a l'estrument.
Les mains sont belles, li lais bons,
Dulce la voix et bas li tons.

THOMAS

2685   À quelques jours de là, le duc Hoël, son sénéchal* et tous ses
veneurs*, Tristan, Iseut aux Blanches Mains et Kaherdin sortirent
ensemble du château pour chasser en forêt. Sur une route étroite,
Tristan chevauchait à la gauche de Kaherdin, qui de sa main droite
retenait par les rênes le palefroi* d'Iseut aux Blanches Mains. Or, le
2690 palefroi buta dans une flaque d'eau. Son sabot fit rejaillir l'eau si fort
sous les vêtements d'Iseut qu'elle en fut toute mouillée et sentit la
froidure plus haut que son genou. Elle jeta un cri léger, et d'un coup
d'éperon* enleva son cheval en riant d'un rire si haut et si clair que
Kaherdin, poignant après elle et l'ayant rejointe, lui demanda :

2695   « Belle sœur, pourquoi riez-vous ?

— Pour un penser qui me vint, beau frère*. Quand cette eau a jailli
vers moi, je lui ai dit : « Eau, tu es plus hardie* que ne fut jamais le
hardi Tristan ! » C'est de quoi j'ai ri. Mais déjà j'ai trop parlé, frère, et
m'en repens. »

2700   Kaherdin, étonné, la pressa si vivement qu'elle lui dit enfin la vérité
de ses noces.

Alors Tristan les rejoignit, et tous trois chevauchèrent en silence
jusqu'à la maison de chasse. Là, Kaherdin appela Tristan à parlement
et lui dit :

2705   « Sire Tristan, ma sœur m'a avoué la vérité de ses noces. Je vous
tenais à pair et à compagnon. Mais vous avez faussé votre foi et
honni* ma parenté. Désormais, si vous ne me faites droit, sachez que
je vous défie. »

« Oui, je suis venu parmi vous pour votre malheur. Mais apprends
2710 ma misère, beau doux ami, frère et compagnon, et peut-être ton
cœur s'apaisera. Sache que j'ai une autre Iseut, plus belle que toutes
les femmes, qui a souffert et qui souffre encore pour moi maintes
peines. Certes, ta sœur m'aime et m'honore ; mais, pour l'amour de
moi, l'autre Iseut traite à plus d'honneur encore que ta sœur ne me
2715 traite un chien que je lui ai donné. Viens ; quittons cette chasse, suis-
moi où je te mènerai ; je te dirai la misère de ma vie. »

Tristan tourna bride et brocha* son cheval. Kaherdin poussa
le sien sur ses traces. Sans une parole, ils coururent jusqu'au plus
profond de la forêt. Là, Tristan dévoila sa vie à Kaherdin. Il dit
2720 comment, sur la mer, il avait bu l'amour et la mort ; il dit la traîtrise
des barons et du nain, la reine menée au bûcher, livrée aux lépreux,
et leurs amours dans la forêt sauvage ; comment il l'avait rendue au
roi Marc, et comment, l'ayant fuie, il avait voulu aimer Iseut aux
Blanches Mains ; comment il savait désormais qu'il ne pouvait vivre
2725 ni mourir sans la reine.

Kaherdin se tait et s'étonne. Il sent sa colère qui, malgré lui,
s'apaise.

« Ami, dit-il enfin, j'entends merveilleuses paroles, et vous avez
ému mon cœur à pitié : car vous avez enduré telles peines dont Dieu
2730 garde chacun et chacune ! Retournons vers Carhaix : au troisième
jour, si je puis, je vous dirai ma pensée. »

* * *

En sa chambre, à Tintagel, Iseut la Blonde soupire à cause de
Tristan qu'elle appelle. L'aimer toujours, elle n'a d'autre penser,
d'autre espoir, d'autre vouloir. En lui est tout son désir, et depuis
2735 deux années elle ne sait rien de lui. Où est-il ? En quel pays ? Vit-il
seulement ?

En sa chambre, Iseut la Blonde est assise, et fait un triste lai*
d'amour. Elle dit comment Guron fut surpris et tué pour l'amour de
la dame qu'il aimait sur toute chose, et comment par ruse le comte
2740 donna le cœur de Guron à manger à sa femme, et la douleur de
celle-ci.

Là, Tristan dévoila sa vie à Kaherdin.

Ligne 2719.

Miniature d'un manuscrit du xve siècle.

Osterreichische Nationalbibliothek, Vienne.

La reine chante doucement ; elle accorde sa voix à la harpe*. Les mains sont belles, le lai* bon, le ton bas et douce la voix.

Or, survient Kariado, un riche comte d'une île lointaine. Il était venu à Tintagel pour offrir à la reine son service, et, plusieurs fois depuis le départ de Tristan, il l'avait requise d'amour[1]. Mais la reine rebutait sa requête et la tenait à folie. Il était beau chevalier, orgueilleux et fier, bien emparlé, mais il valait mieux dans les chambres des dames qu'en bataille. Il trouva Iseut, qui faisait son lai. Il lui dit en riant :

« Dame, quel triste chant, triste comme celui de l'orfraie[2] ! Ne dit-on pas que l'orfraie chante pour annoncer la mort ? C'est ma mort sans doute qu'annonce votre lai : car je meurs pour l'amour de vous !

— Soit, lui dit Iseut. Je veux bien que mon chant signifie votre mort, car jamais vous n'êtes venu céans* sans m'apporter une nouvelle douloureuse. C'est vous qui toujours avez été orfraie ou chat-huant[3] pour médire de Tristan. Aujourd'hui, quelle male* nouvelle me direz-vous encore ? »

Kariado lui répondit :

« Reine, vous êtes irritée, et je ne sais de quoi ; mais bien fou qui s'émeut de vos dires ! Quoi qu'il advienne de la mort que m'annonce l'orfraie, voici donc la male nouvelle que vous apporte le chat-huant : Tristan, votre ami, est perdu pour vous, dame Iseut. Il a pris femme en autre terre. Désormais, vous pourrez vous pourvoir ailleurs, car il dédaigne votre amour. Il a pris femme à grand honneur, Iseut aux Blanches Mains, la fille du duc de Bretagne. »

Kariado s'en va, courroucé*. Iseut la Blonde baisse la tête et commence à pleurer.

* * *

---

1. Il l'avait requise d'amour : du verbe « requérir », au sens étymologique de « être en quête de, réclamer ». Le comte Kariado aspire à obtenir de la reine qu'elle accepte « son service d'amour » et qu'elle devienne « sa dame », selon le code de l'amour courtois, idéal qui a inspiré mentalité et littérature médiévales dès la deuxième moitié du XIIᵉ siècle.

2. Orfraie : espèce d'aigle ; souvent confondu avec « effraie », chouette.

3. Chat-huant : rapace nocturne tels le hibou et la chouette. Au Moyen Âge, on prêtait diverses significations symboliques aux animaux : le hibou et la chouette, oiseaux dits maléfiques, étaient annonciateurs de malheur et de mort.

Au troisième jour, Kaherdin appelle Tristan :

2770   « Ami, j'ai pris conseil en mon cœur. Oui, si vous m'avez dit la vérité, la vie que vous menez en cette terre est forsennerie* et folie, et nul bien n'en peut venir ni pour vous, ni pour ma sœur Iseut aux Blanches Mains. Donc entendez mon propos. Nous voguerons ensemble vers Tintagel : vous reverrez la reine, et vous éprouverez si
2775 toujours elle vous regrette et vous porte foi. Si elle vous a oublié, peut-être alors aurez-vous plus chère Iseut ma sœur, la simple, la belle. Je vous suivrai : ne suis-je pas votre pair et votre compagnon ?

— Frère, dit Tristan, on dit bien : le cœur d'un homme vaut tout l'or d'un pays. »

2780   Bientôt Tristan et Kaherdin prirent le bourdon* et la chape* des pèlerins*, comme s'ils voulaient visiter les corps saints en terre lointaine. Ils prirent congé du duc Hoël. Tristan emmenait Gorvenal, et Kaherdin un seul écuyer. Secrètement ils équipèrent une nef*, et tous quatre ils voguèrent vers la Cornouailles.

2785   Le vent leur fut léger et bon, tant qu'ils atterrirent un matin, avant l'aurore, non loin de Tintagel, dans une crique déserte, voisine du château de Lidan. Là, sans doute, Dinas de Lidan, le bon sénéchal*, les hébergerait et saurait cacher leur venue.

Au petit jour, les quatre compagnons montaient vers Lidan, quand
2790 ils virent venir derrière eux un homme qui suivait la même route au petit pas de son cheval. Ils se jetèrent sous bois, et l'homme passa sans les voir, car il sommeillait en selle. Tristan le reconnut :

« Frère, dit-il tout bas à Kaherdin, c'est Dinas de Lidan lui-même. Il dort. Sans doute il revient de chez son amie et rêve encore d'elle : il
2795 ne serait pas courtois de l'éveiller, mais suis-moi de loin. »

Il rejoignit Dinas, prit doucement son cheval par la bride, et chemina sans bruit à ses côtés. Enfin, un faux pas du cheval réveilla le dormeur. Il ouvre les yeux, voit Tristan, hésite :

« C'est toi, c'est toi, Tristan ! Dieu bénisse l'heure où je te revois : je
2800 l'ai si longtemps attendue !

— Ami, Dieu vous sauve ! Quelles nouvelles me direz-vous de la reine ?

— Hélas ! de dures nouvelles. Le roi la chérit et veut lui faire fête ; mais depuis ton exil elle languit* et pleure pour toi. Ah ! pourquoi

2805 revenir près d'elle ? Veux-tu chercher encore ta mort et la sienne ? Tristan, aie pitié de la reine, laisse-la à son repos !

— Ami, dit Tristan, octroyez-moi un don : cachez-moi à Lidan, portez-lui mon message et faites que je la revoie une fois, une seule fois ! »

2810 Dinas répondit :

« J'ai pitié de ma dame, et ne veux faire ton message que si je sais qu'elle t'est restée chère par-dessus toutes les femmes.

— Ah ! sire, dites-lui qu'elle m'est restée chère par-dessus toutes les femmes, et ce sera vérité.

2815 — Or donc, suis-moi, Tristan : je t'aiderai en ton besoin. »

À Lidan, le sénéchal hébergea Tristan, Gorvenal, Kaherdin et son écuyer, et quand Tristan lui eut conté de point en point l'aventure de sa vie, Dinas s'en fut à Tintagel pour s'enquérir des nouvelles de la cour. Il apprit qu'à trois jours de là, la reine Iseut, le roi Marc, toute sa

2820 mesnie*, tous ses écuyers et tous ses veneurs* quitteraient Tintagel pour s'établir au château de la Blanche-Lande, où de grandes chasses étaient préparées. Alors Tristan confia au sénéchal son anneau de jaspe vert et le message qu'il devait redire à la reine.

Chapitre XVII

DINAS DE LIDAN

> *« Bele amie, si est de nus :*
> *Ne vus sans mei, ne jo sanz vus. »*
> MARIE DE FRANCE

Dinas retourna donc à Tintagel, monta les degrés* et entra dans la
2825 salle. Sous le dais*, le roi Marc et Iseut la Blonde étaient assis à l'échiquier. Dinas prit place sur un escabeau près de la reine, comme pour
observer son jeu, et par deux fois, feignant de lui désigner les pièces,
il posa sa main sur l'échiquier : à la seconde fois, Iseut reconnut à son
doigt l'anneau de jaspe. Alors, elle eut assez joué. Elle heurta légère-
2830 ment le bras de Dinas, en telle guise que plusieurs paonnets[1] tombèrent en désordre.

« Voyez, sénéchal*, dit-elle, vous avez troublé mon jeu, et de telle
sorte que je ne saurais le reprendre. »

Marc quitte la salle, Iseut se retire en sa chambre et fait venir le
2835 sénéchal auprès d'elle :

« Ami, vous êtes messager de Tristan ?

— Oui, reine, il est à Lidan, caché dans mon château.

— Est-il vrai qu'il ait pris femme en Bretagne ?

— Reine, on vous a dit la vérité. Mais il assure qu'il ne vous
2840 a point trahie ; que pas un seul jour il n'a cessé de vous chérir par-
dessus toutes les femmes ; qu'il mourra, s'il ne vous revoit… une fois
seulement : il vous semond* d'y consentir, par la promesse que vous
lui fîtes le dernier jour où il vous parla. »

La reine se tut quelque temps, songeant à l'autre Iseut. Enfin, elle
2845 répondit :

« Oui, au dernier jour où il me parla, j'ai dit, il m'en souvient : « Si
jamais je revois l'anneau de jaspe vert, ni tour, ni fort château,

---

1. Paonnets : vraisemblablement, et par déduction, les pièces du jeu d'échecs (le terme « pion »
s'écrivait « peon » au XIIe siècle).

ni défense royale ne m'empêcheront de faire la volonté de mon ami,
que ce soit sagesse ou folie… »

2850 — Reine, à deux jours d'ici, la cour doit quitter Tintagel pour
gagner la Blanche-Lande ; Tristan vous mande* qu'il sera caché sur
la route, dans un fourré d'épines. Il vous mande que vous le preniez
en pitié.

— Je l'ai dit : ni tour, ni fort château, ni défense royale ne m'empê-
2855 cheront de faire la volonté de mon ami. »

* * *

Le surlendemain, tandis que toute la cour de Marc s'apprêtait au
départ de Tintagel, Tristan et Gorvenal, Kaherdin et son écuyer revê-
tirent le haubert*, prirent leurs épées et leurs écus* et, par des chemins
secrets, se mirent à la voie vers le lieu désigné. À travers la forêt, deux
2860 routes conduisaient vers la Blanche-Lande : l'une belle et bien ferrée,
par où devait passer le cortège, l'autre pierreuse et abandonnée.
Tristan et Kaherdin apostèrent sur celle-ci leurs deux écuyers : ils les
attendraient en ce lieu, gardant leurs chevaux et leurs écus. Eux-
mêmes se glissèrent sous bois et se cachèrent dans un fourré. Devant
2865 ce fourré, sur la route, Tristan déposa une branche de coudrier[1] où
s'enlaçait un brin de chèvrefeuille.

Bientôt, le cortège apparaît sur la route. C'est d'abord la troupe
du roi Marc. Viennent en belle ordonnance les fourriers[2] et les maréchaux*, les queux[3] et les échansons[4], viennent les chapelains*, viennent
2870 les valets de chiens menant lévriers* et brachets*, puis les fauconniers[5]
portant les oiseaux sur le poing gauche, puis les veneurs*, puis les chevaliers et les barons* ; ils vont leur petit train, bien arrangés deux par
deux, et il fait beau les voir, richement montés sur chevaux harnachés
de velours semé d'orfèvrerie*. Puis le roi Marc passa, et Kaherdin

---

1. Coudrier : noisetier ; cet arbre est lié, dans les coutumes celtes, aux pratiques magiques.
   Le bois de coudrier est encore utilisé par les sourciers.
2. Fourriers : officiers chargés d'assurer le logement du roi et de sa suite lors des déplacements.
3. Queux : cuisiniers.
4. Échansons : officiers chargés de verser à boire au roi.
5. Fauconniers : officiers qui dressent et font voler les faucons utilisés pour la chasse au moyen
   d'oiseaux de proie, chasse qui se pratiquait autant que celle au moyen de chiens.

2875 s'émerveillait de voir ses privés autour de lui, deux deçà et deux delà, habillés tous de drap d'or ou d'écarlate*.

Alors avance le cortège de la reine. Les lavandières[1] et les chambrières[2] viennent en tête, ensuite les femmes et les filles des barons* et des comtes. Elles passent une à une ; un jeune chevalier escorte cha-
2880 cune d'elles. Enfin approche un palefroi* monté par la plus belle que Kaherdin ait jamais vue de ses yeux : elle est bien faite de corps et de visage, les hanches un peu basses, les sourcils bien tracés, les yeux riants, les dents menues ; une robe de rouge samit* la couvre ; un mince chapelet d'or et de pierreries pare son front poli.

2885 « C'est la reine, dit Kaherdin à voix basse.

— La reine ? dit Tristan ; non, c'est Camille, sa servante. »

Alors s'en vient, sur un palefroi vair*, une autre damoiselle, plus blanche que neige en février, plus merveille que rose ; ses yeux clairs frémissent comme l'étoile dans la fontaine.

2890 « Or, je la vois, c'est la reine ! dit Kaherdin.

— Eh ! non, dit Tristan, c'est Brangien la Fidèle. »

Mais la route s'éclaira tout à coup, comme si le soleil ruisselait soudain à travers les feuillages des grands arbres, et Iseut la Blonde apparut. Le duc Andret, que Dieu honnisse* ! chevauchait à sa droite.

2895 À cet instant, partirent du fourré d'épines des chants de fauvettes et d'alouettes, et Tristan mettait en ces mélodies toute sa tendresse. La reine a compris le message de son ami. Elle remarque sur le sol la branche de coudrier* où le chèvrefeuille s'enlace fortement, et songe en son cœur : « Ainsi va de nous, ami ; ni vous sans moi, ni moi sans
2900 vous. » Elle arrête son palefroi, descend, vient vers une haquenée qui portait une niche enrichie de pierreries ; là, sur un tapis de pourpre*, était couché le chien Petit-Crû : elle le prend entre ses bras, le flatte de la main, le caresse de son manteau d'hermine*, lui fait mainte fête. Puis, l'ayant replacé dans sa châsse*, elle se tourne vers le fourré
2905 d'épines et dit à voix haute :

« Oiseaux de ce bois, qui m'avez réjouie de vos chansons, je vous prends à louage. Tandis que mon seigneur Marc chevauchera jusqu'à

---

1. Lavandières : femmes préposées au lavage du linge de la reine.
2. Chambrières : femmes au service de la chambre de la reine.

la Blanche-Lande, je veux séjourner dans mon château de Saint-Lubin. Oiseaux, faites-moi cortège jusque-là ; ce soir, je vous récom-2910 penserai richement, comme de bons ménestrels[1]. »

Tristan retint ses paroles et se réjouit. Mais déjà Andret le Félon* s'inquiétait. Il remit la reine en selle et le cortège s'éloigna.

* * *

Or, écoutez une male* aventure. Dans le temps où passait le cortège royal, là-bas, sur l'autre route où Gorvenal et l'écuyer de 2915 Kaherdin gardaient les chevaux de leurs seigneurs, survint un chevalier en armes, nommé Bleheri. Il reconnut de loin Gorvenal et l'écu* de Tristan : « Qu'ai-je vu ? pensa-t-il ; c'est Gorvenal et cet autre est Tristan lui-même. » Il éperonna* son cheval vers eux et cria : « Tristan ! Mais déjà les deux écuyers avaient tourné bride et fuyaient. 2920 Bleheri, lancé à leur poursuite, répétait :

« Tristan ! arrête, je t'en conjure par ta prouesse ! »

Mais les écuyers ne se retournèrent pas. Alors Bleheri cria :

« Tristan, arrête, je t'en conjure par le nom d'Iseut la Blonde ! »

Trois fois il conjura les fuyards par le nom d'Iseut la Blonde. 2925 Vainement : ils disparurent, et Bleheri ne put atteindre qu'un de leurs chevaux, qu'il emmena comme sa capture. Il parvint au château de Saint-Lubin au moment où la reine venait de s'y héberger. Et, l'ayant trouvée seule, il lui dit :

« Reine, Tristan est dans ce pays. Je l'ai vu sur la route abandonnée 2930 qui vient de Tintagel. Il a pris la fuite. Trois fois je lui ai crié de s'arrêter, le conjurant au nom d'Iseut la Blonde ; mais il avait pris peur, il n'a pas osé m'attendre.

— Beau sire, vous dites mensonge et folie : comment Tristan serait-il en ce pays ? Comment aurait-il fui devant vous ? Comment 2935 ne se serait-il pas arrêté, conjuré par mon nom ?

— Pourtant, dame, je l'ai vu, à telles enseignes que j'ai pris l'un de ses chevaux. Voyez-le tout harnaché, là-bas, sur l'aire. »

Mais Bleheri vit Iseut courroucée*. Il en eut deuil, car il aimait Tristan et la reine. Il la quitta, regrettant d'avoir parlé.

---

1. Ménestrels : poètes et musiciens qui vont de château en château, plus respectés et estimés que le jongleur musicien.

2940   Alors, Iseut pleura et dit : « Malheureuse ! j'ai trop vécu, puisque
j'ai vu le jour où Tristan me raille* et me honnit* ! Jadis, conjuré par
mon nom, quel ennemi n'aurait-il pas affronté ? Il est hardi* de son
corps : s'il a fui devant Bleheri, s'il n'a pas daigné s'arrêter au nom de
son amie, ah ! c'est que l'autre Iseut le possède ! Pourquoi est-il
2945 revenu ? Il m'avait trahie, il a voulu me honnir par surcroît ! N'avait-
il pas assez de mes tourments anciens ? Qu'il s'en retourne donc,
honni à son tour, vers Iseut aux Blanches Mains ! »

Elle appela Perinis le Fidèle, et lui redit les nouvelles que Bleheri lui
avait portées. Elle ajouta :

2950   « Ami, cherche Tristan sur la route abandonnée qui va de Tintagel à
Saint-Lubin. Tu lui diras que je ne le salue pas, et qu'il ne soit pas si
hardi d'oser approcher de moi, car je le ferai chasser par les sergents[1]
et les valets. »

Perinis se mit en quête, tant qu'il trouva Tristan et Kaherdin. Il leur
2955 fit le message de la reine.

« Frère, s'écria Tristan, qu'as-tu dit ? Comment aurais-je fui devant
Bleheri, puisque, tu le vois, nous n'avons pas même nos chevaux ?
Gorvenal et un écuyer les gardaient, nous ne les avons pas retrouvés
au lieu désigné, et nous les cherchons encore. »

2960   À cet instant revinrent Gorvenal et l'écuyer de Kaherdin : ils
confessèrent leur aventure.

« Perinis, beau doux ami, dit Tristan, retourne en hâte vers ta
dame. Dis-lui que je lui envoie salut et amour, que je n'ai pas failli à
la loyauté que je lui dois, qu'elle m'est chère par-dessus toutes les
2965 femmes ; dis-lui qu'elle te renvoie vers moi me porter sa merci* ;
j'attendrai ici que tu reviennes. »

Perinis retourna donc vers la reine et lui redit ce qu'il avait vu et
entendu. Mais elle ne le crut pas :

« Ah ! Perinis, tu étais mon privé et mon fidèle, et mon père t'avait
2970 destiné, tout enfant, à me servir. Mais Tristan l'enchanteur* t'a gagné
par ses mensonges et ses présents. Toi aussi, tu m'as trahie ; va-t'en ! »

Perinis s'agenouilla devant elle :

« Dame, j'entends vos paroles dures. Jamais je n'eus telle peine en
ma vie. Mais peu me chaut* de moi : j'ai deuil pour vous, dame,

---

1. Sergents : serviteurs.

2975 qui faites outrage* à mon seigneur Tristan, et qui trop tard en aurez regret.

— Va-t'en, je ne te crois pas ! Toi aussi, Perinis, Perinis le Fidèle, tu m'as trahie ! »

Tristan attendit longtemps que Perinis lui portât le pardon de la
2980 reine. Perinis ne vint pas.

Au matin, Tristan s'atourne* d'une grande chape* en lambeaux. Il peint par places son visage de vermillon et de brou de noix, en sorte qu'il ressemble à un malade rongé par la lèpre. Il prend en ses mains un hanap* de bois veiné à recueillir les aumônes, et une crécelle* de
2985 ladre.

Il entre dans les rues de Saint-Lubin, et, muant sa voix, mendie à tous venants. Pourra-t-il seulement apercevoir la reine ?

Elle sort enfin du château ; Brangien et ses femmes, ses valets et ses sergents l'accompagnent. Elle prend la voie qui mène à l'église. Le
2990 lépreux suit les valets, fait sonner sa crécelle, supplie à voix dolente* :

« Reine, faites-moi quelque bien ; vous ne savez pas comme je suis besogneux ! »

À son beau corps, à sa stature, Iseut l'a reconnu. Elle frémit toute, mais ne daigne baisser son regard vers lui. Le lépreux l'implore, et
2995 c'est pitié de l'ouïr* ; il se traîne après elle :

« Reine, si j'ose approcher de vous, ne vous courroucez* pas ; ayez pitié de moi, je l'ai bien mérité ! »

Mais la reine appelle les valets et les sergents :

« Chassez ce ladre ! » leur dit-elle.

3000 Les valets le repoussent, le frappent. Il leur résiste, et s'écrie :

« Reine, ayez pitié ! »

Alors Iseut éclata de rire. Son rire sonnait encore quand elle entra dans l'église. Quand il l'entendit rire, le lépreux s'en alla. La reine fit quelques pas dans la nef[1] du moutier*, mais ses membres fléchirent ;
3005 elle tomba sur les genoux, puis sa tête se renversa en arrière et buta contre les dalles.

* * *

---

1. Nef : partie d'une église, entre le portail et le chœur.

Le même jour, Tristan prit congé de Dinas, à tel déconfort* qu'il semblait avoir perdu le sens, et sa nef* appareilla pour la Bretagne.

Hélas! bientôt la reine se repentit. Quand elle sut par Dinas de 3010 Lidan que Tristan était parti à tel deuil, elle se prit à croire que Perinis lui avait dit la vérité; que Tristan n'avait pas fui, conjuré par son nom; qu'elle l'avait chassé à grand tort. «Quoi! pensait-elle, je vous ai chassé, vous, Tristan, ami! Vous me haïssez désormais, et jamais je ne vous reverrai. Jamais vous n'apprendrez seulement mon repentir, ni 3015 quel châtiment je veux m'imposer et vous offrir comme un gage menu de mon remords!»

De ce jour, pour se punir de son erreur et de sa folie, Iseut la Blonde revêtit un cilice[1] et le porta contre sa chair.

---

1. Cilice: chemise ou large ceinture de crin, ou d'étoffe rude et piquante, portée à même la peau, pour s'imposer une souffrance physique constante et ainsi faire pénitence. Le port du cilice, pratique connue chez des membres d'ordres religieux (moines, sœurs), mais aussi dans le monde séculier, se réfère à une mentalité qui a longtemps prévalu: les souffrances auto-infligées, en rachetant les fautes commises, devaient entraîner le pardon de Dieu.

Chapitre XVIII

TRISTAN FOU

El beivre fu la nostre mort.

THOMAS

Tristan revit la Bretagne, Carhaix, le duc Hoël et sa femme Iseut
3020 aux Blanches Mains. Tous lui firent accueil, mais Iseut la Blonde
l'avait chassé : rien ne lui était plus. Longuement, il languit* loin
d'elle ; puis, un jour, il songea qu'il voulait la revoir, dût-elle le faire
encore battre vilement* par ses sergents* et ses valets. Loin d'elle, il
savait sa mort sûre et prochaine ; plutôt mourir d'un coup que len-
3025 tement, chaque jour ! Qui vit à douleur est tel qu'un mort. Tristan
désire la mort, il veut la mort : mais que la reine apprenne du moins
qu'il a péri pour l'amour d'elle ; qu'elle l'apprenne, il mourra plus
doucement.

Il partit de Carhaix sans avertir personne, ni ses amis, ni même
3030 Kaherdin, son cher compagnon. Il partit misérablement vêtu, à
pied : car nul ne prend garde aux pauvres truands[1] qui cheminent
sur les grandes routes. Il marcha tant qu'il atteignit le rivage de
la mer.

Au port, une grande nef marchande appareillait : déjà les mariniers
3035 halaient[2] la voile et levaient l'ancre pour cingler* vers la haute mer.

« Dieu vous garde, seigneurs, et puissiez-vous naviguer heureusement ! Vers quelle terre irez-vous ?

— Vers Tintagel.

— Vers Tintagel ! Ah ! seigneurs, emmenez-moi ! »

3040 Il s'embarque. Un vent propice gonfle la voile, la nef court sur les
vagues. Cinq nuits et cinq jours elle vogua droit vers la Cornouailles,
et le sixième jour jeta l'ancre dans le port de Tintagel.

---

1. Truands : misérables, vagabonds, mendiants professionnels (sens étymologique
   d'origine irlandaise).
2. Halaient : tiraient au moyen d'un cordage.

Au-delà du port, le château se dressait sur la mer, bien clos de toutes parts : on n'y pouvait entrer que par une seule porte de fer, et deux
3045 prud'hommes* la gardaient jour et nuit. Comment y pénétrer ?

Tristan descendit de la nef* et s'assit sur le rivage. Il apprit d'un homme qui passait que Marc était au château et qu'il venait d'y tenir une grande cour.

« Mais où est la reine ? et Brangien, sa belle servante ?
3050 — Elles sont aussi à Tintagel, et récemment je les ai vues ; la reine Iseut semblait triste, comme à son ordinaire. »

Au nom d'Iseut, Tristan soupira et songea que, ni par ruse, ni par prouesse, il ne réussira à revoir son amie : car le roi Marc le tuerait...

« Mais qu'importe qu'il me tue ? Iseut, ne dois-je pas mourir pour
3055 l'amour de vous ? Et que fais-je chaque jour, sinon mourir ? Mais vous pourtant, Iseut, si vous me saviez ici, daigneriez-vous seulement parler à votre ami ? Ne me feriez-vous pas chasser par vos sergents* ? Oui, je veux tenter une ruse... Je me déguiserai en fou, et cette folie sera grande sagesse. Tel me tiendra pour assoté[1] qui sera moins sage
3060 que moi, tel me croira fou qui aura plus fou dans sa maison. »

Un pêcheur s'en venait, vêtu d'une gonelle* de bure* velue, à grand chaperon*. Tristan le voit, lui fait un signe, le prend à l'écart.

« Ami, veux-tu troquer tes draps contre les miens ? Donne-moi ta cotte*, qui me plaît fort. »

3065 Le pêcheur regarda les vêtements de Tristan, les trouva meilleurs que les siens, les prit aussitôt et s'en alla bien vite, heureux de l'échange.

Alors Tristan tondit sa belle chevelure blonde, au ras de la tête, en y dessinant une croix. Il enduisit sa face d'une liqueur faite d'une
3070 herbe magique apportée de son pays, et aussitôt sa couleur et l'aspect de son visage muèrent si étrangement que nul homme au monde n'aurait pu le reconnaître. Il arracha d'une haie une pousse de châtaignier, s'en fit une massue et la pendit à son cou ; les pieds nus, il marcha droit vers le château.

3075 Le portier crut qu'assurément il était fou, et lui dit :

« Approchez ; où donc êtes-vous resté si longtemps ? »

---

1. Assoté : rendu sot, stupide.

Tristan contrefit sa voix et répondit :

« Aux noces de l'abbé du Mont, qui est de mes amis. Il a épousé une abbesse, une grosse dame voilée. De Besançon jusqu'au Mont 3080 tous les prêtres, abbés, moines et clercs ordonnés ont été mandés* à ces épousailles : et tous sur la lande, portant bâtons et crosses, sautent, jouent et dansent à l'ombre des grands arbres. Mais je les ai quittés pour venir ici : car je dois aujourd'hui servir à la table du roi. »

Le portier lui dit :

3085   « Entrez donc, seigneur, fils d'Urgan le Velu ; vous êtes grand et velu comme lui, et vous ressemblez assez à votre père. »

Quand il entra dans le bourg, jouant de sa massue, valets et écuyers s'amassèrent sur son passage, le pourchassant comme un loup :

« Voyez le fol ! hu ! hu ! et hu ! »

3090   Ils lui lancent des pierres, l'assaillent de leurs bâtons ; mais il leur tient tête en gambadant et se laisse faire : si on l'attaque à sa gauche, il se retourne et frappe à sa droite.

Au milieu des rires et des huées, traînant après lui la foule ameutée, il parvint au seuil de la porte où, sous le dais*, aux côtés de la 3095 reine, le roi Marc était assis. Il approcha de la porte, pendit la massue à son cou et entra.

Le roi le vit et dit :

« Voilà un beau compagnon ; faites-le approcher. »

On l'amène, la massue au cou :

3100   « Ami, soyez le bienvenu ! »

Tristan répondit, de sa voix étrangement contrefaite :

« Sire, bon et noble entre tous les rois, je le savais, qu'à votre vue mon cœur se fondrait de tendresse. Dieu vous protège, beau sire !

— Ami, qu'êtes-vous venu quérir céans* ?

3105   — Iseut, que j'ai tant aimée. J'ai une sœur que je vous amène, la très belle Brunehaut. La reine vous ennuie, essayez de celle-ci : faisons l'échange, je vous donne ma sœur, baillez-moi[1] Iseut ; je la prendrai et vous servirai par amour. »

Le roi s'en rit et dit au fou :

3110   « Si je te donne la reine, qu'en voudras-tu faire ? Où l'emmèneras-tu ?

---

1. Baillez-moi : donnez-moi (sens rare et disparu).

— Là-haut, entre le ciel et la nue, dans ma belle maison de verre. Le soleil la traverse de ses rayons, les vents ne peuvent l'ébranler; j'y porterai la reine en une chambre de cristal, toute fleurie de roses, toute lumineuse au matin quand le soleil la frappe. »

3115   Le roi et ses barons* se dirent entre eux:

« Voilà un bon fou, habile en paroles! »

Il s'était assis sur un tapis et regardait tendrement Iseut.

« Ami, lui dit Marc, d'où te vient l'espoir que ma dame prendra garde à un fou hideux comme toi?

3120   — Sire, j'y ai bien droit: j'ai accompli pour elle maint travail, et c'est par elle que je suis devenu fou.

— Qui es-tu donc?

— Je suis Tristan, celui qui a tant aimé la reine, et qui l'aimera jusqu'à la mort. »

3125   À ce nom, Iseut soupira, changea de couleur et, courroucée*, lui dit:

« Va-t'en! Qui t'a fait entrer céans*? Va-t'en, mauvais fou! »

Le fou remarqua sa colère et dit:

« Reine Iseut, ne vous souvient-il pas du jour, où, navré* par l'épée empoisonnée du Morholt, emportant ma harpe* sur la mer, j'ai été 3130 poussé vers vos rivages? Vous m'avez guéri. Ne vous en souvient-il plus, reine? »

« Va-t'en d'ici, fou; ni tes jeux ne me plaisent, ni toi. »

Aussitôt, le fou se retourna vers les barons, les chassa vers la porte en criant:

3135   « Folles gens, hors d'ici! Laissez-moi seul tenir conseil avec Iseut; car je suis venu céans pour l'aimer. »

Le roi s'en rit, Iseut rougit:

« Sire, chassez ce fou! »

Mais le fou reprit, de sa voix étrange:

3140   « Reine Iseut, ne vous souvient-il pas du grand dragon que j'ai occis* en votre terre? J'ai caché sa langue dans ma·chausse*, et, tout brûlé par son venin, je suis tombé près du marécage. J'étais alors un merveilleux* chevalier!... et j'attendais la mort, quand vous m'avez secouru. »

3145   Iseut répond :

« Tais-toi, tu fais injure aux chevaliers, car tu n'es qu'un fou de naissance. Maudits soient les mariniers qui t'apportèrent ici, au lieu de te jeter à la mer ! »

Le fou éclata de rire et poursuivit :

3150   « Reine Iseut, ne vous souvient-il pas du bain où vous vouliez me tuer de mon épée ? et du conte du cheveu d'or qui vous apaisa ? et comment je vous ai défendue contre le sénéchal* couard* ?

— Taisez-vous, méchant conteur ! Pourquoi venez-vous ici débiter vos songeries ? Vous étiez ivre hier soir sans doute, et l'ivresse vous a
3155   donné ces rêves.

— C'est vrai, je suis ivre, et de telle boisson que jamais cette ivresse ne se dissipera. Reine Iseut, ne vous souvient-il pas de ce jour si beau, si chaud, sur la haute mer ? Vous aviez soif, ne vous en souvient-il pas, fille de roi ? Nous bûmes tous deux au même hanap*. Depuis, j'ai tou-
3160   jours été ivre, et d'une mauvaise ivresse… »

Quand Iseut entendit ces paroles qu'elle seule pouvait comprendre, elle se cacha la tête dans son manteau, se leva et voulut s'en aller. Mais le roi la retint par sa chape* d'hermine* et la fit rasseoir à ses côtés :

3165   « Attendez un peu, Iseut, amie, que nous entendions ces folies jusqu'au bout. Fou, quel métier sais-tu faire ?

— J'ai servi des rois et des comtes.

— En vérité, sais-tu chasser aux chiens ? aux oiseaux ?

— Certes, quand il me plaît de chasser en forêt, je sais prendre,
3170   avec mes lévriers*, les grues [1] qui volent dans les nuées ; avec mes limiers*, les cygnes, les oies bises ou blanches, les pigeons sauvages ; avec mon arc, les plongeons [2] et les butors [3] ! »

Tous s'en rirent bonnement, et le roi demanda :

« Et que prends-tu, frère, quand tu chasses au gibier de rivière ?

3175   — Je prends tout ce que je trouve : avec mes autours [4], les loups des bois et les grands ours ; avec mes gerfauts*, les sangliers ; avec

---

1. Grues : grands oiseaux échassiers.
2. Plongeons : oiseaux aquatiques de la famille des canards.
3. Butors : oiseaux échassiers des marais.
4. Autours : oiseaux rapaces plus grands que les éperviers, dressés pour la chasse.

mes faucons, les chevreuils et les daims ; les renards, avec mes éperviers ; les lièvres, avec mes émerillons*. Et quand je rentre chez qui
m'héberge, je sais bien jouer de la massue, partager les tisons entre les
3180 écuyers, accorder ma harpe* et chanter en musique, et aimer les reines,
et jeter par les ruisseaux des copeaux bien taillés. En vérité, ne suis-je
pas bon ménestrel*? Aujourd'hui, vous avez vu comme je sais m'es-
crimer du bâton. »

Et il frappe de sa massue autour de lui.

3185   « Allez-vous-en d'ici, crie-t-il, seigneurs cornouaillais ! Pourquoi
rester encore ? N'avez-vous pas déjà mangé ? N'êtes-vous pas repus ? »

Le roi, s'étant diverti du fou, demanda son destrier* et ses faucons
et emmena en chasse chevaliers et écuyers.

« Sire, lui dit Iseut, je me sens lasse et dolente*. Permettez que j'aille
3190 reposer dans ma chambre ; je ne puis écouter plus longtemps ces
folies. »

Elle se retira toute pensive dans sa chambre, s'assit sur son lit, et
mena grand deuil :

« Chétive ! pourquoi suis-je née ? J'ai le cœur lourd et marri*.
3195 Brangien, chère sœur, ma vie est si âpre et si dure que mieux me vaudrait la mort ! Il y a là un fou, tondu en croix, venu céans* à la male*
heure : ce fou, ce jongleur* est chanteur ou devin, car il sait de point
en point mon être et ma vie ; il sait des choses que nul ne sait, hormis vous, moi et Tristan ; il les sait, le truand*, par enchantement* et
3200 sortilège. »

Brangien répondit :

« Ne serait-ce pas Tristan lui-même ?

— Non, car Tristan est beau et le meilleur des chevaliers ; mais cet
homme est hideux et contrefait. Maudit soit-il de Dieu ! maudite soit
3205 l'heure où il est né, et maudite la nef* qui l'apporta, au lieu de le
noyer là dehors, sous les vagues profondes !

— Apaisez-vous, dame, dit Brangien. Vous savez trop bien,
aujourd'hui, maudire et excommunier[1] ! Où donc avez-vous appris

---

1. Excommunier : exclure, bannir ; terme fort employé surtout dans le cadre de l'Église
catholique quand elle exclut officiellement quelqu'un — ou un groupe — de la
communion (de la communauté des catholiques).

un tel métier ? Mais peut-être cet homme serait-il le messager de
3210 Tristan ?

— Je ne crois pas, je ne l'ai pas reconnu. Mais allez le trouver, belle
amie, parlez-lui, voyez si vous le reconnaîtrez. »

Brangien s'en fut vers la salle où le fou, assis sur un banc, était resté
seul. Tristan la reconnut, laissa tomber sa massue et lui dit :
3215 « Brangien, franche Brangien, je vous conjure par Dieu, ayez pitié
de moi !

— Vilain fou, quel diable vous a enseigné mon nom ?

— Belle, dès longtemps je l'ai appris ! Par mon chef[1], qui naguère
fut blond, si la raison s'est enfuie de cette tête, c'est vous, belle, qui en
3220 êtes cause. N'est-ce pas vous qui deviez garder le breuvage que je bus
sur la haute mer ? J'en bus à la grande chaleur dans un hanap* d'argent, et je le tendis à Iseut. Vous seule l'avez su, belle : ne vous en souvient-il plus ?

— Non ! » répondit Brangien, et, toute troublée, elle se rejeta vers
3225 la chambre d'Iseut ; mais le fou se précipita derrière elle, criant :
« Pitié ! »

Il entre, il voit Iseut, s'élance vers elle, les bras tendus, veut la ser-
rer sur sa poitrine ; mais, honteuse, mouillée d'une sueur d'angoisse,
elle se rejette en arrière, l'esquive ; et, voyant qu'elle évite son approche,
3230 Tristan tremble de vergogne[2] et de colère, se recule vers la paroi, près
de la porte ; et, de sa voix toujours contrefaite :

« Certes, dit-il, j'ai vécu trop longtemps, puisque j'ai vu le jour où
Iseut me repousse, ne daigne m'aimer, me tient pour vil* ! Ah ! Iseut,
qui bien aime tard oublie ! Iseut, c'est une chose belle et précieuse
3235 qu'une source abondante qui s'épanche et court à flots larges et clairs ;
le jour où elle se dessèche, elle ne vaut plus rien : tel un amour qui
tarit. »

Iseut répondit :

« Frère, je vous regarde, je doute, je tremble, je ne sais, je ne recon-
3240 nais pas Tristan.

— Reine Iseut, je suis Tristan, celui qui vous a tant aimée. Ne vous
souvient-il pas du nain qui sema la farine entre nos lits ? et du bond

---

1. Chef : tête.
2. Vergogne : honte.

que je fis et du sang qui coula de ma blessure? et du présent que je vous adressai, le chien Petit-Crû au grelot* magique? Ne vous sou-
3245 vient-il pas des morceaux de bois bien taillés que je jetais au ruisseau?

Iseut le regarde, soupire, ne sait que dire et que croire, voit bien qu'il sait toutes choses, mais ce serait folie d'avouer qu'il est Tristan; et Tristan lui dit:

« Dame reine, je sais bien que vous vous êtes retirée de moi et je
3250 vous accuse de trahison. J'ai connu, pourtant, belle, des jours où vous m'aimiez d'amour. C'était dans la forêt profonde, sous la loge de feuillage. Vous souvient-il encore du jour où je vous donnai mon bon chien Husdent? Ah! celui-là m'a toujours aimé, et pour moi il quitte-rait Iseut la Blonde. Où est-il? Qu'en avez-vous fait? Lui, du moins, il
3255 me reconnaîtrait.

— Il vous reconnaîtrait? Vous dites folie; car, depuis que Tristan est parti, il reste là-bas, couché dans sa niche, et s'élance contre tout homme qui s'approche de lui. Brangien, amenez-le-moi. »

Brangien l'amène.

3260 « Viens çà, Husdent, dit Tristan; tu étais à moi, je te reprends. »

Quand Husdent entend sa voix, il fait voler sa laisse des mains de Brangien, court à son maître, se roule à ses pieds, lèche ses mains, aboie de joie.

« Husdent, s'écrie le fou, bénie soit, Husdent, la peine que j'ai mise
3265 à te nourrir! Tu m'as fait meilleur accueil que celle que j'aimais tant. Elle ne veut pas me reconnaître: reconnaîtra-t-elle seulement cet anneau qu'elle me donna jadis, avec des pleurs et des baisers, au jour de la séparation? Ce petit anneau de jaspe ne m'a guère quitté: sou-vent je lui ai demandé conseil dans mes tourments, souvent j'ai mouillé
3270 ce jaspe vert de mes chaudes larmes. »

Iseut a vu l'anneau. Elle ouvre ses bras tout grands:

« Me voici! Prends-moi, Tristan! »

Alors Tristan cessa de contrefaire sa voix:

« Amie, comment m'as-tu si longtemps pu méconnaître, plus long-
3275 temps que ce chien? Qu'importe cet anneau? Ne sens-tu pas qu'il m'aurait été plus doux d'être reconnu au seul rappel de nos amours passées? Qu'importe le son de ma voix? C'est le son de mon cœur que tu devais entendre.

— Ami, dit Iseut, peut-être l'ai-je entendu plus tôt que tu ne penses ;
3280 mais nous sommes enveloppés* de ruses : devais-je, comme ce chien,
suivre mon désir, au risque de te faire prendre et tuer sous mes yeux ?
Je me gardais et je te gardais. Ni le rappel de ta vie passée, ni le son de
ta voix, ni cet anneau même ne me prouvent rien, car ce peuvent être
les jeux méchants d'un enchanteur*. Je me rends pourtant, à la vue de
3285 l'anneau : n'ai-je pas juré que, sitôt que je le reverrais, dussé-je me
perdre, je ferais toujours ce que tu manderais*, que ce fût sagesse ou
folie ? Sagesse ou folie, me voici : prends-moi, Tristan ! »

Elle tomba pâmée[1] sur la poitrine de son ami. Quand elle revint à
elle, Tristan la tenait embrassée* et baisait ses yeux et sa face. Il entre
3290 avec elle sous la courtine*. Entre ses bras il tient la reine.

* * *

Pour s'amuser du fou, les valets l'hébergèrent sous les degrés* de la
salle, comme un chien dans un chenil. Il endurait doucement leurs
railleries* et leurs coups, car parfois, reprenant sa forme et sa beauté,
il passait de son taudis* à la chambre de la reine.
3295 Mais, après quelques jours écoulés, deux chambrières* soupçon-
nèrent la fraude ; elles avertirent Andret, qui aposta devant les chambres des femmes trois espions bien armés. Quand Tristan voulut
franchir la porte :

« Arrière, fou, crièrent-ils, retourne te coucher sur ta botte de
3300 paille !

— Eh quoi ! beaux seigneurs, dit le fou, ne faut-il pas que j'aille ce
soir embrasser la reine ? Ne savez-vous pas qu'elle m'aime et qu'elle
m'attend ?

Tristan brandit sa massue ; ils eurent peur et le laissèrent entrer. Il
3305 prit Iseut entre ses bras :

« Amie, il me faut fuir déjà, car bientôt je serai découvert. Il me faut
fuir et jamais sans doute je ne reviendrai. Ma mort est prochaine : loin
de vous, je mourrai de mon désir.

— Ami, ferme tes bras et accole-moi si étroitement que, dans cet
3310 embrassement, nos deux cœurs se rompent et nos âmes s'en aillent !

---

1. Pâmée : évanouie (sens ancien de « se pâmer »).

Emmène-moi au pays fortuné dont tu parlais jadis : au pays dont nul ne retourne, où des musiciens insignes chantent des chants sans fin. Emmène-moi !

— Oui, je t'emmènerai au pays fortuné des Vivants. Le temps
3315 approche ; n'avons-nous pas bu déjà toute misère et toute joie ? Le temps approche ; quand il sera tout accompli, si je t'appelle, Iseut, viendras-tu ?

— Ami, appelle-moi, tu le sais bien que je viendrai !

— Amie ! que Dieu t'en récompense ! »

3320   Lorsqu'il franchit le seuil, les espions se jetèrent contre lui. Mais le fou éclata de rire, fit tourner sa massue et dit :

« Vous me chassez, beaux seigneurs ; à quoi bon ? Je n'ai plus que faire céans*, puisque ma dame m'envoie au loin préparer la maison claire que je lui ai promise, la maison de cristal, fleurie de roses, lumi-
3325 neuse au matin quand reluit le soleil !

— Va-t'en donc, fou, à la male* heure ! »

Les valets s'écartèrent, et le fou, sans se hâter, s'en fut en dansant.

Chapitre XIX

La mort

Amor condusse noi ad una morte.
Dante, Inferno, ch. v

À peine était-il revenu en Petite-Bretagne, à Carhaix, il advint que Tristan, pour porter aide à son cher compagnon Kaherdin, guerroya
3330 un baron nommé Bedalis. Il tomba dans une embuscade* dressée par Bedalis et ses frères. Tristan tua les sept frères. Mais lui-même fut blessé d'un coup de lance, et la lance était empoisonnée.

Il revint à grand'peine jusqu'au château de Carhaix et fit appareiller[1] ses plaies. Les médecins vinrent en nombre, mais nul ne sut le
3335 guérir du venin, car ils ne le découvrirent même pas. Ils ne surent faire aucun emplâtre pour attirer le poison au dehors ; vainement ils battent et broient leurs racines, cueillent des herbes, composent des breuvages : Tristan ne fait qu'empirer, le venin s'épand par son corps ; il blêmit et ses os commencent à se découvrir.

3340 Il sentit que sa vie se perdait, il comprit qu'il fallait mourir. Alors il voulut revoir Iseut la Blonde. Mais comment aller vers elle ? Il est si faible que la mer le tuerait ; et si même il parvenait en Cornouailles, comment y échapper à ses ennemis ? Il se lamente, le venin l'angoisse, il attend la mort.

3345 Il manda* Kaherdin en secret pour lui découvrir sa douleur, car tous deux s'aimaient d'un loyal amour. Il voulut que personne ne restât dans sa chambre, hormis Kaherdin, et même que nul ne se tînt dans les salles voisines. Iseut, sa femme, s'émerveilla en son cœur de cette étrange volonté. Elle en fut tout effrayée et voulut entendre l'en-
3350 tretien. Elle vint s'appuyer en dehors de la chambre, contre la paroi qui touchait au lit de Tristan. Elle écoute ; un de ses fidèles, pour que nul ne la surprenne, guette au dehors.

Tristan rassemble ses forces, se redresse, s'appuie contre la muraille ; Kaherdin s'assied près de lui, et tous deux pleurent ensemble tendrement.

---

1. Appareiller : apposer des pansements (ancien terme de chirurgie).

3355 Ils pleurent le bon compagnonnage d'armes, si tôt rompu, leur grande amitié et leurs amours ; et l'un se lamente sur l'autre.

« Beau doux ami, dit Tristan, je suis sur une terre étrangère, où je n'ai ni parent, ni ami, vous seul excepté ; vous seul, en cette contrée, m'avez donné joie et consolation. Je perds ma vie, je voudrais revoir
3360 Iseut la Blonde. Mais comment, par quelle ruse lui faire connaître mon besoin ? Ah ! si je savais un messager qui voulût aller vers elle, elle viendrait, tant elle m'aime ! Kaherdin, beau compagnon, par notre amitié, par la noblesse de votre cœur, par notre compagnonnage, je vous en requiers* : tentez pour moi cette aventure, et si vous emportez
3365 mon message, je deviendrai votre homme lige* et vous aimerai par-dessus tous les hommes. »

Kaherdin voit Tristan pleurer, se déconforter*, se plaindre ; son cœur s'amollit de tendresse ; il répond doucement, par amour :

« Beau compagnon, ne pleurez plus, je ferai tout votre désir. Certes,
3370 ami, pour l'amour de vous je me mettrais en aventure de mort. Nulle détresse, nulle angoisse ne m'empêchera de faire selon mon pouvoir. Dites ce que vous voulez mander* à la reine, et je fais mes apprêts. »

Tristan répondit :

« Ami, soyez remercié ! Or, écoutez ma prière. Prenez cet anneau :
3375 c'est une enseigne [1] entre elle et moi. Et quand vous arriverez à sa terre, faites-vous passer à la cour pour un marchand. Présentez-lui des étoffes de soie, faites qu'elle voie cet anneau : aussitôt elle cherchera une ruse pour vous parler en secret. Alors, dites-lui que mon cœur la salue ; que, seule, elle peut me porter réconfort ; dites-lui que, si elle
3380 ne vient pas, je meurs ; dites-lui qu'il lui souvienne de nos plaisirs passés, et des grandes peines, et des grandes tristesses, et des joies, et des douleurs de notre amour loyal et tendre ; qu'il lui souvienne du breuvage que nous bûmes ensemble sur la mer ; ah ! c'est notre mort que nous avons bue ! Qu'il lui souvienne du serment que je lui fis de n'ai-
3385 mer jamais qu'elle : j'ai tenu cette promesse ! »

Derrière la paroi, Iseut aux Blanches Mains entendit ces paroles ; elle défaillit presque.

« Hâtez-vous, compagnon, et revenez bientôt vers moi ; si vous tardez, vous ne me reverrez plus. Prenez un terme de quarante jours et

---

1. Enseigne : indice servant à faire reconnaître quelqu'un.

3390 ramenez Iseut la Blonde. Cachez votre départ à votre sœur, ou dites que vous allez quérir un médecin. Vous emmènerez ma belle nef* ; prenez avec vous deux voiles, l'une blanche, l'autre noire. Si vous ramenez la reine Iseut, dressez au retour la voile blanche ; et, si vous ne la ramenez pas, cinglez* avec la voile noire. Ami, je n'ai plus rien à
3395 vous dire : que Dieu vous guide et vous ramène sain et sauf ! »

Il soupire, pleure et se lamente, et Kaherdin pleure pareillement, baise Tristan et prend congé.

Au premier vent il se mit en mer. Les mariniers halèrent* les ancres, dressèrent la voile, cinglèrent par un vent léger, et leur proue* trancha
3400 les vagues hautes et profondes. Ils emportaient de riches marchandises : des draps de soie teints de couleurs rares, de la belle vaisselle de Tours, des vins de Poitou, des gerfauts* d'Espagne, et par cette ruse Kaherdin pensait parvenir auprès d'Iseut. Huit jours et huit nuits, ils fendirent les vagues et voguèrent à pleines voiles vers la Cornouailles.
3405 Colère de femme est chose redoutable, et que chacun s'en garde ! Là où une femme aura le plus aimé, là aussi elle se vengera le plus cruellement. L'amour des femmes vient vite, et vite vient leur haine ; et leur inimitié, une fois venue, dure plus que l'amitié. Elles savent tempérer l'amour, mais non la haine. Debout contre la paroi, Iseut aux Blanches
3410 Mains avait entendu chaque parole. Elle avait tant aimé Tristan !… Elle connaissait enfin son amour pour une autre. Elle retint les choses entendues : si elle le peut un jour, comme elle se vengera sur ce qu'elle aime le plus au monde ! Pourtant, elle n'en fit nul semblant, et dès qu'on ouvrit les portes, elle entra dans la chambre de Tristan, et,
3415 cachant son courroux*, continua de le servir et de lui faire belle chère, ainsi qu'il sied* à une amante. Elle lui parlait doucement, le baisait sur les lèvres, et lui demandait si Kaherdin reviendrait bientôt avec le médecin qui devait le guérir. Mais toujours elle cherchait sa vengeance.

* * *

Kaherdin ne cessa de naviguer, tant qu'il jeta l'ancre dans le port
3420 de Tintagel. Il prit sur son poing un grand autour*, il prit un drap de couleur rare, une coupe bien ciselée : il en fit présent au roi Marc et lui demanda courtoisement sa sauvegarde et sa paix, afin qu'il pût trafiquer* en sa terre, sans craindre nul dommage de chambellan ni

de vicomte[1]. Et le roi le lui octroya devant tous les hommes de
3425 son palais.

Alors, Kaherdin offrit à la reine un fermail* ouvré* d'or fin :

« Reine, dit-il, l'or en est bon » ; et retirant de son doigt l'anneau de
Tristan, il le mit à côté du joyau : « Voyez, reine, l'or de ce fermail est
plus riche, et pourtant l'or de cet anneau a bien son prix. »

3430   Quand Iseut reconnut l'anneau de jaspe vert, son cœur frémit et sa
couleur mua, et, redoutant ce qu'elle allait ouïr*, elle attira Kaherdin
à l'écart près d'une croisée*, comme pour mieux voir et marchander
le fermail. Kaherdin lui dit simplement :

« Dame, Tristan est blessé d'une épée empoisonnée et va mourir. Il
3435 vous mande* que, seule, vous pouvez lui porter réconfort. Il vous rappelle les grandes peines et les douleurs que vous avez subies ensemble.
Gardez cet anneau, il vous le donne. »

Iseut répondit, défaillante :

« Ami, je vous suivrai. Demain, au matin, que votre nef* soit prête
3440 à l'appareillage ! »

Le lendemain, au matin, la reine dit qu'elle voulait chasser au faucon et fit préparer ses chiens et ses oiseaux. Mais le duc Andret, qui
toujours guettait, l'accompagna. Quand ils furent aux champs, non
loin du rivage de la mer, un faisan s'enleva. Andret laissa aller un fau-
3445 con pour le prendre ; mais le temps était clair et beau : le faucon s'es-
sora et disparut.

« Voyez, sire Andret, dit la reine : le faucon s'est perché là-bas, au
port, sur le mât d'une nef que je ne connaissais pas. À qui est-elle ?

— Dame, dit Andret, c'est la nef de ce marchand de Bretagne qui
3450 hier vous présenta un fermail d'or. Allons-y reprendre notre faucon. »

Kaherdin avait jeté une planche, comme un ponceau, de sa nef au
rivage. Il vint à la rencontre de la reine :

« Dame, s'il vous plaisait, vous entreriez dans ma nef, et je vous
montrerais mes riches marchandises.

3455   — Volontiers, sire », dit la reine.

Elle descend de cheval, va droit à la planche, la traverse, entre dans
la nef. Andret veut la suivre, et s'engage sur la planche : mais

---

1. De chambellan ni de vicomte : nobles au service du roi et détenant du pouvoir
(l'un préposé à la chambre royale ; l'autre, à un commandement militaire).

Kaherdin, debout sur le plat-bord, le frappe de son aviron ; Andret trébuche et tombe dans la mer. Il veut se reprendre ; Kaherdin le
3460 refrappe à coups d'aviron et le rabat sous les eaux, et crie :

« Meurs, traître ! Voici ton salaire pour tout le mal que tu as fait souffrir* à Tristan et à la reine Iseut ! »

Ainsi Dieu vengea les amants des félons* qui les avaient tant haïs ! Tous quatre sont morts : Guenelon, Gondoïne, Denoalen, Andret.
3465 L'ancre était relevée, le mât dressé, la voile tendue. Le vent frais du matin bruissait dans les haubans[1] et gonflait les toiles. Hors du port, vers la haute mer toute blanche et lumineuse au loin sous les rais du soleil, la nef s'élança.

* * *

À Carhaix, Tristan languit*. Il convoite* la venue d'Iseut. Rien ne
3470 le conforte plus, et s'il vit encore, c'est qu'il l'attend. Chaque jour, il envoyait au rivage guetter si la nef revenait, et la couleur de sa voile ; nul autre désir ne lui tenait plus au cœur. Bientôt il se fit porter sur la falaise de Penmarch, et, si longtemps que le soleil se tenait à l'horizon, il regardait au loin la mer.

* * *

3475 Écoutez, seigneurs, une aventure douloureuse, pitoyable à ceux qui aiment. Déjà Iseut approchait ; déjà la falaise de Penmarch surgissait au loin, et la nef cinglait* plus joyeuse. Un vent d'orage grandit tout à coup, frappe droit contre la voile et fait tourner la nef sur elle-même. Les mariniers courent au lof [2], et contre leur gré virent en
3480 arrière. Le vent fait rage, les vagues profondes s'émeuvent, l'air s'épaissit en ténèbres, la mer noircit, la pluie s'abat en rafales. Haubans et boulines[3] se rompent, les mariniers baissent la voile et louvoient[4] au gré de l'onde et du vent. Ils avaient, pour leur malheur, oublié de hisser à bord la barque amarrée à la poupe* et qui suivait le
3485 sillage de la nef. Une vague la brise et l'emporte.

---

1. Haubans : cordages servant à maintenir et à consolider un mât.
2. Lof : côté du navire frappé par le vent.
3. Boulines : cordages servant à tenir une voile de biais.
4. Louvoient : naviguent en zigzag pour utiliser un vent contraire (du verbe « louvoyer »).

« Amie belle, vous êtes sûre que c'est sa nef ?
Or, dites-moi comment est la voile.
— [...] Sachez qu'elle est toute noire. »

Lignes 3527, 3528 et 3530.

MINIATURE D'UN MANUSCRIT DU XVe SIÈCLE.

BIBLIOTHÈQUE NATIONALE, PARIS.

Iseut s'écrie :

« Hélas ! chétive ! Dieu ne veut pas que je vive assez pour voir Tristan, mon ami, une fois encore, une fois seulement ; il veut que je sois noyée en cette mer. Tristan, si je vous avais parlé une fois encore, 3490 je me soucierais peu de mourir après. Ami, si je ne viens pas jusqu'à vous, c'est que Dieu ne le veut pas, et c'est ma pire douleur. Ma mort ne m'est rien : puisque Dieu la veut, je l'accepte ; mais, ami, quand vous l'apprendrez, vous mourrez, je le sais bien. Notre amour est de telle guise que vous ne pouvez mourir sans moi, ni moi sans vous. Je 3495 vois votre mort devant moi en même temps que la mienne. Hélas ! ami, j'ai failli à mon désir : il était de mourir dans vos bras, d'être ensevelie dans votre cercueil ; mais nous y avons failli. Je vais mourir seule, et, sans vous, disparaître dans la mer. Peut-être vous ne saurez pas ma mort, vous vivrez encore, attendant toujours que je vienne. Si 3500 Dieu le veut, vous guérirez même… Ah ! peut-être après moi vous aimerez une autre femme, vous aimerez Iseut aux Blanches Mains ! Je ne sais ce qui sera de vous : pour moi, ami, si je vous savais mort, je ne vivrais guère après. Que Dieu nous accorde, ami, ou que je vous guérisse, ou que nous mourions tous deux d'une même angoisse ! »

3505 Ainsi gémit la reine, tant que dura la tourmente. Mais, après cinq jours, l'orage s'apaisa. Au plus haut du mât, Kaherdin hissa joyeusement la voile blanche, afin que Tristan reconnût de plus loin sa couleur. Déjà Kaherdin voit la Bretagne… Hélas ! presque aussitôt le calme suivit la tempête, la mer devint douce et toute plate, le vent 3510 cessa de gonfler la voile, et les mariniers louvoyèrent vainement en amont et en aval, en avant et en arrière. Au loin, ils apercevaient la côte, mais la tempête avait emporté leur barque, en sorte qu'ils ne pouvaient atterrir. À la troisième nuit, Iseut songea qu'elle tenait en son giron la tête d'un grand sanglier qui honnissait [1] sa robe de sang, 3515 et connut par là qu'elle ne reverrait plus son ami vivant.

Tristan était trop faible désormais pour veiller encore sur la falaise de Penmarch, et depuis de longs jours, enfermé loin du rivage, il pleurait pour Iseut qui ne venait pas. Dolent* et las, il se plaint, soupire, s'agite ; peu s'en faut qu'il ne meure de son désir.

3520 Enfin, le vent fraîchit et la voile blanche apparut. Alors, Iseut aux Blanches Mains se vengea.

---

1. Honnissait : vomissait (dans le sens physique de « honnir »).

[…] corps contre corps, bouche contre bouche, [Iseut] rend ainsi son âme ; elle mourut auprès de lui pour la douleur de son ami.

Lignes 3557 à 3559.

TRISTAN EN PROSE, MINIATURE D'UN MANUSCRIT DU XVe SIÈCLE.

MUSÉE CONDÉ, CHANTILLY.

Elle vint vers le lit de Tristan et dit :

« Ami, Kaherdin arrive. J'ai vu sa nef* en mer ; elle avance à grand'peine ; pourtant je l'ai reconnue ; puisse-t-il apporter ce qui doit
3525 vous guérir ! »

Tristan tressaille :

« Amie belle, vous êtes sûre que c'est sa nef ? Or, dites-moi comment est la voile.

— Je l'ai bien vue, ils l'ont ouverte et dressée très haut, car ils ont
3530 peu de vent. Sachez qu'elle est toute noire. »

Tristan se tourna vers la muraille et dit :

« Je ne puis retenir ma vie plus longtemps. » Il dit trois fois : « Iseut, amie ! » À la quatrième, il rendit l'âme.

Alors, par la maison, pleurèrent les chevaliers, les compagnons de
3535 Tristan. Ils l'ôtèrent de son lit, l'étendirent sur un riche tapis et recouvrirent son corps d'un linceul.

* * *

Sur la mer, le vent s'était levé et frappait la voile en plein milieu. Il poussa la nef jusqu'à terre. Iseut la Blonde débarqua. Elle entendit de grandes plaintes par les rues, et les cloches sonner aux moutiers*, aux
3540 chapelles. Elle demanda aux gens du pays pourquoi ces glas [1], pourquoi ces pleurs.

Un vieillard lui dit :

« Dame, nous avons une grande douleur. Tristan le franc, le preux*, est mort. Il était large aux besogneux, secourable aux souffrants. C'est
3545 le pire désastre qui soit jamais tombé sur ce pays. »

Iseut l'entend, elle ne peut dire une parole. Elle monte vers le palais. Elle suit la rue, sa guimpe* déliée. Les Bretons s'émerveillaient à la regarder ; jamais ils n'avaient vu femme d'une telle beauté. Qui est-elle ? D'où vient-elle ?

3550 Auprès de Tristan, Iseut aux Blanches Mains, affolée par le mal qu'elle avait causé, poussait de grands cris sur le cadavre. L'autre Iseut entra et lui dit :

« Dame, relevez-vous, et laissez-moi approcher. J'ai plus de droits à le pleurer que vous, croyez-m'en. Je l'ai plus aimé. »

---

1. Glas : tintements lents d'une cloche d'église annonçant une mort.

TRISTAN ET ISEUT FONT VOILE VERS LA CORNOUAILLES.
MINIATURE D'UN MANUSCRIT DU XVe SIÈCLE.

OSTERREICHISCHE NATIONALBIBLIOTHEK, VIENNE.

3555 Elle se tourna vers l'orient[1] et pria Dieu. Puis elle découvrit un peu le corps, s'étendit près de lui, tout le long de son ami, lui baisa la bouche et la face, et le serra étroitement : corps contre corps, bouche contre bouche, elle rend ainsi son âme ; elle mourut auprès de lui pour la douleur de son ami.

* * *

3560 Quand le roi Marc apprit la mort des amants, il franchit la mer et, venu en Bretagne, fit ouvrer* deux cercueils, l'un de calcédoine[2] pour Iseut, l'autre de béryl* pour Tristan. Il emporta sur sa nef* vers Tintagel leurs corps aimés. Auprès d'une chapelle, à gauche et à droite de l'abside*, il les ensevelit en deux tombeaux. Mais, pendant la nuit,
3565 de la tombe de Tristan jaillit une ronce verte et feuillue, aux forts rameaux, aux fleurs odorantes, qui, s'élevant par-dessus la chapelle, s'enfonça dans la tombe d'Iseut. Les gens du pays coupèrent la ronce : au lendemain elle renaît, aussi verte, aussi fleurie, aussi vivace, et plonge encore au lit d'Iseut la Blonde. Par trois fois ils voulurent la
3570 détruire ; vainement. Enfin, ils rapportèrent la merveille* au roi Marc : le roi défendit de couper la ronce désormais.

* * *

Seigneurs, les bons trouvères[3] d'antan, Béroul et Thomas, et monseigneur Eilhart et maître Gottfried, ont conté ce conte pour tout ceux qui aiment, non pour les autres. Ils vous mandent* par moi leur
3575 salut. Ils saluent ceux qui sont pensifs et ceux qui sont heureux, les mécontents et les désireux, ceux qui sont joyeux et ceux qui sont troublés, tous les amants. Puissent-ils trouver ici consolation contre l'inconstance, contre l'injustice, contre le dépit, contre la peine, contre tous les maux d'amour !

---

1. Vers l'orient : en direction de Jérusalem, terre du Christ.
2. Calcédoine : pierre semi-précieuse d'un blanc laiteux ou de couleurs variées (agate, jaspe, onyx).
3. Trouvères : « trouvère » et « troubadour » sont des noms qui désignent les poètes-compositeurs et conteurs du Moyen Âge, le premier en langue d'oïl (l'ancien français), qui se parlait dans le nord de la France, le deuxième en langue d'oc (l'occitan ou le provençal), en usage dans le sud de la France. La racine latine des deux mots, *tropare*, signifierait « composer un air, un poème », ou plus simplement « inventer ».

LE ROI D'IRLANDE REMET ISEUT À TRISTAN.
TRISTAN EN PROSE, MINIATURE D'UN MANUSCRIT DU XVe SIÈCLE.

MUSÉE CONDÉ, CHANTILLY.

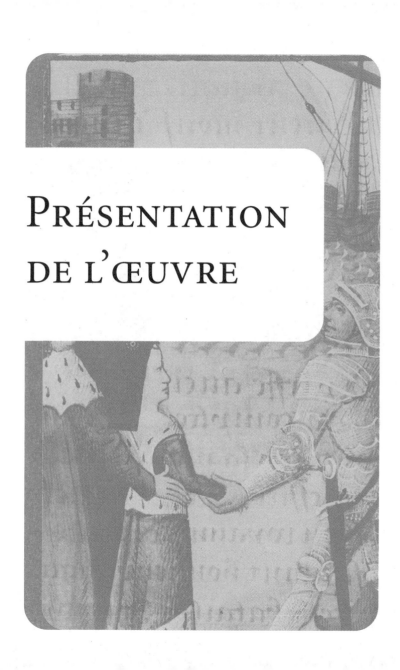

PRÉSENTATION DE L'ŒUVRE

ISEUT CHANTE UN LAI DEVANT MARC.
TRISTAN EN PROSE, MINIATURE D'UN MANUSCRIT DU XVe SIÈCLE.

BIBLIOTHÈQUE NATIONALE, PARIS.

INTRODUCTION

Sans doute ne devrions-nous pas lire *Tristan et Iseut* comme une retranscription fidèle de la société médiévale ; loin de représenter, à la manière du réalisme littéraire auquel le lecteur est plus accoutumé, ce « miroir que l'on promène le long des routes »[1], ce roman s'inscrit dans la veine des « Contes et Légendes » où l'intrigue de fiction, s'inspirant parfois de données historiques, se nourrit d'aventures héroïques et fabuleuses, telles des luttes contre d'horribles géants et dragons, et évolue grâce à des interventions miraculeuses et magiques. Histoire et Merveilleux s'entrelacent et prédominent tant dans la littérature « courtoise »[2], qui traite du chevalier combattant pour l'amour de sa « dame » et à laquelle *Tristan et Iseut* appartiendrait, que dans la littérature « épique », qui relate dans les « chansons de geste » les fabuleux exploits guerriers des chevaliers croisés.

C'est au médiéviste Joseph Bédier (1864-1938) que l'on doit la première réadaptation et traduction en français moderne de la légende la plus diffusée au Moyen Âge, que quelques siècles avaient laissée sombrer dans l'oubli, offrant ainsi la possibilité à un large public contemporain de goûter enfin à ce premier grand chef-d'œuvre de la littérature française. Joseph Bédier n'est pas, à l'instar d'Anne Hébert pour *Kamouraska* ou de Léon Tolstoï pour *Anna Karénine*, l'auteur à proprement parler de *Tristan et Iseut* : il a reconstruit, à partir de nombreux fragments de manuscrits, vestiges de longs poèmes des trouvères du XIIe siècle, tels le « roman dit commun » de Béroul et le « roman dit courtois » de Thomas, le récit d'une légende célèbre dont les origines absolument exactes demeurent encore objet de conjecture.

Lors de la parution de l'ouvrage de Bédier en 1900, le médiéviste Albert Pauphilet affirme : « Cette incomparable légende a connu de nos jours l'une des résurrections les plus réussies de notre littérature […] C'est un conte exquis, mais tel que le Moyen Âge ne l'a jamais connu. »

---

1. Formule empruntée à Stendhal (1783-1842) qui définit ainsi le roman réaliste.
2. À la manière de l'*Iliade* et l'*Odyssée* d'Homère, IXe siècle avant notre ère.

Très longue période couvrant dix siècles[1], le « Moyen Âge » est une appellation employée au XVIIe siècle pour définir cette vaste époque, perçue alors comme obscurantiste, voire barbare, qui sépare deux « Âges d'Or » de la pensée et de la civilisation, l'Antiquité et la Renaissance du XVIe siècle. Si la légende est tombée dans l'oubli, comme la plupart des écrits du Moyen Âge, c'est précisément parce que cette époque historique et littéraire a longtemps subi le mépris des penseurs, auteurs, philosophes et lettrés de la Renaissance, du Classicisme et du Siècle des Lumières. Il a fallu les travaux de savants, historiens et philologues, surtout l'engouement des grands romantiques du XIXe siècle, tels François-René de Chateaubriand (*Génie du christianisme*, 1802), Victor Hugo (*Notre-Dame de Paris*, 1831), ou l'Anglais Walter Scott[2] (*Ivanhoé*, 1819, mettant en scène Richard Cœur de Lion et Robin des Bois) pour redécouvrir et réhabiliter la littérature médiévale. Et Joseph Bédier s'inscrit comme le digne héritier de cette vogue.

---

1. Depuis la chute de l'Empire romain d'Occident en 476 (Ve siècle) jusqu'à la prise de Constantinople par les Turcs, en 1453 (XVe siècle), qui détermine l'effondrement de l'Empire romain d'Orient (ou Empire byzantin).

2. C'est Walter Scott qui a initié le mouvement de réédition des manuscrits de toutes les versions médiévales de *Tristan et Iseut*.

QUELQUES NOTIONS FONDAMENTALES SUR LE MOYEN ÂGE

Le contexte sociohistorique

Le Moyen Âge se compose de trois grandes époques : le Haut Moyen Âge, du Vᵉ au Xᵉ siècle, l'Âge féodal, du XIᵉ au XIIIᵉ siècle et le Bas Moyen Âge, aux XIVᵉ et XVᵉ siècles. Au cours du Haut Moyen Âge, l'Europe occidentale morcelée subit de nombreuses invasions de tribus barbares et païennes (Huns, Goths, Wisigoths, Angles, Saxons, Francs, etc.). Descendant de Clovis (466-511), le premier à s'être converti au christianisme, Charlemagne (742-814), chef des Francs, réussit en partie à unifier les nombreux petits royaumes de la Gaule. Après sa mort, l'incapacité de ses successeurs à maintenir l'Empire, de nouveau envahi, cette fois par les Normands (ou Vikings) et les Arabes, renforce l'institution déjà présente du système féodal de morcellement, qui atteint son apogée au cours de la deuxième grande période, l'Âge féodal, pour décliner considérablement durant le Bas Moyen Âge.

LA FÉODALITÉ

« La féodalité représente l'ordre social, politique et économique du Moyen Âge, fondé sur la hiérarchie des hommes et des terres, la domination de la noblesse guerrière et la division de l'autorité publique. »[1]

La noblesse

Dans le système féodal, le roi, ou « suzerain » (signifiant « souverain »), partage son territoire en portions, ou « fiefs » (en latin *feodalis*), qu'il attribue à des « vassaux »[2], des nobles aux titres de comtes, de ducs ou de marquis ; ces derniers peuvent aussi subdiviser leur fief et en confier chaque partie à un autre noble, un baron, qui devient par là vassal de son seigneur (ou suzerain). L'octroi du fief se fait lors

---

1. *Tristan et Yseut,* Paris, Gallimard, coll. La Pléiade, 1995, p. 1635.
2. En ancien français, le vassal désigne l'homme libre qui jure fidélité à un seigneur et se place sous sa protection. Le terme d'origine celtique signifie « serviteur » ou « suivant d'armes ».

CHARLEMAGNE DANS LA BATAILLE.

BIBLIOTHÈQUE NATIONALE, PARIS.

d'une cérémonie au cours de laquelle le vassal prête serment de fidélité : « Foi et hommage ». Un vassal peut avoir plusieurs fiefs, donc être sous la dépendance de plusieurs suzerains ; dans ce cas, le serment d'« hommage lige » est juré au seigneur à qui il doit fidélité en priorité. Le lien de vassalité repose sur une dépendance et des devoirs réciproques. En échange de la terre donnée par le seigneur, celui-ci est en droit d'exiger du vassal trois types de « services » : une aide militaire, à savoir la défense de son château et de ses terres en cas de conflit avec un autre seigneur, ou la garde de sa personne lors de ses déplacements ; une aide financière, s'il entreprend un pèlerinage ou une croisade à Jérusalem, fort coûteuse, ou pour les festivités de mariage de sa fille et d'investiture de son fils en chevalier ; enfin, le service du conseil lorsque, réunis en assemblée autour de leur suzerain, les vassaux l'aident à prendre toutes décisions, politiques ou juridiques, qui concernent le royaume[1].

Le peuple

Hormis l'aristocratie, pour qui la possession du fief devient rapidement héréditaire, le peuple, généralement pauvre se compose d'artisans et de marchands qui, habitant de petites villes ou bourgs, formeront peu à peu la classe des « bourgeois » ; les paysans ou « vilains » et les serfs se situent au plus bas de l'échelle sociale. Ces derniers sont de condition encore inférieure à la paysannerie car, non libres, ils doivent donner la majeure partie du revenu du lopin de terre exploité au seigneur, ou bien le servent comme domestiques.

L'ÉGLISE

De bas en haut, le trait unificateur de toute la société médiévale, frappée régulièrement d'épidémies dévastatrices au cours desquelles la mort partout présente alimente des peurs superstitieuses, obsédée par l'idée de l'enfer, est l'adhésion la plus fidèle et la plus fervente au

---

1. Les royaumes, en ce temps-là, ne correspondaient pas nécessairement à ce que l'on connaît actuellement des pays tracés selon les frontières modernes des États-nations ; le pays de Galles ou la Cornouailles, par exemple, qui sont de simples régions du sud-ouest de la Grande-Bretagne, sur laquelle règne aujourd'hui Elizabeth II, constituaient de petits royaumes.

SAINT GEORGES TUANT LE DRAGON.
DÉTAIL D'UN TABLEAU DE PAOLO UCELLO (1397-1475).

MUSÉE JACQUEMART-ANDRÉ, PARIS.

dogme chrétien, à la pratique religieuse, au culte des saints. Dans un monde généralement analphabète, où pratiquement seuls les ecclésiastiques sont lettrés, l'Église, qui détient le pouvoir du savoir, conditionne la vision du monde et le comportement des individus : l'idée du « péché », la crainte du diable, tentateur et corrupteur, conduisent le chrétien, inquiet pour le salut de son âme, à chercher le secours « miraculeux » des saints, des anges, de Dieu, et à emprunter les voies jugées les plus propices à le « purifier ». En conséquence, le « Merveilleux », le miraculeux qui provient de la bonté divine à laquelle on accède par l'intervention des saints, et son contrepoint terrifiant, la sorcellerie, font tout naturellement partie des mentalités et de la vie quotidienne ; à ce merveilleux christianisé se mêlent aussi de nombreuses croyances magiques, féériques, reliquats d'anciennes traditions païennes des peuples et des tribus fondateurs de cette société médiévale européenne.

Les croisades

Tenaillés par la peur de l'enfer, « beaucoup de chrétiens quittent le monde social pour la solitude, d'autres se dépouillent de toute leur fortune acquise avec tant de peine ou de cupidité. Le sentiment qui pousse par milliers ou par centaines de milliers les Occidentaux sur les chemins de pèlerinages locaux (reliques de saints) ou internationaux (Rome, Constantinople, Saint-Jacques-de-Compostelle), puis à la croisade révèle ainsi une forte inquiétude, bien que mêlée déjà d'un grand espoir : pèlerins ou croisés ont généralement cru obtenir la rémission de leurs péchés et l'assurance du salut[1] en accomplissant ce voyage surhumain, en se dirigeant vers une Jérusalem céleste qu'on leur avait si souvent dépeinte »[2]. L'Église organise ainsi le voyage purificateur entre tous : la croisade. Entre 1096 et 1291, huit expéditions militaires ont rassemblé des milliers de pèlerins, princes et rois, nobles et chevaliers qui parcouraient au nom de Dieu et de l'Église

---

1. Leur âme bénéficiera du pardon divin, sera sauvée au-delà de la mort et goûtera aux joies du Paradis.
2. Robert Delort, *La vie au Moyen Âge*, Paris, Éditions du Seuil, coll. Points et Histoire, 1982, p. 94 et 95.

LA PRISE DE CONSTANTINOPLE PAR LES CROISÉS.
MINIATURE D'UN MANUSCRIT DU XVe SIÈCLE.

routes et mers pour « délivrer » la Terre sainte, surtout le tombeau du Christ à Jérusalem, des mains des « impies » musulmans. Entreprises d'abord dans cet esprit d'exaltation religieuse, les croisades répondront assez vite à une soif de conquêtes matérielles ; outre les richesses et butins de pillages rapportés, nous savons trop aujourd'hui que d'horreurs et d'exactions se commettent au nom de Dieu et de la foi, toutes religions confondues !

La chevalerie

Les expéditions guerrières que les seigneurs féodaux avaient menées en Espagne pour combattre les « Sarrazins » ou les « Maures »[1] ainsi que les premières croisades ont entériné la puissance de la classe aristocratique et surtout consacré la chevalerie comme un idéal de bravoure, de gloire et de noblesse.

« Le *chevalier* est un homme qui, après avoir été adoubé, possède un cheval et des armes pour mener à bien le combat de cavalerie[2] », au nom du seigneur auquel il offrira ses services. Le postulant au statut de chevalier doit procéder à un bain purificateur, passer la nuit en prières pour recevoir, au matin après la messe, la bénédiction du prêtre, avant d'obtenir des mains d'un chevalier plus ancien, du roi lui-même parfois, lors de la cérémonie de l'*adoubement,* son cheval, ses armes, épée et bouclier, le baiser et le coup sur l'épaule rituels, enfin tous les conseils d'éthique qui lui permettent d'accéder à cet ordre social quasi sacré. En effet, un chevalier digne de son titre n'est pas seulement un guerrier accompli, il est investi de valeurs d'une très haute élévation morale ; il se doit de « cultiver la modestie, protéger les humbles, rester fier devant les puissants, respecter les femmes, faire preuve de générosité et de loyauté. »[3]

---

1. Les Arabes avaient conquis au VIIIᵉ siècle et occupé jusqu'à la fin du XVᵉ siècle la majeure partie de l'Espagne — le Califat puis l'Émirat de Cordoue — et islamisé la plupart des pays méditerranéens.
2. *Tristan et Yseut,* Paris, Éditions Gallimard, coll. La Pléiade, p. 1608.
3. *Tristan et Yseut,* Paris, Éditions Gallimard, coll. La Pléiade, p. 1624.

La mort de Roland.
Anonyme.

Le contexte littéraire

Qu'il combatte pour son seigneur, son Dieu, plus tard sa « dame » ou pour la quête du Saint-Graal, le « preux chevalier » est au cœur des récits épiques ou lyriques qui ont composé les grandes veines de la littérature du Moyen Âge. Dès le XIe siècle naît la première grande forme littéraire du Moyen Âge : l'*épopée*. Inspirée des *chevaliers croisés*, l'épopée relate en les amplifiant les aventures guerrières de ces héros, et se traduit dans les *chansons de geste* (la geste signifiant « l'exploit d'un héros »), dont la plus ancienne et la plus célèbre est *La Chanson de Roland*. La veine épique courra jusqu'au XIIIe siècle. Ces longs poèmes, composés souvent par des poètes anonymes (ou « trouvères »), sont déclamés ou psalmodiés sur les places publiques des bourgs ou dans les châteaux par des *jongleurs*, musiciens et saltimbanques ambulants ; vers le XIIIe siècle, certains de ces jongleurs, s'attachant à la cour d'un seigneur féodal, prendront le nom plus respecté de *ménestrels*.

Parallèlement, au milieu du XIIe siècle, inscrite dans des structures sociales parfaitement consolidées, et répondant aux nouveaux intérêts propres à l'aristocratie, la littérature *courtoise* supplantera, dans les cours royales et seigneuriales, la littérature épique plus rude et brutale. Jouissant d'un climat de relative paix, les seigneurs et leurs épouses développent dans leurs châteaux une vie mondaine, axée sur le raffinement, l'élégance et la délicatesse, où la noble dame occupe la place centrale : et c'est pour plaire à cette élite de *cour* que les poètes composeront des *poésies lyriques* (de « lyre »), destinées à être chantées, et des *romans courtois*, récits destinés à la lecture, centrés sur l'amour exalté et douloureux car impossible.

Il faut noter que le *roman*, tel qu'il est dénommé dans la littérature médiévale, ne correspond pas au genre littéraire, œuvre narrative en prose, auquel le lecteur est habitué. On appelait « roman » tout écrit, de quelque teneur qu'il fût, rédigé en *langue romane*. Dérivé du latin vulgaire ou populaire [1], en usage dans la Gaule occupée par les Romains, et ayant subi l'influence de dialectes germaniques (les Francs,

---

1. *Vulgus* signifie « peuple » en latin.

entre autres, était une tribu germaine), le *roman* se parlait du ve au
vIII^e siècle, puis s'est ramifié en *langue d'oïl*, dans les régions du Nord
de la France, et en *langue d'oc* pour le Sud (*oïl* et *oc* voulant dire respec-
tivement « oui »). Alors que la langue d'oc (ou occitan) se développera
en cette langue autonome qu'est le provençal, la langue d'oïl (ancien
français) évoluera en moyen français (du xive au xvie siècle) et deviendra le français moderne à partir du xviie siècle.

LA COURTOISIE

Dès le milieu du xie siècle, c'est en France d'oc, environ la moitié
sud du pays, qu'une transformation radicale s'opère dans la société
des nobles et la distingue de la plus rustre France d'oïl. Empruntés
aux splendeurs byzantines[1] révélées par les croisades et au luxueux
raffinement de l'Espagne arabe, le faste, l'élégance, la politesse et l'art
définissent le nouveau style de vie qui règne dans les cours et qui
modèle, nourri d'une influence cathare[2], le nouvel « esprit courtois ».

C'est par la voie et la voix des troubadours, ces poètes du Sud qui
racontent de château en château leurs joies et leurs peines d'amour,
que le thème courtois — l'amour du chevalier pour une dame, épouse
de son seigneur — et l'*idéal courtois* se propagent vers le Nord où, dès
la deuxième moitié du xiie siècle, l'on voit fleurir des foyers de courtoisie ; l'un des plus célèbres, pour avoir accueilli et encouragé de
nombreux poètes, est la cour d'Aliénor d'Aquitaine[3].

Bien que conséquent d'un nouveau mode de vie et répondant à de
nouvelles aspirations, l'univers courtois, tel que traduit dans la littérature courtoise, reflète moins la stricte réalité qu'il ne s'apparente à
un idéal qui enchante l'imaginaire, et qui est la construction poétique
des *troubadours* et des *trouvères*[4] du Moyen Âge.

---

1. Byzance, ancien nom de Constantinople, aujourd'hui Istambul.
2. Les Cathares sont une secte dissidente de l'Église catholique, habitant la Provence médiévale,
   qui aurait largement coloré de ses propres croyances la courtoisie.
3. Petite-fille du premier grand seigneur-troubadour, Guillaume IX de Poitier, duc d'Aquitaine,
   Aliénor d'Aquitaine épouse en secondes noces (1152) le futur roi d'Angleterre, Henri II
   Plantagenêt.
4. Tous deux signifient étymologiquement « trouver, inventer » : le premier, en langue d'oc ;
   le second, en langue d'oïl.

L'amour courtois

Dans un monde où le mariage, consacré par l'Église et indissoluble, se contracte dans des visées matérielles de rapprochement de familles nobles — accroissement de pouvoir par l'acquisition en dot de territoires — où les corps seuls s'unissent, l'amour, absent de cette institution, devient un idéal de quête extra-conjugale. Le jeune chevalier, héros privilégié, combat dès lors, non plus pour un seigneur ou le Christ, mais par amour et pour l'amour de sa dame : l'élue se distingue grâce à ses qualités de beauté, de sagesse et de délicatesse. Pour mériter le cœur de la noble dame, toujours mariée à un seigneur, il tentera de se surpasser, dans ses tournois, dans ses comportements, et ce, jusqu'à la perfection. Vassal sentimental de sa suzeraine, le chevalier courtois, vaillant, élégant, raffiné, loyal, fidèle, discret, assez instruit pour lire, écrire et composer des poèmes qu'il accompagne à la harpe, s'emploie au « service d'amour » et se soumet aux règles du « code de l'amour courtois », soit aux épreuves que la dame, altière et longtemps inaccessible, lui impose. De plus, l'amant (celui qui aime) doit « savoir aimer » : souffrir en silence, faire preuve de la plus totale discrétion pour sauvegarder la réputation de l'aimée, de la plus grande subtilité et ingéniosité dans l'expression de sa passion, aller même jusqu'à s'humilier en signe d'adoration. Et seulement alors sera-t-il récompensé.

La *fin'amor* ou la *cortezia*, qui exalte l'amour hors du mariage et paraîtrait ainsi favoriser l'adultère n'y conduit qu'exceptionnellement : le sentiment qui relie les « amants courtois », fondé sur l'estime et l'admiration réciproques, se traduit plus souvent dans la retenue de l'amour platonique.

La femme adulée

Dans cet idéal courtois, la femme détient pour la première fois une place et un pouvoir prépondérants[1]. Elle concourt à une amélioration de la vie sociale : vénérée par son chevalier, érigée sur un piédestal, la dame incite l'amant, par ses exigences de vertus et de raffinement,

---

1. Le culte systématique de la Dame par excellence, la Vierge Marie, et l'inclusion de la pièce de la reine dans le jeu d'échecs datent précisément de cette époque.

DEUX AMOUREUX CONVERSENT DANS LE JARDIN D'UN MANOIR.

MINIATURE DE LA BIBLIOTHÈQUE DE L'ARSENAL.

à une conduite plus moralement noble, à une insertion harmonieuse et bienfaitrice au monde. Car la dame courtoise se doit de produire un effet civilisateur sur « l'ami ».

Cet esprit courtois, des cours aristocratiques et surtout de la littérature, a cependant gagné la majeure partie de la société médiévale : au courant du XIIIᵉ siècle, les bourgeois commencent à adopter des comportements, dits courtois, de bonnes manières, de politesse et d'élégance vestimentaire, pour ainsi se démarquer davantage du *vulgus*.

Les plus grands auteurs de poésie et de romans courtois

MARIE DE FRANCE (1154-1189) a composé une douzaine de *lais* (nouvelles en vers) où l'amour tendre et dévoué suscite la mélancolie et pousse au sacrifice ; le *Lai du chèvrefeuille* s'inspire d'un épisode de la légende de *Tristan et Iseut*.

CHRÉTIEN DE TROYES (1135-vers 1190), longtemps le protégé de la cour de Marie, fille d'Aliénor d'Aquitaine et comtesse de Champagne, aurait rédigé aussi une version courtoise de notre légende, dont il n'est resté aucun manuscrit ; il présente dans certains romans une vision un peu ironique de l'idéologie courtoise, même une forme d'anti-Tristan avec *Cligès*. La plupart de ses œuvres courtoises s'inspirent surtout de la légende du roi Arthur et des Chevaliers de la Table Ronde, *Lancelot ou le Chevalier à la charrette*, *Yvain ou le Chevalier au lion*, enfin *Perceval ou le Conte du Graal*.

Comme la plupart des grands poètes du Moyen Âge, Marie de France et Chrétien de Troyes ont traité, à leur manière, la légende des amants éternels ; car troubadours et trouvères, jongleurs et ménestrels, tous devaient compter dans leur répertoire le récit des amours tragiques du chevalier Tristan et de la reine Iseut.

LES ORIGINES ET LA DESTINÉE DE L'ŒUVRE

Les auteurs

Rares sont les œuvres auxquelles on puisse attribuer de nombreux auteurs ; c'est pourtant le cas ici, puisque « le plus récent des poèmes que l'admirable légende de Tristan et Iseut a fait naître »[1], version en prose moderne parue en 1900, que nous propose de lire Joseph Bédier, provient d'un long travail de pionnier et d'archéologue littéraire : fouiller, reconstituer, traduire les manuscrits épars et tronqués des multiples interprétations de la légende par des poètes répertoriés ou totalement anonymes.

« M. Joseph Bédier est le digne continuateur des vieux trouveurs [trouvères] qui ont essayé de transvaser dans le cristal léger de notre langue l'enivrant breuvage où les amants de Cornouailles goûtèrent jadis l'amour et la mort [...] S'il nous était parvenu de la légende une rédaction française complète, M. Bédier [...] se serait borné à en donner une traduction fidèle. [...] [Mais] des romans de Tristan dont nous connaissons l'existence, et qui tous devaient être de grande étendue, ceux de Chrestien de Troyes et de La Chèvre ont péri tout entiers ; de celui de Béroul[2], il nous reste environ trois mille vers ; autant de celui de Thomas[3] ; d'un autre, anonyme, quinze cents vers. Puis ce sont des traductions étrangères[4]. [...] Il y avait deux partis à prendre : s'attacher à Thomas ou s'attacher à Béroul. »[5]

---

1. Préface de Gaston Paris au Roman de *Tristan et Iseut* publié en 1900 ; réed. Paris, coll. 10-18, 1981, p. 7.
2. Version dite « commune », dont les dates de composition demeurent incertaines, avant ou après Thomas ? 1165 ? 1183 ? 1190 ? Les médiévistes ne s'accordent pas.
3. Version adoucie à la mode « courtoise », composée à la cour d'Henri II Plantagenêt, roi d'Angleterre, vers 1170-1173.
4. Interprétations en vieil allemand, en moyen anglais, en vieil islandais, en tchèque, en italien... et de courts récits d'un épisode en ancien français, tels le *Lai du chèvrefeuille* de Marie de France ou les anonymes *La Folie Tristan* des manuscrits d'Oxford et de Berne.
5. Préface de Gaston Paris, *op. cit.*, p. 7 et 8.

La traduction et l'adaptation des fragments du roman de Béroul (récit poétique en vers octosyllabiques), que Joseph Bédier considérait comme le plus ancien, donc sans doute le plus authentiquement imprégné des sources légendaires originales qui coulaient oralement depuis le Haut Moyen Âge, a occupé le centre du roman moderne ; certains considèrent d'ailleurs que cette version « commune », à la différence de celle plus délicate de Thomas, a conservé les traits « barbares » typiques des anciens Celtes. En s'inspirant des multiples variantes conservées en manuscrits, Bédier,

> « [...] pénétré de l'esprit du vieux conteur, [...] a refait à ce tronc une tête et des membres, non pas par juxtaposition mécanique, mais par une sorte de régénération organique.
>
> C'est donc un poème français du milieu du douzième siècle, mais composé à la fin du dix-neuvième, que contient le livre de M. Bédier. »[1]

Aussi devons-nous rechercher les réseaux d'inspiration culturelle, érudite ou populaire, et certainement antérieures à l'époque courtoise, qui ont convergé vers la mise en forme accomplie de la légendaire histoire des deux amants.

Les grandes influences

Outre l'apport déterminant de la France provençale dans la conception de l'esprit courtois et dans le rayonnement de la courtoisie, avec le raffinement emprunté aux cours orientales et la mentalité teintée des idées hérétiques des Cathares[2], c'est fondamentalement à deux sources originelles que s'abreuve le courant tristanien.

LES MYTHOLOGIES ANTIQUES

Au plus près, à l'époque de Béroul au XIIe siècle, on assiste à une renaissance des lettres latines, héritage de la longue occupation

---

1. Préface de Gaston Paris, *op. cit.*, p. 9 et 10.
2. Les Cathares s'élevaient contre les contraintes écrasantes de l'Église catholique, et Denis de Rougemont, dans son essai *L'Amour et l'Occident,* leur attribue la part la plus décisive.

THÉSÉE TUANT LE MINOTAURE DANS LE LABYRINTHE.
EDMUND DULAC, ILLUSTRATION POUR *TANGLEWOOD TALES*,
HODDER AND STOUGHTON, 1918.

romaine : les clercs, seuls instruits, copient[1], étudient les grandes œuvres des auteurs antiques, particulièrement Virgile et Ovide (qui avait longuement traité *l'Art d'aimer*), puis les traduisent en français et surtout les adaptent pour l'élite de cour. Ces « romans antiques » — le *Roman d'Alexandre*, rimé en vers de douze pieds, d'où « l'alexandrin », le *Roman de Thèbes* (racontant les malheurs d'Œdipe et de ses descendants), *l'Énéas* (reprenant *l'Énéide* de Virgile, les souvenirs et les considérations sur l'amour d'Ovide), le *Roman de Troie*—remettent au goût du jour les mythologies grecque et latine, même s'ils travestissent les héros antiques en seigneurs et en chevaliers médiévaux.

Certains épisodes marquent plus volontiers les imaginations et seront tout naturellement intégrés dans les aventures héroïques de Tristan, tels *le combat de Jason qui tue le dragon*, gardien de la Toison d'or qu'il doit rapporter pour récupérer le royaume de Thessalie usurpé à son père, et surtout *la victoire de Thésée sur le Minotaure*, puis *l'incident de la voile noire*, dont nous retrouverons les calques dans notre roman.

Mi-homme, mi-taureau, le Minotaure, confiné dans le labyrinthe que Minos, roi de Crète, avait fait construire par Dédale pour protéger son peuple de la terrible violence du monstre, *exigeait un tribut de sept jeunes gens et sept jeunes filles que le roi faisait venir régulièrement d'Athènes*, où régnait Égée, le père humain de Thésée (*à qui l'on prêtait deux pères*, le « vrai » étant le dieu de la mer, Poséidon). *Pour délivrer les Athéniens de ce fléau*, Thésée pénètre dans l'antre du monstre, le tue et, grâce à la pelote de fil d'Ariane, fille de Minos, il peut sortir du labyrinthe, *victorieux et sauveur de deux peuples*. De retour en navire vers Athènes, Thésée *provoque la mort* de son père, ayant laissé par une malencontreuse négligence *la voile noire*, signal convenu au cas où Thésée aurait été dévoré par le Minotaure, plutôt que la blanche ; son père la voyant au loin se tue alors de désespoir.

Par la présence des devins, par les interventions fréquentes des divinités de l'Olympe qui se mêlent à la vie et de la vie des hommes, le « Merveilleux » tient une place très importante. Mais plus encore, l'amour, les émotions et les états d'âme qu'il suscite commencent à occuper le cœur de ces récits « antiques ».

---

1. L'imprimerie de Gutenberg date du XVe siècle.

« LA MATIÈRE DE BRETAGNE » OU LA VEINE ARTHURIENNE

Quoique non négligeable, l'influence antique demeure toutefois mineure en regard de la source légendaire du roi Arthur, à laquelle puiseront de nombreux romanciers courtois, qui imposera un cadre géographique, des noms de personnages, une atmosphère féerique. Supérieure et déterminante entre toutes, c'est la vision celtique du monde avec sa magie, surtout la tonalité tragique, fatale et passionnelle de l'amour, qui tissera la trame des récits construits autour de la légende de *Tristan et Iseut*, inscrivant celle-ci, à bien des égards, dans un espace précourtois ou dans un au-delà de la courtoisie.

La légende du roi Arthur

Le *Roman de Brut* (1155), que Wace avait traduit en français du latin *Historia regum Britanniae* (1135) de Geoffroi de Monmouth, révèle l'histoire du roi Arthur (Artus), chef breton du VIᵉ siècle grandi à la dimension de héros de légende, qui lutta contre les envahisseurs germaniques (les Angles et les Saxons) et redonna fierté et dignité aux Bretons.

> « Durant les douze années de paix qui suivirent les guerres et conquêtes du début de son règne, le roi Arthur fonda l'institution de la Table Ronde afin que tous les nobles chevaliers de son royaume se sentent égaux entre eux et que ne surgisse aucune querelle de préséance. Grâce à la Table Ronde [qui rassemble, selon les uns ou les autres, de trente et un à cinq cents Chevaliers], la société arthurienne devient un modèle de paix et d'harmonie sociale, offrant ainsi l'image idéalisée de la chevalerie. »[1]

Les romans proprement courtois se rattachent pour la plupart à cette veine bretonne, ou arthurienne. Ceux de Chrétien de Troyes en particulier mettent en scène le roi Arthur, la reine Guenièvre et l'amant courtois, le noble chevalier Lancelot, avant d'initier, avec *Perceval*, le cycle du Saint-Graal : cette coupe sacrée dans laquelle le Christ aurait bu durant la Cène, son dernier repas avec les apôtres, et qui aurait été cachée en terre d'Angleterre ; dans le roman, le roi

---

1. *Tristan et Yseut*, Paris, Éditions Gallimard, coll. La Pléiade, 1995, p. 1689 et 1690.

Arthur a eu la vision du Graal, mais seul le plus pur des chevaliers partis à sa quête serait en mesure de le retrouver, pour le mieux-être de tout le peuple de Bretagne.

QUELQUES CLARIFICATIONS HISTORIQUES

Le bassin originel du peuple de la Grande-Bretagne est composé essentiellement de Celtes, de Pictes (en Écosse), d'Anglo-Saxons, de Vikings, puis de Normands français.

Les Celtes

À l'époque, la « Bretagne » (en latin *Britania*) désigne l'Angleterre et ce, jusqu'à la fin de l'occupation romaine, au moment des grandes invasions des peuplades germaniques anglo-saxonnes aux Ve et VIe siècles. Le terme « Bretons » s'applique aux Celtes de Bretagne. Les Celtes, peuplades indo-européennes, se sont installés en Europe occidentale deux millénaires avant l'ère chrétienne ; ils occupent alors la Gaule[1], la Grande-Bretagne, l'Espagne, l'Italie du Nord, les Balkans et jusqu'à l'Asie mineure (les Gallo-Grecs). Lorsque les Angles (d'où le nom d'Angleterre) et les Saxons envahissent la grande île, ils refoulent les Celtes (Bretons), à l'ouest et au nord, vers le Pays de Galles et la Cornouailles, l'Écosse et l'Irlande ; enfin certains Celtes-Bretons se réfugient à l'est, traversant la mer vers l'Armorique (vieux nom de l'actuelle Bretagne française, appelée aussi alors « Petite-Bretagne »).

Les Celtes de toutes ces régions, bien que s'intégrant harmonieusement soit aux peuplades déjà présentes soit à d'autres conquérants ultérieurs, ont en commun des liens linguistiques, leur religion et la division sociale en trois classes : la noblesse guerrière, le peuple et les druides (ou prêtres). La religion des Celtes, assimilée au panthéisme, a laissé de nombreuses traces dans les mentalités et les traditions bien après leur christianisation au IVe siècle. Des langues celtiques parlées à l'époque, le gaulois (en Gaule) et le celtibère (en Espagne) ont aujourd'hui totalement disparu ; en revanche, dans la Grande-Bretagne et la Bretagne française actuelles, le gaélique subsiste en

---

1. L'ancien nom de la France ; une tribu celte de la Gaule, supposée avoir longtemps résisté aux conquérants romains, est devenue célèbre avec *Astérix le Gaulois* de Goscini et Uderzo.

Rex Arturus (Le roi Arthur).
Dessin de Millin d'après une mosaïque aujourd'hui détruite
et qui se trouvait à Otrante.

Bibliothèque nationale, Paris.

Irlande et en Écosse, le brittonique en Cornouailles (le cornique), le gallois au Pays de Galles, et enfin le breton en Bretagne française.

Les Vikings

Vers le IXe siècle et jusqu'au XIe siècle, des navigateurs-commerçants venus des pays scandinaves ont déferlé sur les mers et les océans avec leurs bateaux, les «knorr», vraies merveilles techniques de vitesse, piratant les uns, pillant les autres, faisant des «raids» sur les régions côtières, et peu à peu, pour certains d'entre eux, s'y installant. Les Vikings ont terrorisé, selon la légende, bien des populations, de l'Europe occidentale à l'Europe orientale, de l'Atlantique jusqu'au bout de la Méditerranée; ils se sont mêlés aux Celtes de Grande-Bretagne, qu'ils avaient en partie envahie, ont colonisé l'Islande, occupé le Groenland et sans doute aussi le Labrador, conquis et donné leur nom à la Normandie (*nordr mannr* ou «hommes du nord»). Avec la christianisation généralisée dans la totalité de l'Europe occidentale, autour de l'an mil, qui interdit la vente d'esclaves («marchandise» favorite des Vikings), avec la consolidation d'un système de gouvernements scandinaves qui ne tolèrent plus les exactions vikings, et l'installation officialisée de ces hommes du Nord dans certaines régions conquises (la Normandie, entre autres), le phénomène de la terreur des «raids» cesse brutalement vers 1050.

C'est Guillaume le Conquérant, duc de Normandie d'origine viking, qui prend la tête du royaume d'Angleterre (1066), y instaurant le système féodal et la francisation de la langue (l'anglo-normand).

Lorsque, près d'un siècle plus tard, Henri II Plantagenêt devient roi d'Angleterre, il est à la tête d'un immense territoire qui couvre toute l'Angleterre et une très grande partie de la France, donnée en héritage à son épouse Aliénor d'Aquitaine avec qui il a, entre autres fils, les célèbres Richard Cœur de Lion et Jean sans Terre.

Aussi les versions de *Tristan et Iseut* des poètes Thomas et Béroul, sans doute écrites en anglo-normand (une des langues d'oïl), sont bien des romans français, inspirés de données géoculturelles des légendes originelles celtiques.

LES CHEVALIERS DE LA TABLE RONDE.
MINIATURE D'UN MANUSCRIT DE *LANCELOT DU LAC*, XVe SIÈCLE.

Références celtiques de la légende de Tristan et Iseut

Une évidente parenté assimile le sujet premier de notre roman à des récits celtiques qui remonteraient au Xe siècle: «La fuite de Diarmaid et Grainne, [...] où se trouve réuni un trio comparable à celui de notre légende: un roi irlandais, Finn, dont le neveu, Diarmaid, enlève la jeune épouse, Grainne; [...] ils se réfugient dans une forêt.»[1] La quête d'une jeune fille conquise par un chevalier pour être donnée à un autre est également le thème d'un récit irlandais qui date du Xe siècle, *Tochmarc Emere*.

Les personnages nommés *Marc, Tristan* et *Iseut* apparaissent dans la tradition galloise des «triades» très antérieures au XIIe siècle, qui donnent des listes de personnages, d'objets ou d'événements groupés par trois: Tristan apparaît au nombre des trois meilleurs guerriers, des trois plus puissants gardiens de porcs du roi Marc, et des trois amants les plus glorieux. Le nom d'Yseut désigne l'une des trois femmes les plus infidèles d'Angleterre.

Le nom celtique de *Tristan, Drystan, Drust*, ou *Drostan* signifiant «vacarme», serait de plus lointaine origine picte et apparaît dans les *Mobinogion*, le recueil des très antiques légendes celtiques établi au XIIIe siècle. Selon les érudits, «Drostan» aurait été un héros picte, et sa légende aurait eu pour berceau le Lothian (devenu le Loonnois), sur les confins actuels de l'Angleterre et de l'Écosse, ainsi que le Murray (la forêt du Morois), sur les plateaux de la Haute Écosse; les anciens conteurs gallois auraient transféré la légende picte dans le royaume de Cornouailles.

Le nom *Iseut* (qui s'écrit aussi *Iseult* ou *Yseult*) serait le nom celtique d'Irlande *Essylt*, lui-même dérivé d'*Ischild*, d'origine viking.

Le nom de *Marc*, ou *Marc'h*, signifie «cheval» dans toutes les langues celtiques. Toutes les légendes transmises oralement de génération en génération et rassemblées sous forme écrite dans les *Mobinogion* ont révélé, à l'étude, la récurrence de thèmes majeurs qui ont sans aucun doute progressivement façonné notre légende: le pouvoir de

---

1. *Tristan et Yseut*, Paris, Éditions Gallimard, coll. La Pléiade, p. XXVII et XXVIII.

ACTE III DE *TRISTAN UND ISOLDE* DE RICHARD WAGNER.
DESSIN DE W. GAUSE, D'APRÈS LA PREMIÈRE
REPRÉSENTATION DONNÉE À L'OPÉRA DE VIENNE,
LE 4 OCTOBRE 1883.

fascination mutuelle entre les sexes ; le conflit qui naît de cette forme de fatalité passionnelle et sexuelle avec les droits légitimes d'un mari, doublés eux-mêmes de ceux d'un chef ; l'attirance de la mort présente dans la passion d'amour ; enfin, la question de la culpabilité des amants qui soulève aussi le problème plus grave du jugement de Dieu.

Pour les lieux, c'est en Cornouailles anglaise que se situe « Tintagel », nom d'un château réel dont les ruines subsistent encore aujourd'hui, bien que l'existence du roi Marc ne soit pas absolument confirmée par l'Histoire[1]. Sont aussi réelles « la forêt du Morois », mais en Écosse, et la rivière où se situe le « Gué Périlleux ». C'est en « Petite-Bretagne » — ou Armorique à l'époque, l'actuelle Bretagne française— que s'exilera Tristan.

De la légende au mythe

Au Moyen Âge, en plus de Béroul et de Thomas, ces deux grands trouvères anglo-normands qui ont écrit les tout premiers romans connus de *Tristan et Iseut*, le nombre d'interprétations de la légende, dont les traces ont subsisté en manuscrits, est déjà si important que l'on parle de « deux à trois générations » d'auteurs divers qui se sont succédé du dernier tiers du XIIe siècle au milieu du XIIIe siècle. Cette légende semble s'être si puissamment imprimée dans la mémoire collective de cette époque que les objets, et certaines habitudes, en conservent la marque : des tableaux, des coffrets d'ivoire, des tapisseries brodées, des enluminures de manuscrits reproduisent, dessinées, gravées, ouvrées, les scènes les plus frappantes du récit des amants ; même des cathédrales offrent à leurs fidèles en prière la vision de ces amants adultères peints sur leurs vitraux. Des petites filles et des petits garçons portent les noms d'Iseut ou de Tristan.

Au XIXe siècle, après trois siècles de délaissement, les Anglais Walter Scott, Tennyson, Mathew Arnold, Swinburne, les Allemands A.W. von Schlegel, Rückert, Wieland, et les compositeurs Richard Wagner, Franz Liszt, puis l'Italien D'Annunzio s'emparent de la

---

1. Un roi cornouaillais du nom de Marc aurait été mentionné dans la *Vie de saint Paul Aurélien*, composée en 884 par un moine.

légende pour, eux aussi, se la réapproprier en poésie, récits, poème symphonique et opéra. À la suite du trouvère moderne qu'est Joseph Bédier, une bonne vingtaine de médiévistes contemporains ont offert leur propre lecture française, soit de Béroul soit de Thomas, sans compter la pléthore d'illustres essayistes, dont la liste serait trop longue à énumérer (en tête de laquelle figure Denis de Rougemont), qui ont élaboré des théories analytiques de la Légende des Amants merveilleux que leur passion entraîne à la mort, lui conférant désormais la dimension plus sacrée du Mythe. Car il ne s'agit plus là d'un succès de mode, mais bien d'un thème qui, par sa facture et sa finalité, s'adresse au fondement même de l'être humain universel[1].

TENTATIVES DE DÉFINITIONS

Comment de la « légende » est-on passé au « mythe » ? Ces deux termes tendent à se confondre dans l'usage de la langue d'aujourd'hui ; il est vrai que l'une de leurs définitions respectives, par extension, est identique : « la représentation de faits ou de personnages réels [...] déformée ou amplifiée par l'imagination collective » ou une longue tradition littéraire ; mais celle-ci ne concerne pas notre propos. La légende, à l'origine « récit de la vie d'un saint » — ou « ce qui doit être lu » — dont on faisait la lecture au réfectoire dans les couvents, signifie plus globalement : « tout récit merveilleux d'un événement du passé fondé sur une tradition plus ou moins authentique ». Le mythe, quoique plus délicat à définir, se distingue surtout par la puissance symbolique qu'il détient : du grec *muthos* (« discours »), le mythe est un « récit fabuleux, transmis par la tradition, qui met en scène des êtres incarnant sous une forme symbolique des forces de la nature, des aspects de la condition humaine »[2] ; c'est aussi l'expression d'une idée illustrée sous une forme allégorique.

---

1. Étonnamment, le septième art ne s'est permis qu'une timide incursion dans le traitement de cette légende : l'écrivain français Jean Cocteau (1889-1963) en a fait un film poétique, *L'éternel retour* (1943) ; le cinéaste français François Truffaut (1932-1984) l'a traduite en termes très contemporains dans *La femme d'à côté* (1981).

2. Les définitions de ce paragraphe sont tirées du *Petit Robert* : *dictionnaire alphabétique et analogique de la langue française*, Paris, Le Robert, 2000.

Ce qui appartient à la légende

Selon certaines hypothèses avancées, Tristan (ou Drystan) aurait été un vrai seigneur qui aurait vécu dans des temps très antérieurs et aurait servi de modèle à la légende transmise oralement, puis, après un long oubli, aurait inspiré les poètes.

Ce qui appartient fondamentalement au mythe

- Le mythe constitue une révélation primordiale : « une histoire hautement précieuse, parce que sacrée, exemplaire et significative[1] ».
- Le mythe s'adresse à l'âme. Comme le dit Denis de Rougemont :

« Nous reconnaissons les mythes, à certains stades de notre évolution psychique ou spirituelle, quand subitement nous nous sentons coïncider avec la forme et le mouvement de telle œuvre [...] Une émotion particulière — excitation, angoisse, nostalgie dont l'excès paraît insolite ou la fascination secrètement familière — nous avertit de leur apparition. »

Si Freud a exploité les grands mythes grecs pour expliquer les complexes et Jung, pour définir les archétypes, ces complexes et archétypes constituant l'inconscient humain, le mythe renvoie aux structures fondamentales de notre existence ; il décrit « des réalités de l'affectivité, tout ce qui émeut, bouge, anime [étymologie même du mot "âme"] en symboles que le sentiment perçoit et saisit immédiatement, car le symbole est le langage même de l'âme[2] ».

- Le mythe est toujours une histoire sacrée qui relate un événement qui s'est produit dans des temps anciens, le temps primordial des commencements, qui explique comment cet événement s'est créé, a commencé à être : fonction d'instauration, histoire d'une création originelle.

---

1. Mircea Éliade, *Aspects du mythe,* Paris, Éditions Gallimard, Folio, 1963, p. 11.
2. Denis de Rougemont, *L'amour et l'Occident,* Paris, Éditions France Loisirs, 1989, p. 25 et 26.

- Le mythe comporte une intention signifiante, celle d'éveiller la conscience à la fois à la compréhension d'une réalité qui nous concerne tous, reliée à une structure de notre existence, mais aussi à une élévation vers le sacré, voire le divin.

- Le mythe ne contient pas un message unique : jamais linéaire, il est capable d'intégrer même des paradoxes et propose alors, selon notre degré de compréhension et d'évolution, plusieurs niveaux de connaissances.

Le succès incontestable au Moyen Âge et depuis le xixe siècle de *Tristan et Iseut*, bien qu'y contribuant, ne suffit pas à expliquer la consécration de la légende en mythe. De nombreux aspects constitutifs du mythe, présentés ci-dessus, correspondent effectivement aux composantes de ce roman très ancien, aux sources multiples, aux auteurs lointains. Ces auteurs ont eux-mêmes repris une histoire archétypale qui remonterait à la nuit de notre temps occidental, relatant la création d'un événement — les origines de cet amour-passion et sa destinée —, mettant en scène des héros exemplaires, illustrant par un récit (allégorie) le thème (idéel ou idéal) de l'amour si puissant qu'il outrepasse la douleur de la trahison infligée, la souffrance de la séparation imposée, et s'affirme jusqu'à et dans la mort.

Mieux que tout autre, Denis de Rougemont[1] précise les paramètres de l'affiliation du *Roman de Tristan* au mythe :

> « On pourrait dire d'une manière générale qu'un mythe est une histoire, une fable symbolique, simple et frappante, résumant un nombre infini de situations plus ou moins analogues. Le mythe permet de saisir d'un coup d'œil certains types de relations constantes, et de les dégager du fouillis des apparences quotidiennes. [...] Un mythe n'a pas d'auteur [faisant référence ici aux grands mythes grecs ou latins]. Son origine doit être obscure. [...]

---

1. En dépit de l'essai magistral que Denis de Rougemont consacre au mythe de Tristan et Iseut dans *L'amour et l'Occident*, surtout de l'hypothèse éloquente des influences du catharisme, personnellement nous ne sommes absolument pas d'accord avec son parti pris analytique de l'amour, dans cette œuvre, qu'il juge essentiellement narcissique et exclusivement dû à l'action du philtre, ni avec la corrélation qu'il insiste à établir entre l'amour-passion et le goût pour la souffrance et la pulsion de mort.

Un autre aspect mythique de la légende de Tristan, c'est l'élément sacré qu'elle utilise. […]

Mais le caractère le plus profond du mythe, c'est le pouvoir qu'il prend sur nous, généralement à notre insu. Ce qui fait qu'une histoire, un événement ou même un personnage deviennent des mythes, c'est précisément cet empire qu'ils exercent sur nous comme malgré nous. Une œuvre d'art, comme telle, n'a pas à proprement parler un pouvoir de contrainte sur le public. Si belle et si puissante qu'elle soit, on peut toujours la critiquer, ou la goûter pour des raisons individuelles. Il n'en va pas de même pour le mythe : son énoncé désarme toute critique, réduit au silence la raison, ou tout au moins, la rend inefficace. » [1]

« Un grand mythe, affirme l'écrivain Michel Tournier, c'est d'abord une image vivante que nous berçons et nourrissons en nous, qui nous éclaire et nous réchauffe. De l'image, il a les contours fixés, semble-t-il, de toute éternité, mais son paradoxe tient dans la force de persuasion qu'il irradie malgré son antiquité. » [2]

N'avons-nous pas là l'exacte définition de l'attrait magnétique qu'exerce sur nous Tristan et Iseut ?

---

1. Denis de Rougemont, *L'amour et l'Occident, op. cit.*, p. 25 à 27.
2. Préface de Michel Tournier à la traduction de *Tristan et Iseut* de Pierre Champion, Paris, « Presses Pocket », 1979, p. 5.

UN JONGLEUR.
LETTRINE D'UN MANUSCRIT DU XIᵉ SIÈCLE.

BIBLIOTHÈQUE NATIONALE, PARIS.

L'ŒUVRE EXPLIQUÉE

Le « preux » héros Tristan conquiert, au nom de son oncle le roi Marc de Cornouailles, Iseut, avec qui il succombera, sous l'effet d'un philtre magique qu'ils auront bu ensemble, à un amour-passion qu'ils ressentiront l'un pour l'autre, au-delà des interdits de la moralité sociale (la fidélité au suzerain et au mari) et des séparations imposées, jusqu'à leur mort commune. Phrase synthèse mais limitative, car appréhender *Tristan et Iseut* sous l'unique angle du trio adultère, animé de la seule passion sensuelle, le réduirait, en l'actualisant au triangle hollywoodien contemporain, à une banalité qui non seulement ne rendrait pas justice à sa beauté tant poétique que symbolique, mais pervertirait toute sa dimension mythique et mystique. En revanche, le lire sous ce double prisme ne constitue pas l'objet véritable de cette étude ; nous ne pourrons qu'effleurer la part du mythe et surtout la teneur mystique qui, selon nous, explicite le plus fondamentalement la destinée de Tristan et d'Iseut.

En outre, il nous faut émettre une mise en garde importante : comme pour tout grand chef-d'œuvre qui offre à l'analyse des voies d'interprétations infinies, se nourrissant de l'interpénétration de ses multiples thèmes, une étude qui subdivise à fin de clarification « personnages » et « thèmes » ne peut donner qu'un aperçu fragmenté, donc peu propice à traduire la formidable richesse de *Tristan et Iseut*. Cette étude, simple parcours du roman, n'a pas la prétention d'être exhaustive ; par ailleurs, notre lecture très personnelle de cette œuvre risque de ne pas rallier l'approbation de tous.

Vue d'ensemble de l'œuvre

Dès le début du roman, nous sommes de plain-pied avec de multiples traditions : *tradition orale médiévale*, dans une cour de château, avec ce troubadour qui nous interpelle, nous lecteurs-seigneurs rassemblés là pour écouter l'histoire merveilleuse qu'il va nous raconter ; *tradition courtoise*, avec le beau chevalier, amoureux de la dame, épouse de son roi à qui il doit loyauté et fidélité ; *tradition des contes et légendes* dont la structure schématique semble commune à toutes les civilisations : les «bons» aident le héros qui, pour obtenir la princesse, doit vaincre géants et dragons, mais aussi affronter les «méchants» qui s'interposent ; *tradition des grands mythes*, par l'intemporalité du récit et la puissance du thème majeur de quête à valeur universelle, par la composante initiatique du cheminement de Tristan et, enfin, sous une apparente simplicité, par la complexité humaine et «surhumaine» du héros.

Composition du roman

Le roman comporte dix-neuf chapitres, qui foisonnent d'événements et de péripéties, que nous pourrions regrouper en cinq grandes parties, intitulées et résumées ainsi :

Chapitres I à III : La croissance de Tristan en héros et sa quête d'Iseut pour le roi Marc

Le jeune Tristan, ignorant ses véritables origines, grandit auprès de Rohalt le Foi-Tenant, fidèle maréchal de son père, le roi Rivalen du Loonnois tué avant sa naissance, alors que sa mère Blanchefleur, sœur du roi Marc de Cornouailles, meurt en lui donnant le jour. Formé selon les normes du parfait jeune chevalier courtois par ce père adoptif qu'il croit le vrai, Tristan arrive par hasard après diverses péripéties en terre de Cornouailles, se lie de tendre estime et d'affection avec le roi qui s'avère, à la suite des révélations de Rohalt, son propre oncle. Tristan, pour venger son véritable père tué à la suite d'une trahison, retourne dans son pays, le reconquiert et renonce finalement à son héritage qu'est le royaume du Loonnois. De retour auprès du roi Marc, à qui il se voue totalement, il combat le Morholt, qui prélève régulièrement au nom du roi d'Irlande un tribut de jeunes Cornouaillais, gagne, mais a reçu, outre un fragment de l'épée ennemie qui s'est fichée dans la tête, une blessure empoisonnée dont il se meurt. La barque où il a décidé de voguer en attendant la mort le fait échouer en terre d'Irlande, où la reine et la princesse du même nom, Iseut, et toutes deux un peu «magiciennes», connaissant le pouvoir des plantes, le guérissent sans savoir qui il est. De nouveau chez son oncle, il est bientôt chargé d'aller quérir pour lui celle qui deviendra la reine de Cornouailles, car Marc subit la pression de barons-vassaux qui, jaloux de la place privilégiée qu'occupe Tristan, craignent qu'il ne devienne l'héritier et exigent du roi qu'il se marie pour avoir alors un successeur qui ne soit pas Tristan. C'est Iseut dont il s'agit (épisode du « cheveu d'or » porté par les hirondelles). Retournant en Irlande, Tristan est vainqueur d'un dragon qui ravage le pays ; mais il est empoisonné encore et, pour la seconde fois, guéri par la princesse qui reconnaît en lui, malgré son faux nom de « Tantris », le meurtrier de son oncle, le Morholt : elle veut le tuer par vengeance, mais y renonce. Gagnant légitimement la main d'Iseut, puisque le roi d'Irlande la promettait à qui vaincrait le dragon, non pour lui mais pour le roi Marc, au grand dépit de la princesse, il la conduira sur sa nef en terre de Cornouailles.

Chapitres IV à VIII : La naissance de la passion de Tristan et d'Iseut, leurs amours cachées et trahies à la cour du roi Marc

Sur mer, sous un soleil ardent, et à la suite d'une méprise commise par une servante, Tristan et Iseut boivent ensemble le philtre d'amour que la reine d'Irlande avait concocté, confié à Brangien, la fidèle suivante de la princesse, et destiné à unir d'un amour indéfectible le roi Marc et sa reine Iseut. Éprouvant tous les symptômes de l'amour et un désir réciproque irrésistible, Tristan et Iseut s'avouent leurs sentiments et s'unissent dans un même élan passionnel, en pleine mer, dans cette nef qui conduit l'amante vers son futur époux. Le mariage, consommé grâce à Brangien qui s'est subtilisée dans la couche du roi à la reine qui n'était plus vierge, ne change rien à la passion des amants. Sous la constante surveillance des barons jaloux, les « félons », Tristan et Iseut inventent mille ruses pour se retrouver la nuit — dans « le verger au grand pin » — mais, dénoncés et pris en flagrant délit par le nain Frocin, devin et astrologue, ils sont voués à brûler sur le bûcher. Le roi Marc, fou de colère, surtout de chagrin devant la double trahison de son neveu et de son épouse, tous deux tant aimés, fermé aux clameurs du peuple éploré ou à l'intervention du noble et bon Dinas de Lidan qui demandent la grâce des condamnés, fait preuve d'une inhabituelle cruauté : écoutant davantage la voix haineuse des félons, il livre la reine aux lépreux, châtiment encore plus atroce que la mort. Cependant, sur le chemin où Tristan est conduit au bûcher, il parvient par l'effet d'un vrai miracle, en sautant d'une falaise, à s'échapper. Rejoint par son dévoué Gorvenal, son écuyer, Tristan délivre Iseut des mains des ignobles lépreux ; puis tous les trois s'enfuient.

Chapitres ix et x : La vie commune des amants dans la forêt sauvage

Malgré les difficultés de cet état de nature où ils sont forcés de ne jamais dormir au même endroit, se nourrissant de la chasse que fait Tristan avec l'arc « Qui-ne-Faut » et les flèches qu'il a façonnées, les amants, qu'accompagnent Gorvenal et bientôt le chien Husdent qui a retrouvé leurs traces, vivent d'abord un bonheur paradisiaque, tout entiers pris par leur puissant amour. Toutefois, l'épisode du passage du roi Marc éveille une prise de conscience qui changera le cours de l'action : le roi les a en effet découverts dans leur refuge, endormis et séparés par l'épée de Tristan, signe à ses yeux de leur chasteté, donc de leur innocence ; tout désir de vengeance oublié, il remplace l'épée par la sienne et la bague que porte Iseut par son propre anneau (symbole de leur mariage). Émus tous deux par la bonté de Marc et conscients l'un à l'égard de l'autre des difficultés de cette vie sauvage comparée à la vie de cour, ils décident, avec l'aide de l'ermite Ogrin, d'envoyer au roi une lettre lui demandant l'autorisation de revenir.

Chapitres xi à xiii : Le retour à la cour

Le roi accepte la requête de Tristan — la réintégration de la reine et sa propre soumission à toute décision royale le concernant, revenir auprès du roi comme son fidèle vassal ou bien partir définitivement loin de la Cornouailles — et les deux amants, sur le point de retrouver le roi Marc et sa cour au lieu indiqué, malheureux de leur séparation imminente, échangent des gages et des vœux d'amour éternel : Tristan laisse son chien Husdent à Iseut qui, de son côté, lui offre son anneau de jaspe vert ; à l'appel d'Iseut, d'où qu'il soit, Tristan accourra vers elle, de même, à la vue de l'anneau, signe de reconnaissance, Iseut ignorera tout obstacle pour courir à lui.

Le roi Marc, heureux de ce retour, mais subissant la pression des barons-félons, impose le départ définitif à Tristan et suggère l'épreuve du «jugement de Dieu» à Iseut, qui s'y prête volontairement : c'est le serment ambigu d'Iseut, jurant (avec l'aide de Tristan déguisé en pèlerin) de son innocence, qui la réintègre totalement dans son rôle de reine. Tristan, recueilli chez un forestier, à l'écart de la cour, ne parvient toujours pas à quitter le sol que foulent les pieds de son aimée ; les amants retrouveront leur union passionnée et cachée quelques nuits encore, avant la fuite définitive de Tristan, qui aura entre-temps éliminé deux des barons-félons.

Chapitres XIV à XIX : L'exil de Tristan et la mort des amants

Commence alors la vie d'errance du héros triste, qu'habite l'obsédante pensée de l'amour d'Iseut. Au pays de Galles, il vainc le géant Urgan le Velu pour obtenir du duc Gilain son chien enchanté, Petit-Crû, dont le son du grelot magique possède la vertu d'apaiser les cœurs et de faire oublier toute tristesse ; mais il a combattu et gagné Petit-Crû seulement pour le faire parvenir à son aimée, pour que ses peines en soient soulagées. Après avoir parcouru de nombreux pays sur le continent, traînant son désespoir de jamais revoir son aimée qui, il le craint, l'a peut-être oublié, il se fixe en Petite-Bretagne, où il aide le duc Hoël et son fils Kaherdin, assaillis, à récupérer leurs terres dévastées par le comte Riol et les sauve de la défaite. Il se lie d'une formidable amitié avec Kaherdin, dont il finit par épouser la sœur au nom évocateur d'Iseut aux Blanches Mains ; mais la nuit de noces, et avec le rappel concret de l'anneau d'Iseut la Blonde, il ne parvient pas à «honorer» l'épousée. Il confie bientôt le secret de son amour-passion à Kaherdin ému, à qui la sœur avait déjà avoué qu'elle était physiquement ignorée de son mari. Se succèdent alors une série d'allers et retours entre la Petite-Bretagne et la Cornouailles pour tenter sous divers camouflages de revoir Iseut. D'abord, de malencontreuses méprises aveuglent de jalouse colère Iseut qui, informée du mariage de celui qu'elle n'a cessé d'aimer, rejette cruellement Tristan (sous les traits d'un lépreux). Puis, lors du second voyage, Tristan invaincu pénètre jusqu'à la cour du roi Marc, méconnaissable sous son grimage, ses gestes et ses paroles de «fou», et atteint ainsi la reine, bouleversée par les vérités publiquement énoncées mais connues d'elle seule. Les deux amants se retrouvent alors dans une fusion passionnelle pour quelques jours encore… Ils se quitteront cette fois sur le vœu commun de mourir ensemble… Et Tristan, reparti en Petite-Bretagne, est de nouveau mortellement blessé par une lance empoisonnée. Répondant, comme elle l'avait toujours promis, à l'appel de l'aimé qui ne veut pas mourir sans l'avoir revue une dernière fois, Iseut revient avec Kaherdin parti en Cornouailles la quérir, sur ce bateau qu'a retardé la tempête et dont l'attente seule retenait Tristan à la vie. C'est l'infâme jalousie d'Iseut aux Blanches Mains, annonçant mensongèrement à Tristan la vision de la voile noire, plutôt que la blanche, signe convenu de la présence d'Iseut sur le bateau, qui précipite la fin de Tristan. Iseut la Blonde, enlaçant alors le corps de son aimé, incapable de lui survivre, le rejoint dans la mort. Et les ronces qui poussent des deux tombeaux, que le roi Marc a fait ériger, réunissent les Amants pour l'éternité.

Les héros : Tristan, Iseut, et l'Amour

TRISTAN

Il est certes le beau et noble chevalier courtois, accompli dans les arts du combat et de la chasse, mais aussi de la poésie qu'il chante accompagné de la harpe, bien qu'il ne sache ni lire ni écrire… Sa bravoure, son courage, son habileté et l'intelligence des stratégies qu'il emploie font de lui le héros invincible et redoutable qu'aucun baron n'ose défier. À cela, il allie des qualités d'âme qui lui confèrent sa stature légendaire : noble et altruiste, luttant toujours pour les grandes causes au profit des plus faibles, haï par les lâches et les mesquins qui le jalousent, mais profondément aimé par les vrais nobles de cœur, princes, seigneurs et « petit peuple », qui crie clémence pour lui ou qui le pleure à sa mort. Tous ses actes sont empreints de générosité, de désintéressement et de scrupules moraux, malgré l'apparente trahison que sa passion pour Iseut implique à l'endroit du roi Marc. Seul cet amour total et irrépressible, qui une fois né régit le mouvement de sa vie, pourrait voiler quelque peu l'intégrité de Tristan.

Héros prédestiné

Non seulement «preux» chevalier, Tristan incarne surtout l'idée du «vrai Prince», dans ses acceptions, propre et figurée, d'appartenance à une lignée royale et animé d'une très haute valeur morale. Tout le désigne, avant même sa naissance, à une destinée d'exception, dont le cheminement illustre, entre autres aspirations, la quête exigeante de l'Absolu dans l'Amour, au-delà des frontières humaines. Et cela l'érige en héros mythique.

Marqué de trois sceaux dès ses origines : l'amour, la mort et la mer

Il est le fils de l'amour, puisque ses parents, le roi Rivalen et la princesse Blanchefleur, sœur du roi Marc, s'aimaient d'un amour merveilleux, dont on n'est pas sûr qu'il ait été consommé seulement après la cérémonie du mariage, tel que l'exigeait la coutume.

Il est l'enfant de l'amour et de la mort entrelacés : sa naissance coïncide avec la mort que sa mère appelait de toute son âme, ne pouvant survivre à la perte de son amour, Rivalen, tué quatre jours auparavant.

Il doit son nom à la mort : l'évidente tristesse dans le prénom *Tristan* indique toute la charge de chagrin d'amour et de mort de Blanchefleur.

La mer serait le lit de sa gestation, dans le ventre de la mère.

Il est ainsi presque génétiquement prédestiné à ce qu'il devra vivre ; il possède de source un tel potentiel de passion et d'absolu qu'il est impossible de lire en lui le simple chevalier courtois, personnage social policé et, au fond, puisqu'il répond aux normes instaurées du code courtois, infiniment conformiste ; en d'autres termes, bien fade en regard de l'intense Tristan qui, lui, est hors norme.

Héros marginal

Malgré sa fidélité de chevalier vassal du roi, ses actions pour libérer le peuple qui l'intronisent Héros de Cornouailles, la place de favori qu'il occupe à la cour et dans l'affection du roi, Tristan transgresse toutes les règles de l'insertion sociale. Il se dépossède de tout ce à quoi il a droit, droit de succession et droit de conquête : il renonce au statut supérieur et légitime de roi du Loonnois, il offre

LE PERSONNAGE DE TRISTAN.
COFFRET D'IVOIRE DU XIIᵉ SIÈCLE.

TRÉSOR DE LA CATHÉDRALE DE VANNES.

par reconnaissance à Rohalt le Foi-Tenant son royaume et sa couronne, pour demeurer volontairement l'inférieur au service de Marc. Il se propose d'aller quérir la future épouse de Marc, alors que celui-ci le voulait pour héritier. Plutôt que de devenir prince et futur roi d'Irlande en épousant Iseut, gagnée par sa victoire sur le dragon, il la donne, fidèle à sa parole et à son seigneur, au roi Marc. Tristan est fondamentalement excentré par rapport aux normes de sa société, un marginal qui n'obéira vraiment qu'à *sa* loi — et sa loi se confondra avec celle de l'amour pour Iseut.

Tristan et les fausses identités

Que ce soit par humilité, désir d'être connu pour ce qu'il est et non pour qui il est, par stratégie pour échapper à la vengeance des Irlandais ou à la justice de Cornouailles, pour concourir à la mise en scène d'Iseut («Le jugement par le fer rouge»), mais surtout, plus tard, pour approcher la reine sans risquer d'être tué, Tristan ne cesse de falsifier sa véritable identité. Et toujours sous des oripeaux ou derrière les masques d'exclus sociaux, volontaires ou imposés (pèlerin, lépreux), jusque dans des métamorphoses les plus répulsives («Tristan fou»), il trouve alors sa vraie liberté d'action, et plus fort encore, le moyen de clamer la vérité que la société et ses institutions forcent à camoufler. Par une inversion que justifie la contrainte sociale, le masque est ici l'outil de la vérité.

C'est l'amour intense mais socialement condamné pour Iseut qui incite le plus souvent Tristan à user de pareils subterfuges. Car, en dépit de «la courtoisie» qui semble accepter le lien amoureux en dehors du mariage, puisque celui-ci ne l'incluait pas, le rapport amoureux «courtois» relève davantage d'une idée ou d'un idéal plutôt que d'une réalité véritablement physique. Or, entre Tristan et Iseut, l'amour s'exprime et se vit dans la passion du désir et de l'union charnelle, avec une puissance telle qu'il s'érige comme la transgression suprême; et d'ailleurs les amants se sont vu condamner au pire des châtiments, brûler vifs sur le bûcher. N'ayant de loi que la sienne propre, qui remet en question et outrepasse les lois établies par la société, ce type d'amour est littéralement «hors-la-loi» et représente la menace par excellence pour l'ordre, le statu quo, l'Institution sociale[1].

Héros élu pour l'Amour

Pour atteindre au niveau souverain de l'amour total, il faut une qualité d'être capable de se hisser à un stade d'évolution et à un degré de conscience supérieurs à la norme : et Tristan, qui déjà possédait ce potentiel d'amour absolu intégré à ses origines, traversera des épreuves qui lui permettront d'accéder à un statut d'être propice à la réalisation de ce potentiel : soit connaître et vivre l'Amour.

Nous pourrions élaborer, mais là n'est pas le lieu, une étude détaillée de rapprochements troublants entre les étapes du cheminement de Tristan, avant et jusqu'à sa rencontre avec Iseut, et celles du rituel initiatique. Retenons seulement que ce rituel d'initiation, commun à bien des traditions selon les ethnologues, impose d'abord un « éloignement » — une séparation de la communauté sociale — puis l'expérience, dans la solitude d'un lieu sauvage, d'une épreuve majeure qui conduit à une forme de mort symbolique, au-delà de laquelle l'être, transformé et grandi par la connaissance fondamentale qu'il a acquise, renaît à un autre type de vie. Grâce à cette « re-naissance », il pourra en adulte affermi et autonome soit réintégrer la société, soit s'affirmer dans cette identité profonde et unique qui est la sienne propre, avec *ses* valeurs, dont il aura pris la vraie mesure au cours de l'étape précédente.

Or, Tristan empoisonné par l'épieu du Morholt, de plus en plus affaibli, décide de s'éloigner seul dans cette barque sans rames, sur la mer où il dérive et délire pendant « sept jours et sept nuits », gagné peu à peu par la mort : le nombre « sept » est en soi déjà hautement symbolique de la création du monde, et, au niveau de l'individu, de l'accomplissement d'un cycle de vie, soit une étape d'évolution de l'être complétée. C'est la mer, ici et presque toujours dans le roman la *main du destin*, qui l'entraîne vers le rivage d'Irlande où précisément Iseut la Blonde, la princesse-magicienne, le soignera pendant quarante jours

---

1. Malgré la banalisation actuelle de « l'amour » — de ce que l'on fait passer sous ce terme usurpé — par le film, la chanson ou le roman, et la prétendue ouverture des mentalités, l'amour-passion continue de signifier une redoutable et insupportable menace au conformisme fait de confortables habitudes du couple petit-bourgeois !

au bout desquels elle le sauvera, le fera renaître à la vie. Le nombre « quarante », ces jours passés entre la vie et la mort, symbolise aussi l'accomplissement d'un cycle, cette fois pour en instaurer un nouveau : c'est-à-dire initier un changement radical, un passage à un nouvel ordre d'être, d'action et de vie ; quarante est aussi le nombre-symbole de la traversée du désert biblique, nécessaire à la purification de l'être, où il lui est possible d'avoir accès à son âme, à la connaissance fondamentale de son âme même ; en d'autres termes, il sait désormais qui il est, lui, véritablement, authentiquement, et non socialement.

N'est-il pas étonnant dès lors que pour Tristan, qui acquiert symboliquement la connaissance de son âme (et le mot âme, du latin *anima*, signifie « souffle », « principe de vie »), qui « re-naît » à une vie nouvelle, à qui surtout Iseut a redonné cette nouvelle vie, son *âme*, sa *vie*, son *identité* la plus authentique seront à jamais synonymes d'Iseut elle-même : sa *vie* ne s'accomplira donc dans sa plus totale signification, dans la vérité la plus authentique de son être-âme, qu'avec l'amour pour Iseut et dans l'amour d'Iseut. C'est lors de cette toute première rencontre, l'épisode de la première renaissance de Tristan aux mains d'Iseut, que nous lisons le plus profondément l'inéluctable prémisse de l'Amour entre Tristan et nulle autre qu'Iseut la Blonde, Amour qui équivaudra à la *vie*, et sans lequel c'est la *mort*.

Tristan est originellement élu pour aimer totalement et cet amour ne pourra se réaliser qu'avec Iseut, qui lui est désignée et destinée. Cet amour exclusif est prédestiné, voulu par les cieux, ou les dieux, ou Dieu qui omnipotent a guidé les flots. Ce qui précède, par sa valeur de prédestination et dans le temps du récit, le phénomène du philtre magique, qui dévoile désormais son caractère éminemment artificiel. Si nous poursuivons notre raisonnement : pour Tristan, Iseut est son *âme*, cette autre qui est aussi lui-même, la partie essentielle de lui, il sera donc impossible que l'une survive à l'autre, dans les termes humains.

Cet Amour était déjà inscrit, gravé, autant dans sa nécessité de *destin* que dans son équation de *vie* et de *mort*, bien avant l'intervention du philtre.

LE PHILTRE

Philtre-alibi

Le philtre (du verbe grec *philein* signifiant « aimer ») serait de tradition celtique, à l'origine une préparation magique que la jeune femme faisait boire à l'élu de son cœur pour le contraindre à la suivre. Ici, il est destiné par la mère d'Iseut à unir les futurs époux, la princesse et le roi Marc, d'un amour permanent ; c'est par méprise que Tristan et Iseut boivent « l'amour et la mort », en ressentent immédiatement l'effet et ne peuvent, contraints tous deux, résister à leur désir réciproque. La fonction du philtre apparaît évidente : il est l'alibi, le prétexte, surtout la justification par la magie qui contraint, détruit la volonté, rend passifs ceux qui en sont victimes, de l'amour entre deux êtres à qui la société interdit de s'aimer. Sans ce sortilège que subissent prétendument le neveu, vassal « homme lige » de Marc et l'épouse du roi, sa possession de droit, ils seraient totalement et de leur plein gré activement coupables d'une double trahison intolérable : le neveu-fils envers l'oncle-père (plus le vassal à l'endroit du suzerain) et la femme envers le mari. Coupables aux yeux des hommes et de la religion, soit pour l'institution sociale féodale et pour celle du mariage sacré par l'Église ; pire, coupables selon la loi de Dieu, à qui les hommes ont fait dire qu'il punissait l'adultère.

Le philtre n'est que le camouflage obligé d'une vérité plus profonde, puisque Tristan et Iseut devaient s'aimer par-devers tout : il détient cette fonction déculpabilisatrice et rassurante, sans laquelle le roi n'aurait sans doute pas honoré à leur mort les amants, ces victimes supposées involontaires de la passion et de la potion magique.

Philtre-métaphore

Symbole de ce lien irrévocable entre les deux amants et du destin qui leur est fatalement tracé, le philtre représente surtout la métaphore de l'amour [1], de l'irrépressible désir sensuel inscrit dans

---

1. Au chapitre III, en réponse aux calomnies des barons qui veulent faire passer la bravoure de Tristan pour de la magie, le narrateur insère sa définition du magique : « [...] beaucoup d'hommes ne savent pas que ce qui est du pouvoir des magiciens, le cœur peut aussi l'accomplir par la force de l'amour et de la hardiesse. »

l'amour-passion. Ne parle-t-on pas d'ailleurs de *magie* à propos de l'Amour ? De cet irrésistible pouvoir qui domine la volonté, attire deux êtres, outrepasse la banale raison « raisonnable », les unit dans une fusion symbiotique d'une intensité et d'une beauté telles, intraduisibles en mots toujours trop pauvres de la langue, qu'elles n'appartiennent alors qu'au monde mystérieux du Merveilleux et du Magique. C'est ainsi que Tristan et Iseut vivent leur amour, et le philtre n'en constitue que cette forme de matérialisation poétique.

ISEUT

Princesse, reine, femme

Irréelle de beauté, toujours associée à « l'or » ou assimilée au « soleil », Iseut la Blonde irradie de « lumière »[1]. Comme « l'élue » qu'elle semble être — sa seule apparition « illumine » le monde — elle dégage une telle aura que sa séduction intérieure et extérieure opère, immédiate, presque magique. Une fée, un ange des légendes…

Princesse, un peu « magicienne » à l'instar de sa mère qui connaît le secret des plantes, elle est définie, dès les premières mentions, comme un personnage aux sentiments extrêmes : elle voue une « haine » féroce envers l'ennemi meurtrier de son oncle.

Reine, elle est adulée et se comporte avec une remarquable majesté, particulièrement dans la scène délicate et détaillée du « Jugement de Dieu », ou face à l'autre Iseut auprès de Tristan mort.

Pourtant elle incarne surtout la *femme*, charnelle et sensuelle, émotive et passionnée, cédant à des peurs irraisonnées qui la conduisent à des actes parfois indignes (avec Brangien, CHAPITRE V), à des duplicités ou à des pulsions cruelles et d'absurde jalousie (avec Tristan, lépreux, CHAPITRE XVII). Excessive dans ses réactions, violente même, elle l'est tout autant, par esprit de justice à son propre égard, dans son repentir et pour se punir (le cruel auto-châtiment du cilice).

Audacieuse et très proche de ses sentiments, elle semble saisir bien avant Tristan, dont elle admire le corps (épisode du bain) — ce pour quoi sans doute elle renonce si rapidement à son désir de vengeance

---

1. Le prénom celtique Iseut provient d'une lointaine origine viking et signifie « Blanche », couleur traditionnellement associée à la lumière et à la pureté.

ISEUT, FIGURE SOLAIRE.

LE SOLEIL. JEU DE TAROT ATTRIBUÉ À
JACQUEMIN GRINGONNEUR, PEINT EN 1392.

—, l'attrait, l'émotion sensuelle éprouvée déjà à son endroit : c'est elle aussi qui avoue la première son amour. Courageuse, forte et infiniment intelligente, elle orchestre la stratégie la plus subtile pour formuler un serment, devant Dieu et devant les hommes, qui camoufle mais dit en même temps la vérité, afin d'obtenir la disculpation sociale et la protection divine.

Iseut fidèle à son unique passion

Malgré les apparences, puisque, épouse du roi, elle assume son rôle dans toutes ses facettes — la vie de cour, peu décrite dans le roman, ne semble pas lui déplaire, et elle partage le lit royal —, elle demeure toutefois la « vraie femme » de Tristan. D'âme, d'esprit, de cœur, et de son corps vraiment ardent, Iseut est absolument fidèle à l'homme qu'elle aime « à la vie, à la mort ». Aussi intègre et totale dans l'amour que Tristan, elle, qui a fait le sacrifice de son statut de reine dans la forêt du Morois et malgré son retour à la cour, agira toujours en conformité avec sa passion pour Tristan et le serment qu'elle lui a fait : « nul pouvoir, nulle défense royale ne m'empêcheront de faire ce que tu m'auras mandé, que ce soit sagesse ou folie » (CHAPITRE XI, lignes 1970 et 1971).

Même si, au grand chagrin de Tristan, elle ne le reconnaît pas d'emblée derrière son grimage de « fou », la vérité du cœur devant supplanter, selon les exigences d'absolu qui le définissent lui, l'illusion des yeux, c'est Iseut pourtant, lors du dernier « au revoir », qui réclame ardemment de son amant que, tout de suite dans les bras l'un de l'autre, ils meurent ensemble :

> « Ami, ferme tes bras et accole-moi si étroitement que, dans cet embrassement, nos deux cœurs se rompent et nos âmes s'en aillent ! Emmène-moi au pays fortuné dont tu parlais jadis […] Emmène-moi ! »
>
> (CHAPITRE XVIII, lignes 3309 à 3313.)

L'Amour

Dans l'absolu, synonyme de lumière, de vie magnifiée

> « Les amants ne pouvaient ni vivre ni mourir l'un sans l'autre.
> Séparés, ce n'était pas la vie, ni la mort, mais la vie et la mort à la fois. »
>
> (CHAPITRE XV, lignes 2471 à 2472.)

Véritable leitmotiv que cette phrase, clef du roman et du destin des amants qui, ayant découvert, dès les premiers instants de l'amour ressenti, la puissante et unique charge de *vie* que ce sentiment et son expression accomplie détiennent, se sont vu condamner par les lois de la société à un insupportable simulacre de vie, puisque leur amour représente la transgression majeure. « Soif », « faim », « corps », « sang », « cœur », « pensée », « désir », « âme », « éblouissement », « ravissement » : des besoins les plus élémentaires et primordiaux jusqu'aux exigences les plus élevées, cet amour contient tous les assouvissements, répond à leur totalité. Il ne peut se vivre alors dans la plénitude et la liberté, au soleil du grand jour, que dans la quasi-solitude de la forêt sauvage, symbole édénique du premier homme et de la première femme, hors de la société qui les avait contraints à faire de la nuit leur royaume.

Dans la société, nuit et transgression

Par une inversion antinomique de la lumière liée au sentiment de *vie* hyperbolique qu'est leur amour, c'est en effet l'obscurité, l'ombre bienfaitrice ici de la nuit qui leur permettra de vivre leur passion, seuls instants attendus où, cachés, ils peuvent de nouveau et chaque fois ressentir intensément leur plénitude. Cette inversion troublante est imposée par la double signification que cet amour recouvre pour les autres : la trahison à l'endroit de Marc, mais surtout, et comme l'est tout amour absolu trop élevé et incompréhensible au commun des mortels, une subversion intrinsèque du système social. La surveillance jalouse et haineuse dont Tristan et Iseut sont le constant objet de la part des « barons-félons », les pièges que leur tend le détestable nain Frocin, la cruauté vengeresse, si peu conforme à son habituelle noblesse, du roi Marc lui-même confèrent d'ailleurs à cet amour unique ce caractère d'intolérable transgression sociale[1].

L'amour a sa loi propre

Comme pour afficher la marque de ce qu'implique la transgression, soit l'exclusion sociale, le bannissement, dans un mouvement ironique en soi, Tristan, pour approcher librement Iseut devant les autres et dire en toute liberté les vérités les plus « scandaleuses », empruntera des masques qui semblent eux-mêmes des métaphores de la perception que la société propage en lieux communs sur l'amour-passion : maladie dangereuse, Tristan « le lépreux », ou démence insensée, Tristan « le fou »[2].

Paria, ce type d'amour formidable pour les amants s'avère toujours d'autant plus menaçant pour les autres qu'il remet en cause les institutions religieuses et sociales et, ne répondant qu'à sa propre loi, il représente le désordre dans l'ordre établi.

En dépit de la concession extérieure accordée aux lois sociales par la remise de la reine au roi, le retour d'Iseut à la cour et la soumission de Tristan au douloureux verdict d'exil définitif, cet acte répond encore à la voix de l'amour, cette fois ramifié : l'amour constant pour l'aimé(e) et la nostalgie du lien d'amour pour l'oncle-père. Rare dans le roman, une longue introspection de Tristan d'un côté et d'Iseut de l'autre, après le passage de Marc, suivra un mouvement quasi identique et aboutira à la même difficile conclusion. L'extraordinaire mansuétude de Marc, qui pouvant les tuer dans leur sommeil les a épargnés, réveille la conscience affligée du déshonneur et du chagrin que subit, immérités, le roi ; mais c'est surtout la brutale réalisation de l'immense sacrifice que l'aimé(e) s'est infligé à vivre les conditions sauvages et ardues de la forêt qui clôt ce dilemme : soulager Iseut des épreuves quotidiennes d'une vie d'errance et de misère incompatible

---

1. Dans l'épisode, rassurant pour lui, où le roi découvre Tristan et Iseut endormis, séparés par l'épée, avant de procéder à l'échange de la bague et de l'épée, symboles de son double droit de possession tant sur la reine que sur le vassal, il obture de ses gants le trou par lequel le rayon de soleil tombait sur le visage d'Iseut : ne peut-on lire ici un autre symbole, celui du roi qui porte ombrage, obscurcit la vie des amants, fait obstacle au soleil, à la lumière de leur amour ?

2. Pourquoi d'ailleurs la langue fait-elle « *tomber* amoureux » plutôt que « *s'élever* amoureux » ?

avec son rang, lui redonner bien-être et honneurs, droits dont il l'avait dépossédée, telle est la plus profonde motivation de Tristan à susciter, par le retour, la séparation, sachant toute la souffrance qu'elle impliquera. C'est toujours l'amour pour l'autre, et non l'adhésion au conformisme, qui motive la réinsertion, toute extérieure, à la société.

La réintégration au statut de reine et l'exil pour le chevalier n'altèrent pas la puissance de leur amour et entérinent au contraire la vérité du leitmotiv : « Séparés, ce n'était pas la vie, ni la mort, mais la vie et la mort à la fois » (CHAPITRE XV, ligne 2472). Malgré les années d'éloignement, obligés de vivre, ou de survivre selon les apparences, mais intérieurement désespérés et habités par l'autre, ils continueront de définir leur « vie » et de motiver la plupart de leurs actes selon cet axe unique qu'est leur amour : le chien Petit-Crû gagné par combat pour alléger la peine d'Iseut qui, comprenant l'effet magique du grelot, s'en débarrasse pour souffrir à l'unisson avec Tristan ; le mariage de convenance dans lequel Tristan pousse la fidélité à Iseut jusqu'à l'abstinence ; le port du cilice chez Iseut, qui se punit cruellement pour avoir rejeté et blessé Tristan ; et sur la nef de Kaherdin le dernier voyage d'Iseut qui brave roi, mer, tempête pour répondre à l'ultime appel de son aimé.

L'amour et l'ambiguïté morale

Après le passage du roi dans la forêt du Morois, le déchirement intime que vit Tristan, partagé entre son amour et sa reconnaissance envers Marc, d'un côté, son amour pour Iseut et la douleur de se séparer d'elle, de l'autre, traduit bien la force de ses scrupules. Très tôt d'ailleurs, avant de céder au pouvoir irrésistible de l'amour d'Iseut, Tristan est décrit livré à ce terrible combat intérieur, où la culpabilité d'une trahison possible à l'endroit de l'oncle rivalise avec des sentiments déjà puissants envers Iseut (« Le philtre »).

Comment expliquer alors que le héros, de très haute valeur morale, et Iseut, ces deux personnages d'élite, puissent contrevenir à l'intégrité, cette qualité de noblesse qui impose comme principe fondamental la vérité ? Leurs dénégations quant à l'adultère, leurs scénarios montés devant le roi Marc, leurs affirmations publiques requièrent chaque fois soit un décryptage particulier soit un *a priori* d'indulgence extrême : tous deux en effet, si l'on s'en tient au pied de la lettre, frôlent sans cesse la frontière du mensonge. Au premier degré de lecture, ils mentent effectivement au nom d'une sauvegarde sociale, pour se déculpabiliser devant les autres, maintenir le camouflage derrière lequel ils peuvent s'aimer. Au second degré, il s'agirait chaque fois de demi-mensonges, puisque la vraie culpabilité serait imputable à ce facteur externe, le philtre, dont le pouvoir magique soumet toute volonté individuelle et déresponsabilise ceux qui en sont les victimes. Au troisième degré enfin, il n'est plus possible d'attribuer les termes de « mensonge » ou de « vérité », puisque ceux-ci se formulent toujours en référence à une morale dictée par la société ; or, pour ces amants que lie un amour absolu, plus rien ne peut se mesurer à l'aune de la société : toute loyauté, toute vérité, toute justice, toute intégrité ne répondent qu'à un seul suzerain, le dieu suprême, l'Amour qui les unit. L'un à l'autre, l'un pour l'autre, l'autre devenu l'autre-soi, la vérité intérieure compte désormais, et jusqu'au bout, comme ultime intégrité.

L'amour et Dieu

Dieu, à qui les hommes et le dogme religieux prêtent officiellement toutes sortes de colères vengeresses et justicières pour les innombrables « péchés » commis par les humains, entre autres celui honni de l'adultère (« le Jugement par le fer rouge »), lui ne s'y trompe pas, qui semble accorder aux amants une protection toute spéciale. De nombreux « miracles », participant de ce « Merveilleux » des contes et légendes, ponctuent le récit, sauvant ainsi plusieurs fois le héros d'une mort encore trop précoce, comme si le *destin*, tracé selon un plan supérieur, qui se matérialise parfois par « les caprices » de la mer ou par la rencontre de personnages, tels l'ermite, l'ami Kaherdin et même Iseut aux Blanches Mains, devait se poursuivre jusqu'à un accomplissement dicté en son temps [1]. Omniscient et omnipotent, Dieu approuverait-il cette intégrité propre aux amants, cette vérité intérieure et unique loi de leur amour, à laquelle s'oppose pourtant la loi

---

1. Voir plus loin « Lecture métaphysique de la mort, ou l'amour et l'au-delà ».

des hommes? La « culpabilité » des amants pourrait soulever une question fondamentale, celle du droit essentiel à la passion; or du début à la fin du récit, le parti pris évident du conteur à l'endroit des amants vient appuyer celui sous-jacent et constant du suprême divin, donnant ainsi faveur et droit à l'amour-passion, à l'encontre de tout obstacle humain.

D'ailleurs, comme sous l'effet d'une justice immanente, les barons-félons et tous les délateurs traîtres aux amants périssent, punis violemment, dans des conditions d'une extrême barbarie : les quelques scènes de grande sauvagerie du récit sont en effet celles qui s'attachent à détailler l'élimination terrifiante de tous les ennemis de Tristan et Iseut.

Plus que tout, la mort des amants et l'événement « miraculeux » posthume imposent la lecture que cet amour unique et absolu procède d'une volonté de prédestination et d'une bénédiction spéciale offerte à Tristan et Iseut, faisant d'eux le couple exemplaire élu de Dieu.

L'amour et la mort

Sur un plan très superficiel de lecture, et qui pouvait rassurer la moralité banalement empreinte d'une religiosité dogmatique, les amants *devaient* trouver la mort pour avoir trahi deux serments qui structurent fondamentalement la société médiévale : l'allégeance au suzerain et le lien du mariage sacré par l'Église. En outre, la passion, l'adoration, ne se concevait qu'envers Dieu ; la passion évidemment affirmée dans le désir charnel et l'accomplissement sexuel des amants, rarement ou à peine effleurés dans la tradition littéraire courtoise, rencontrait une désapprobation majeure, voire l'opprobre de l'esprit chrétien.

Cependant, dans ce récit, le traitement de la mort des amants interdit de la considérer comme la punition méritée ; au contraire, elle signifie, comme pour la mère de Tristan, à la fois impossibilité de survivre à l'autre sur le plan terrestre et garantie de fusion éternelle avec l'autre, fidélité absolue à l'amour jusque dans et après la mort. Tristan « dit trois fois : "Iseut, amie !" À la quatrième, il rendit l'âme » : les nombres trois et quatre expriment symboliquement l'atteinte de l'achèvement, de la totalité.

Iseut, ayant découvert le corps de Tristan défunt,

> « [...] s'étendit près de lui, tout le long de son ami, lui baisa la bouche et la face, et le serra étroitement : corps contre corps, bouche contre bouche, elle rend ainsi son âme ; elle mourut auprès de lui pour la douleur de son ami. »

(CHAPITRE XIX, lignes 3556 à 3559.)

Comme Blanchefleur qui expire de chagrin pour rejoindre Rivalen, c'est de la mort de Tristan et par amour pour lui qu'Iseut pousse son dernier soupir dans l'ultime et symbiotique embrassement.

LECTURE MÉTAPHYSIQUE DE LA MORT, OU L'AMOUR ET L'AU-DELÀ

Que ce soit par l'effet du philtre (l'alibi social), où la mort devait faire écho à l'amour, ou bien dans la veine de notre lecture sur la pré-destination[1] des deux héros, profondément et indéfectiblement unis au-delà même de la cruelle séparation que la société leur avait impo-sée, la mort presque conjointe des amants ne représente pas une fin morbide et tragique, mais le passage obligé vers la liberté où l'amour, qui ne pouvait se réaliser dans sa permanente plénitude sur cette terre — qui enchaîne par ses lois sociales, écrase les passions, condamne les êtres authentiques —, s'accomplira enfin et totalement. L'amour-passion absolu, qui engage deux êtres l'un à l'autre dans leur totalité et le choix qu'ils ont fait l'un de l'autre, représente en soi le cri de liberté ultime, profondément dérangeant pour la société, pour l'institution de la famille (aucun enfant n'est d'ailleurs procréé ni du couple « illé-gal » d'Iseut avec Tristan ni de celui « légitime » qu'Iseut forme avec Marc !). Ce type d'amour menace, car il se situe très au-delà de toute médiocre considération matérielle et de toute contingence humaine.

---

1. Voir plus haut l'étude sur Tristan : « Héros prédestiné » ; « Héros élu pour l'amour ».

Prédestination des amants

La mort étant ici la condition à la liberté et à l'union éternelle, appelée par les amants pour qui la souffrance de ces longues années de séparation, qu'imposait leur respect du verdict royal, et que le bonheur insigne de ces quelques jours de retrouvailles rendait encore plus intolérable, cette mort devait survenir dans les exactes conditions du récit, prédéterminée par le Destin, en *son* temps. Les circonstances qui entourent et provoquent la mort pourraient être perçues comme adverses, hostiles aux amants ; mais cela n'est que trompeuse apparence. Tout, au contraire, confère à cette mort, survenue en ce temps précis, sa véritable dimension de nécessité prédestinée. La tempête sur la mer suivie de la chute brutale des vents empêchent Iseut, croirait-on, d'arriver à temps pour sauver une nouvelle fois Tristan du poison qui le tue ; l'ignoble jalousie vengeresse d'Iseut aux Blanches Mains, qui ment à propos de la voile, précipite la mort de Tristan. Il ne fallait pourtant pas qu'Iseut trouve Tristan encore vivant : elle l'aurait guéri et leur malheur se serait perpétué ; mort, elle ne lui survit pas. C'est seulement par le départ commun et définitif hors de ce monde, dans un espace de transcendance, que le couple connaîtra la réunion et le bonheur éternels. Ce départ dans la mort ne doit pas être confondu avec la destruction tragique, finale des amants : leur tragédie, à l'inverse, résidait dans la souffrance d'une non-vie et d'une non-mort, imposée par la société, que signifiait leur existence loin l'un de l'autre. Ainsi la mort de Tristan et d'Iseut résulte d'une combinaison de facteurs optimalement orchestrés, en dépit des apparences, selon un dessein supérieur. La mer, ici étrangement trop déchaînée ou trop calme, s'avoue alors conforme à sa perpétuelle fonction d'adjuvant « merveilleux » du héros. Et l'indigne comportement de l'épouse non aimée contribue lui aussi, et de manière impérative, à l'accomplissement du Destin des amants[1].

---

1. À l'instar de Judas pour Jésus, dont on avait longtemps fait l'indigne traître responsable de la crucifixion, mais que de nouvelles études théologiques ont transformé, au contraire, en adjuvant absolument nécessaire à la déification du Christ, Iseut aux Blanches Mains jouerait, selon notre interprétation très personnelle, le même rôle auprès de Tristan.

Prescience supérieure de Tristan

Cette mort, voulue telle par le Destin, était en outre annoncée, prévue dès l'épisode du « Fou », par Tristan lui-même, qui « étonnamment » semble détenir la clef d'une connaissance mystérieuse et transcendante. Sans doute le désir de mort, associé à la douleur insupportable de la séparation, s'affirme-t-il constant, plus qu'ailleurs, tout au long de cet avant-dernier chapitre ; mais le comportement de Tristan, ses dernières paroles et sa réaction devant Iseut contiennent des indices troublants. D'abord, comme s'il faisait définitivement ses adieux soulagés à un monde dégradé, Tristan, défiguré par son grimage de Fou, particulièrement « hideux et contrefait », parlant certes à sa reine mais aussi au roi et à la cour entière, clame enfin publiquement toute la *vérité* sur son amour pour Iseut et sur la vie qu'il a menée, entièrement déterminée par cet amour. Puis, après les quelques jours de ce bonheur retrouvé dans la réunion charnelle des amants, devant quitter Iseut qui réclame de mourir tout de suite avec lui, Tristan formule ces mots, dont la répétition et les temps verbaux affirment avec éloquence une connaissance à laquelle seul il aurait accès :

> « Oui, je t'emmènerai au pays fortuné des Vivants. Le temps approche ; n'avons-nous pas bu déjà toute misère et toute joie ? Le temps approche, quand il sera accompli, si je t'appelle, Iseut, viendras-tu ? »

(CHAPITRE XVIII, lignes 3314 à 3317.)

Beaucoup plus que le simple souhait, ou même la prémonition d'une mort prochaine, et bien avant que ne survienne matériellement la lance empoisonnée qui le tuera, Tristan *sait*, et en toute certitude, que le dernier voyage tant attendu se profile enfin. En outre, « paradoxalement », cette nouvelle séparation entre les amants, habituellement chargée d'une infinie tristesse, en est ici totalement exempte : au contraire, une formidable joie imprègne la réaction de Tristan, dont le rire et la danse ne sont plus seulement les mimiques du « fou » mais l'authentique expression du bonheur exalté, car il sait imminent le moment libérateur de leur réunion éternelle. Ne répond-il pas, éclatant de rire, aux espions armés du félon Andret, venus le chasser brutalement de la chambre de la reine :

> « Je n'ai plus que faire céans, puisque ma dame m'envoie au loin préparer la maison claire que je lui ai promise, la maison de cristal, fleurie de roses, lumineuse au matin quand reluit le soleil ! »

(CHAPITRE XVIII, lignes 322 à 325.)

Puis, une fois blessé par la lance, alors que le venin gagne peu à peu tout le corps de Tristan, il est dit : « Il sentit que sa vie se perdait, il comprit qu'il fallait mourir » (CHAPITRE XIX, ligne 3340). L'inéluctable nécessité du temps qui approchait et qui maintenant est là, comme inscrit de tout temps dans le livre de leur destinée, s'intègre ici dans la fatalité du verbe choisi.

Tristan paraît ainsi doté d'un pouvoir supra-humain de connaissance supérieure, métaphysique : sa capacité initiale d'accéder à la connaissance de son âme, son amour unique et exclusif pour Iseut, la trajectoire particulière de cet amour prédestiné qui, sublimant finalement tous les obstacles humains, aboutit dans la mort et au-delà à l'union-unité éternelle ; la vision paradisiaque, enfin, de ce merveilleux palais accroché dans les cieux, autre leitmotiv de Tristan, tout confère au héros, à sa dame, à leur amour une dimension mystique.

Pouvoir transcendant de l'Amour

Tel le Verbe divin qui se fait créateur, l'Amour possède lui aussi l'extraordinaire pouvoir de créer : les ronces qui « miraculeusement » unissent les deux tombes des amants constituent l'exacte et troublante réplique matérielle des sentiments que Tristan éprouve dès l'épisode du « philtre » ; dans la nef qui conduit les jeunes gens épris vers le futur époux,

« [...] Il semblait à Tristan qu'une ronce vivace, aux épines aiguës, aux fleurs odorantes, poussait ses racines dans le sang de son cœur et par de forts liens enlaçait au beau corps d'Iseut son corps et toute sa pensée, et tout son désir. »

(CHAPITRE IV, lignes 740 à 743.)

Après que le roi Marc eut honoré les amants et fait ensevelir les cercueils en deux tombeaux, à gauche et à droite de l'abside d'une chapelle,

« [...] de la tombe de Tristan jaillit une ronce verte et feuillue, aux forts rameaux, aux fleurs odorantes, qui, s'élevant par-dessus la chapelle, s'enfonça dans la tombe d'Iseut. »

(CHAPITRE XIX, lignes 3565 à 3567.)

L'*amour-passion*, par sa propre métaphore de l'arche fleurie qui encadre ce lieu de prière chrétien, clame à la société, avec le couronnement des amants et leur consécration par Dieu, son droit absolu et à l'absolu qui, s'il n'est pas reconnu par les médiocres hommes, est voulu, approuvé, béni par le Suprême divin.

Le philtre et son sortilège rendus ainsi définitivement caducs, cet amour prédestiné devait se vivre par-delà les normes sociales et même la condition humaine, puisque le lien d'amour véritable, loin de se confondre avec le mariage, l'Institution, répond bien plus profondément à une élection transcendante des âmes.

Le monde « merveilleux » de l'au-delà

La récurrence dans le discours d'espoir de Tristan à Iseut des lieux édéniques de l'Autre Monde où il l'emmènera, références au Merveilleux celtique ou à la vision chrétienne du paradis, pourrait se lire, certes, comme la quête d'un au-delà idyllique qui compenserait toutes les souffrances que les amants auront subies sur la terre des hommes. « Île des Bienheureux » ou « château de marbre blanc » du « Pays fortuné » de la tradition celte, « maison de verre » ou « de cristal », située dans le « ciel » chrétien, tout de blancheur et de lumière, ils sont le seul espace, au-delà de l'espace, de la « vraie vie » qui permet à l'amour de s'épanouir dans l'unique dimension qui lui soit synonyme, l'*absolu*.

Toutefois, le couronnement des tombes, métaphore poétique et mythique sans doute, pourrait, peut-être, davantage inscrire les représentations réitérées de cet au-delà dans une forme d'illumination, ou de cette connaissance particulière et transcendante que semblerait posséder Tristan. Ce « palais de cristal » — dont le verre a la qualité unique de chanter et dont la limpide transparence symbolise par excellence la pureté, devenant ainsi l'écrin royal et éternel pour cet Amour sublime — pose de nouveau et de manière très aiguë la question troublante d'un décodage possible du roman, non plus sur le plan d'une simple symbolique littéraire, mais selon le prisme de la symbolique mystique. Le « Palais de cristal » apparaît en effet, et sous cette exacte appellation, dans quelques rares mais bouleversantes visions rapportées par de grands mystiques.

Que l'on définisse « mystique » dans le sens laïc d'un « sentiment exalté et absolu centré sur une représentation privilégiée, quasi mythique », ou dans son acception métaphysique de « connaissance ou expérience de ce qui transcende l'humain, d'un rapport direct à Dieu »[1], bien plus que la seule illustration du mythe de l'Amour éternel, *Tristan et Iseut* s'érigerait dès lors en mystique de l'Amour et de l'Élection.

Les autres personnages

LES ÉPOUX

Le roi Marc

Souverain noble, généreux et pacifique, jamais en guerre, il est souvent décrit à l'écoute de ses barons réunis en « conseil ». L'amitié et l'estime que suppose la présence du célèbre voisin, le légendaire roi Arthur, confirment l'image de roi juste et apprécié de son peuple qu'offre le seigneur de Cornouailles, dès le début du roman.

---

1. *Dictionnaire historique de la langue française*, Paris, Le Robert, 1992.

Un amour et un respect instantanés uniront profondément le roi Marc et Tristan, insinuant que cette affinité élective serait produite ici par la voix du sang. Le rapport entre neveu et oncle maternel, très puissant dans la psyché et la littérature médiévales, se substitue au rapport père-fils, ce qui aggrave en soi la « trahison » de Tristan envers Marc, car « tel Œdipe, il s'éprend de la femme entre toutes interdite »[1]. En dépit de cela, leur tendresse réciproque ne se dément pas : pour Tristan, la conscience du chagrin infligé à Marc et la nostalgie émue de ce lien privilégié compteront dans les motifs du retour à Tintagel, après l'épisode de la forêt du Morois ; de son côté, le roi, aimant toujours son neveu, serait tout enclin à pardonner, à le réintégrer même à la cour, s'il ne subissait l'influence néfaste des « félons ».

Grande victime de l'amour de Tristan et d'Iseut, le roi, amoureux lui-même de sa femme et plus volontiers persuadé de la constante fidélité de son neveu-fils, préfère longtemps croire en leur innocence, au point que, naïf jusqu'à la stupidité, il est dépeint en position ridicule, accroché à cet arbre du verger, berné par le discours fallacieux des amants. Magnanime ou faible, il s'empresse d'interpréter la présence de l'épée entre les corps de Tristan et d'Iseut comme la preuve de leur chasteté. Le roi restitue tout naturellement à Iseut sa place de reine tendrement chérie, à qui il n'aurait sans doute pas fait subir l'épreuve du « Jugement de Dieu » s'il n'avait lui-même cédé, comme si seules leurs voix dominaient, aux pressions des barons-félons. Le comportement de Marc oscille entre l'extrême indulgence, ou la volonté de ne pas savoir, et la violente cruauté : attitude que l'on pourrait attribuer, si Marc était une personne et non un personnage, à la lâcheté typique de certains maris trompés qui s'aveuglent volontairement devant l'évidence jusqu'au moment où, contraints de regarder l'insupportable vérité en face, ils succombent à une colère elle-même aveugle, brutale et barbare. Déteste-il ces barons qu'il méprise et insulte, comme il hait le nain à leur solde qu'il traite de « fils de l'Ennemi » (le diable), parce qu'ils jalousent et nuisent sans cesse à Tristan qu'il aime, ou parce qu'ils l'obligent à voir la vérité qu'il préférerait ignorer : la trahison de son neveu et de sa femme ?

---

1. *Tristan et Yseut*, Paris, Éditions Gallimard, coll. La Pléiade, 1995, p. 1673.

Cependant, et bien qu'à ses yeux la réalité de l'amour illégal, trahison dont il a tant souffert, soit imputable à la seule responsabilité du philtre magique, la noblesse du roi, nourrie de son authentique tendresse pour Tristan et Iseut, s'exprime intacte lorsqu'il érige, à la fin, les deux magnifiques tombeaux en l'honneur des amants, interdisant de couper la ronce merveilleuse, hommage concret de cet amour.

Iseut aux Blanches Mains

Seul le nom, qui rappelle celui bouleversant de la vraie Iseut, motive le regard que portera brièvement Tristan sur la sœur de l'ami Kaherdin. Le mariage consacré très rapidement, et auquel ne précède, dans le récit, aucune période ni de connaissance réciproque ni de description qui particularise la jeune fille (aucune émotion ou simple attraction n'est même mentionnée de la part de Tristan), semble surtout procéder d'une obligation d'honneur. Tristan, chevalier justicier, venu à l'aide du duc Hoël et de son fils Kaherdin sur le point de perdre la bataille contre l'assaillant comte Riol, a vaincu ce dernier en combat singulier et déterminé sa complète capitulation. Le duc Hoël doit désormais au héros la restitution de son rang de suzerain, son royaume et la paix de son peuple : c'est pour s'acquitter de cette immense dette morale que le duc offre son avoir le plus précieux, sa propre fille. En retour, il serait impossible à Tristan de refuser cette épouse sans risquer de blesser outrageusement la dignité de son hôte et débiteur, et sans manquer lui-même à son honneur. Peut-être aussi ce mariage rééquilibrera-t-il l'inégalité de statut entre les deux amants : le célibataire errant hanté par son amour verra probablement, comme Iseut la Blonde auprès de son mari, sa douleur un peu allégée. Et parmi toute la gent féminine, presque absente du récit, à laquelle Tristan serait généralement indifférent, Iseut aux Blanches Mains présente le grand avantage d'être la sœur du noble Kaherdin qu'un lien d'intense et parfaite amitié unit au héros.

Cependant la fidélité absolue de Tristan à son amour — le rappel sonore d'Iseut par la chute de la bague — l'empêche d'accomplir son rôle de mari et transforme l'épouse frustrée, quand elle surprend le secret révélé à Kaherdin, en femme jalouse et haineuse. Si le mari trompé qu'est Marc réagit par la colère aveugle, la femme non aimée et délaissée use, elle, de duplicité totale, et joue délibérément la comédie de l'épouse attentionnée, mais elle attend, perfide, l'heure de la vengeance ; et par son odieux mensonge sur la couleur de la voile, elle précipite la mort de Tristan. Son tardif remords ne la rachète nullement ; et elle est repoussée, indigne usurpatrice, ou simple facteur nécessaire pour que s'accomplisse le destin des amants, par la royale Iseut qui occupe désormais sa vraie place et pour l'éternité auprès de Tristan.

LES ADJUVANTS

Les fidèles suivants

Dans la tradition médiévale des cours seigneuriales, le second d'un chevalier ou d'une princesse faisait lui aussi partie de la noblesse : *Gorvenal*, l'écuyer de Tristan, *Brangien* la compagne et *Perinis* le valet d'Iseut, d'extraction noble, ne sauraient se confondre, malgré le service constant à leur « maître » ou « suzeraine », avec de simples serviteurs. « Fidèle », le surnom mérité de Perinis, s'applique à tous les trois, particulièrement à Brangien et à Gorvenal, dont la loyauté est poussée jusqu'à l'oubli d'eux-mêmes.

Gorvenal, le « sage maître » qui dès l'enfance de Tristan lui avait enseigné l'art de la chevalerie, lui consacre toute son existence : il l'a accompagné et infailliblement soutenu dans toutes les aventures et dangers de sa vie, que ce soit l'exclusion dans la forêt ou l'exil difficile de l'errance. Gorvenal sera le premier justicier, fier de venger Tristan de la haine de Guenelon le félon, qu'il décapite.

Perinis, inclus dans le secret de sa reine, joue le rôle de messager de l'amour et, heureux lui aussi de faire justice, tuera le forestier dénonciateur des amants.

Brangien, responsable du philtre et de la fatale méprise, sera la première à révéler l'inexorable destin « d'amour et de mort » des jeunes héros. Compagne, confidente, en fait l'unique véritable amie d'Iseut, elle se dévoue à elle corps et âme : pour sauvegarder l'honneur de sa princesse, elle se substituera à Iseut dans le lit du roi, sacrifiant ainsi son corps et sans doute son propre avenir de femme ; près de mourir sur la cruelle et indigne ordonnance d'Iseut, non seulement elle ne divulgue rien mais invente, au contraire, un scénario pour protéger le bon renom de la reine. Toute sa vie se confond à celle d'Iseut, à son bien-être, au point que sa propre existence semble se dissoudre, dans le récit, à partir du dernier départ de la reine sur la nef de Kaherdin.

Le *chien Husdent* qui rejoint son maître au-delà du précipice de la falaise est offert en gage d'amour à Iseut et, mieux qu'elle, reconnaît Tristan malgré le grimage qui le défigure ; il symbolise la fidélité absolue, surtout l'amour inconditionnel qui répond au seul langage du cœur et non à l'illusion des yeux. Le chien, ici, est presque érigé en modèle exemplaire supérieur à la plupart des humains.

Les amis de haut rang

Outre *Rohalt le Foi-Tenant*, qui avait élevé l'enfant comme son propre fils, *Dinas de Lidan*, seul nommé parmi tous les barons du roi Marc qui aimaient et respectaient Tristan, prouvera jusqu'à la fin son indéfectible amitié. Il libérera le héros des cordes humiliantes qui l'attachent, ce qui favorisera sa fuite (« Le saut de la chapelle ») ; il intercédera auprès de Marc afin d'éviter le bûcher à Iseut et, pour marquer son désaveu total de l'irrévocable et cruelle décision du roi, refuse alors au suzerain son service de vassal. Retiré désormais sur ses terres, le sénéchal hébergera Tristan, Kaherdin et leurs écuyers lors du premier retour de Petite-Bretagne, et transmettra son message à la reine. Son amitié, confirmée par ses actes, jouera le rôle d'adjuvant important puisqu'il déterminera, en partie, l'évolution de l'action du héros.

L'autre adjuvant, auquel Tristan se lie par l'effet d'une véritable élection d'êtres, dont « le cœur [...] vaut tout l'or d'un pays » (CHAPITRE XVI, lignes 2778 et 2779), *Kaherdin* représente la personnification même de l'amitié. Oubliant sa place de beau-frère, ému par la passion secrète que Tristan lui confie, c'est lui qui propose et organise le premier retour en Cornouailles : il permet ainsi au héros de renouer avec son passé et de vérifier les sentiments de son aimée. Même si cet épisode s'avère un douloureux échec, Kaherdin deviendra le dernier messager de l'amour, le dernier justicier qui détruit Andret, le quatrième baron-félon, et le passeur qui, traversant la mer, conduira Iseut vers sa vraie place auprès de Tristan et vers son ultime destination, la mort.

LES OPPOSANTS

Guenelon, depuis la *Chanson de Roland* où un personnage de ce nom trahit Charlemagne et les chrétiens, est devenu au Moyen Âge le nom synonyme d'ignoble traîtrise. *Andret*, autre neveu du roi Marc, qui nourrit pour Tristan, le favori potentiellement héritier de la couronne, une jalousie féroce, *Gondoïne* et *Denoalen* formeront avec Guenelon le quatuor des barons, toujours qualifiés de « félons », qui poursuivront Tristan de leur haine implacable. Dans la littérature courtoise, on appelle « losengiers » ceux qui, comme eux, épient sans cesse les amants afin d'éliminer un rival dangereux ; ils personnifient aussi la jalousie active, exacerbée, propre au mari trompé, jouant, d'une certaine manière à sa place, le rôle de ce dernier : les complots qu'ils fomentent et les pièges qu'ils tendent pour surprendre les amants adultères en flagrant délit ressemblent aux actes que l'on attribue traditionnellement au mari trahi. Lâches, sournois, délateurs, malveillants, usant de chantage auprès du roi dont ils alimentent les pires réactions, ils combinent tous les aspects négatifs ; ils sont l'antithèse même de la noblesse morale du vrai chevalier.

Leur indispensable complice, sorcier aux pouvoirs occultes, le nain *Frocin*, est la véritable incarnation du Mal : son physique repoussant comme son nom qui signifie « crapaud » ne sont que les signes extérieurs de sa perversion et de sa laideur intérieure.

Les ennemis de l'amour ne perpétueront pas leur entreprise de destruction impunément. Le conteur accompagne chaque fois le nom des opposants de Tristan de toutes les malédictions ; le roi, qui les écoute pourtant, les déteste et poursuit de sa vindicte verbale le nain, qu'il finit par expulser ; enfin la justice immanente s'appliquera, leur fera subir des morts atroces et sauvages, à l'image de la haine féroce qu'ils ont vouée au héros.

Le cadre spatio-temporel

LE TEMPS

Temporalité, ou temps symbolique ?

« Aux temps anciens » marque le début du récit. Cette formule imprécise correspond bien à l'amorce vague, caractéristique de tous les contes : « Il était une fois. » De fait le roman, que ponctuent quelques rares mentions sur l'âge du héros enfant ou sur la durée de certains épisodes, demeure dans une sorte d'intemporalité qui renforce la dimension mythique et archétypale du récit des amants éternels.

Nouveau-né, Tristan est adopté par Rohalt le Foi-Tenant, qui le confie à l'éducation des femmes ; puis à l'âge de sept ans, tel que l'exigeait la tradition, il commence sa formation de jeune chevalier qu'il accomplit sans doute précocement. À quel âge est-il enlevé par les marins-marchands et échoue-t-il en Cornouailles ? Rien ne l'indique. Trois ans toutefois s'écoulent auprès du roi Marc dans l'ignorance totale de leur véritable lien de parenté. Aucune autre précision non plus sur le temps de reconquête du Loonnois et de son désengagement au profit de Rohalt le Foi-Tenant, qui précède immédiatement la victoire sur le Morholt. Quel âge a-t-il précisément lorsqu'il est sauvé la première fois par Iseut, puis la deuxième fois ? Nul ne le sait. Cependant, « sept jours et sept nuits », il dérive en barque ; « quarante jours » entre la vie et la mort dure le temps des soins. Puis « dix-huit jours » séparent l'arrivée d'Iseut, emmenée par Tristan en Cornouailles, de ses épousailles avec le roi Marc. Bien plus tard (combien de jours ou de mois plus tard ?), le décompte des saisons vécues en forêt, que confirme Tristan quand il se confie à Kaherdin, aboutit à deux ans ; enfin il aura passé trois ans en exil avant de mourir.

Dans cette forme d'intemporalité générale qui préside au récit, seuls des nombres fortement connotés de significations symboliques sont précisés. Outre les nombres déjà analysés[1], nous pouvons conjecturer sur le symbolisme des *cinq* années qui séparent la condamnation à mort des amants de leur mort effective : *deux* ans

---

1. Voir plus haut l'étude sur « Tristan ».

dans le refuge de la forêt et *trois* ans de séparation. Par la somme de deux, nombre femelle mais aussi principe terrestre, et de trois, nombre mâle et principe céleste, il est le symbole nuptial de l'Union parfaite, et du principe de Vie universelle, de la Totalité absolue par la symbiose de la Terre et du Ciel ; l'occurrence exacte de la mort qui unit définitivement Iseut à Tristan se voit ainsi de nouveau enrichie par la valeur du symbole numérique.

Temps historique, ou surprenant effet de réel ?

Le flou de la temporalité du roman s'inscrit toutefois dans le cadre général de l'époque féodale : de nombreuses scènes témoignent de la réalité de cette société médiévale, introduisant un effet de réel dans un récit dominé par le « merveilleux » mythique. Les assemblées de barons en conseil autour du roi et surtout les procédures de justice relèvent effectivement des institutions du « droit coutumier » au XIIe siècle, vestige de vieilles traditions celtiques : l'usage de la farine pour prendre les coupables en flagrant délit avec, dans ce cas, leur condamnation immédiate et sans jugement ; la remise de certains condamnés aux lépreux qui vivaient dans des villages isolés ; la demande légitime de « l'escondit », ou duel judiciaire, pour faire la preuve de son innocence ; enfin l'important « Jugement de Dieu » ; tous ces cas sont attestés dans les ouvrages juridiques de cette période.

L'ESPACE

La cour

Le château de Tintagel, où Tristan séjourne pourtant de nombreuses années, où le roi et sa reine évoluent, et la vie quotidienne qu'on y mène sont étonnamment absents. Dans ce récit exclusivement focalisé sur les amours de Tristan et d'Iseut, seuls sont décrits les lieux de la cour où ils se rencontrent, cachés, où ils contournent les obstacles, tombent dans les pièges tendus par leurs ennemis. Ils le sont toutefois de façon succincte : la chambre royale qui, selon la coutume médiévale, abritait en plus du couple officiel les suivants favoris qui dormaient auprès du roi et de la reine ; la chambre d'Iseut, dans les appartements des femmes, où Gondoïne le félon épie les amants et se

CHÂTEAU FORTIFIÉ.
AQUARELLE D'APRÈS ALBRECHT DÜRER (1747-1528).

MUSÉE DU LOUVRE, PARIS.

fait tuer par la flèche de Tristan. Le *verger* surtout, topos récurrent dans la littérature courtoise, occupe un espace important : il offre une sorte d'enclave édénique que menace pourtant sans cesse l'ombre du château. Une précision particulière est apportée à la description du « verger », dans un récit qui généralement suggère plutôt qu'il ne détaille les lieux :

> « [...] un verger s'étendait, vaste et clos de fortes palissades [...] [où] un pin s'élevait, haut et droit [...] À son pied, une source vive [dont] l'eau, [...] contenue entre deux rives resserrées, [...] courait [...] et, pénétrant dans l'intérieur [...] traversait les chambres des femmes. »
>
> (CHAPITRE VI, lignes 1025 à 1034.)

Cette précision ne lui confère-t-elle pas sa dimension de métaphore à connotation sexuelle, chargée de traduire la passion des amants qui se retrouvent là, la nuit ?

La forêt

Refuge des bannis, la forêt représente l'unique lieu idyllique où Tristan et Iseut peuvent vivre *en toute liberté* leur union quotidienne sans peur ni obstacle social, malgré la dureté matérielle de l'état de nature, de cette subsistance ramenée à sa forme primitive (CHAPITRE IX). Cet espace s'avère d'autant plus privilégié qu'il sert de cadre, avant la séparation, à l'échange de vœux et de gages d'amour éternel : vœux sacrés dans un décor qui les sacralise ou qu'ils sacralisent ? Lieu particulièrement important dans l'imaginaire et la langue celtiques, car il y aurait en effet, selon les spécialistes, « une stricte équivalence sémantique entre la forêt celtique et le sanctuaire »[1]. Et la définition de « sanctuaire » combine les notions de « protection », de « secret » et de « sacré ». L'identité sémantique comme la valeur de sacre d'amour qui se dégage, ici, pourraient clarifier le sens du geste, autrement incompréhensible, de Tristan quand il choisira précisément la forêt

---

1. Jean Chevalier et Alain Gheerbrant, *Dictionnaire des symboles*, Paris, Éditions Robert Laffont, 1982, p. 455.

pour dévoiler à Kaherdin le secret sur l'amour de sa vie ; comme s'il lui fallait rechercher de nouveau ce décor sacré pour révéler cette vérité sacrée :

« [...] quittons cette chasse, [dit Tristan] suis-moi où je te mènerai ; [...] Sans une parole, ils coururent jusqu'au plus profond de la forêt. Là, Tristan dévoila sa vie à Kaherdin. »

(CHAPITRE XVI, lignes 2715 à 2719.)

La forêt semble de plus offrir l'ombre bénéfique, propice à la vraie lumière, celle où la vérité peut se dire dans la liberté.

La mer

Espace extraterritorial, littéralement « no man's land », elle représente l'errance par excellence, ce lieu qui rend impossible tout ancrage terrestre, qui ne permet pas l'attachement ; en cela, elle définit le plus essentiellement Tristan lui-même qui, désaffilié, ne s'attachant ni aux biens matériels ni à aucune terre, ne possède comme unique et suprême ancrage que son amour pour Iseut.

La mer, fluide, mouvante, bénéfique ou dangereuse, contient intrinsèquement tous les symboles attachés aux lois naturelles, échappant au contrôle humain, de la création : naissance, lieu de tous les potentiels et de toutes les incertitudes, élément de la purification régénératrice, de la renaissance, mais aussi facteur de destruction, elle combine la double symbolique de la vie et de la mort. La mer préside, en effet, à tous les événements marquants du cheminement du héros : berceau de sa gestation, elle le fera échouer, enlevé du Loonnois, en Cornouailles chez le roi Marc, son oncle ; elle le mènera agonisant à la dérive vers l'Irlande, vers Iseut qui le sauvera de la mort, le faisant accéder à une renaissance ; au second retour d'Irlande, devenant l'espace de la liberté où s'exprimera un amour qui outrepasse les règles sociales, la mer bercera les premiers symptômes, les déclarations réciproques et l'union amoureuse de Tristan et d'Iseut (soit la défloration de l'amante). Elle signifiera aussi la séparation la plus irrévocable des amants, puisque Tristan s'exile par-delà la mer, et qu'elle les empêchera à la fin de se retrouver vivants. En dépit de cette hostilité apparente, la mer, nous l'avons montré, aura joué tout le long le rôle d'agent formidable du Destin, conduisant les héros du début à la fin vers leur sublime accomplissement.

Les thèmes

L'immédiate synonymie entre *Tristan et Iseut* et « l'amour éternel » confère à l'*amour* non plus sa place de thème, fût-il prédominant, mais une stature de personnage en soi, héros égal aux amants eux-mêmes ; et c'est à ce titre que nous l'avons étudié plus haut, associé au *philtre*, à la *mort*, au *merveilleux* de l'*au-delà*, celtique ou chrétien, dans lesquels nous avons inclus une *lecture symbolique des nombres*. La *trahison* ou l'*intégrité*, la *fidélité*, la *jalousie* ont aussi été abordées quand nous avons traité de « Tristan » et d'« Iseut » ou « des époux » ; ainsi que le *dévouement* et l'*amitié* avec les adjuvants ; la *violence sauvage*, sans doute reliquats de coutumes barbares des tribus celtes ancestrales avec « les barons-félons » ; le *système de justice*, dans « le temps historique » ; la *forêt* et la *mer*, dans la lecture symbolique des « espaces ».

Peut-être faudrait-il insérer dans le merveilleux, l'aspect civilisateur et la signification psychanalytique de la victoire sur les *monstres*, *dragons* et *géants* : ceux-ci personnifient dans les légendes, celtiques ou autres, le Mal à détruire pour pacifier les peuples ; ils symbolisent aussi, sur un plan individuel, les penchants nuisibles, destructeurs, que tout homme porte en soi et qu'il lui faut sans cesse combattre pour grandir, accéder à un statut moral plus noble et respectable. À intégrer aussi dans la double veine du merveilleux et du psychanalytique, les *rêves* que fait Iseut : message des dieux ou prophétie divine, comme le voulait la tradition ancestrale — gréco-latine et biblique — ; simple prémonition ou aveu de l'inconscient à déchiffrer ? Il serait par ailleurs intéressant d'étudier le thème des *allers et retours* de Tristan : éloignement perçu comme obstacle volontaire pour aiguiser la passion ou comme illustration des recommencements cycliques ? Mais pourrait-on vraiment dresser la liste exhaustive des thèmes pour une œuvre qui recèle encore tant de richesse ! ?

Le roman et son style

« J'ai tâché, dit Joseph Bédier, d'éviter tout mélange de l'ancien et du moderne. Écarter les disparates, les anachronismes, le clinquant, […] ne jamais mêler nos conceptions modernes aux antiques formes de penser et de sentir, tel a été mon dessein, mon effort, et sans doute, hélas! ma chimère ».[1]

Cette fidélité à l'esprit d'alors se traduit effectivement dans la présence manifeste du trouvère qui interpelle son auditoire, anticipe parfois le récit, exprime son évident parti pris pour les héros, orientant ainsi la sympathie sinon l'identification du lecteur au drame vécu par les amants. Présent et omniscient, le conteur narre surtout la succession d'événements qui jalonnent la vie entière de Tristan et le définissent en héros mythique, combinant les phénomènes « merveilleux » et « surnaturels » à des scènes dont le détail les apparenterait au réalisme, dans un langage typique qui illustre les mœurs, les vêtements et les couleurs de l'époque (les scènes quasi cinématographiques du « Jugement » et celles des batailles médiévales), voire à un certain naturalisme cru (les scènes carrément barbares des diverses revanches sur les félons). Plus rare toutefois, et presque exclusive à Tristan et à Iseut, la psyché est aussi fouillée dans quelques introspections où amour, émoi passionnel et souffrance, parfois dilemme à l'endroit de Marc, s'expriment dans de puissants mouvements lyriques.

La multiplicité des péripéties, la formidable vitesse du récit, qu'entrecoupent parfois de brèves descriptions ou quelques courts dialogues, gardent en haleine l'auditeur-lecteur et, malgré le caractère touffu et serré qu'elles impliquent, n'altèrent en rien l'extraordinaire limpidité du texte. Parfaitement saisissable au premier degré pour le jeune lecteur contemporain, ce roman ne prend toutefois sa véritable et profonde signification que par le constant symbolisme qui le sous-tend : parfois évident, le plus souvent camouflé, le symbole

---

1. Avant-propos de Joseph Bédier à son édition de *Tristan et Iseut* publiée en 1900.
Réed. : Paris, coll. 10/18, p. 15.

passe ici par le jeu subtil des très nombreuses métaphores qui émaillent le texte.

« Chimérique », l'entreprise de Joseph Bédier ?

« Le Tristan et l'Iseut de Béroul, ressuscités par M. Bédier avec leurs costumes et leurs allures d'autrefois, avec leurs façons de vivre, de sentir et de parler moitié barbares moitié médiévales, seront pour les lecteurs modernes comme les personnages d'un vieux vitrail, aux gestes raides, aux expressions naïves, aux physionomies énigmatiques. Mais derrière cette image, marquée de l'empreinte spéciale d'une époque, on voit, comme le soleil derrière le vitrail, resplendir la passion, toujours identique à elle-même, qui l'illumine et la fait flamboyer tout entière ».[1]

---

1. Préface de Gaston Paris, *op. cit.*, p. 14.

TRISTAN ET ISEUT.
AFFICHE DE MAURICE LALAU (VERS 1912).

PLONGÉE
DANS L'ŒUVRE

QUESTIONS SUR L'ŒUVRE

CHAPITRE I
LES ENFANCES DE TRISTAN

1. Dégagez le champ lexical relié au portrait physique et moral du jeune Tristan.

2. Quelles caractéristiques apparentent Tristan au chevalier « courtois » accompli ?

3. Relevez deux ou trois phrases qui révèlent les qualités morales, mais aussi l'appartenance à la féodalité, de Rohalt le Foi-Tenant.

4. Quelle figure de style éloquente confère à « la mer » un rôle particulier ? Précisez de quel rôle il s'agit.

5. Dans la rencontre du roi Marc et de Tristan, et au cours de la relation qui se développe entre eux, la narration se focalise davantage sur le roi. Pourquoi ? Quel effet produit la révélation *a posteriori* de l'identité de Tristan ?

6. Notez, à la fin du chapitre, le changement de vitesse du récit. Alors que de nombreux événements sont brièvement résumés en un court paragraphe, la narration s'attarde sur les propos que Tristan, nouveau roi du Loonnois, tient à l'assemblée de ses barons. Pourquoi ? Élaborez vos réponses en vous référant au héros ainsi qu'à l'ensemble du roman.

7. Après analyse de ce chapitre, tentez d'expliciter l'usage du pluriel dans le titre « Les enfances de Tristan ».

Question générale

1. Relevez tous les aspects qui identifient ce texte à une « légende ».

CHAPITRE II
LE MORHOLT D'IRLANDE

1. Quel terme grammatical assimile le géant à un autre monstre de la mythologie ?

2. Que représente la victoire de Tristan sur le Morholt ? Quelles en sont les conséquences pour le roi de Cornouailles ? pour le héros ? pour la structure du récit ?

3. Dès les premières mentions d'Iseut la Blonde, quels traits dominants la caractérisent immédiatement et jusqu'à la fin du chapitre, et l'érigent en personnage féerique des légendes celtiques ?

4. Dans les trois derniers paragraphes, relevez quelques figures de style reliées à la mer, puis à Tristan. Explicitez leur effet « merveilleux ».

5. Pourquoi l'interjection « Hélas ! » du conteur introduit-elle le dernier paragraphe ? Quel subterfuge de Tristan la contredit ?

Chapitre III
La quête de la Belle aux cheveux d'or

1. Quels sont les motifs de la haine éprouvée par les barons-félons à l'endroit de Tristan ?

2. Donnez un titre précis au champ lexical de la calomnie que les félons propagent au sujet de Tristan.

3. Relevez toutes les preuves du profond amour qui lie le roi Marc à son neveu.

4. Comparez le combat contre le dragon avec celui qui oppose Tristan au Morholt. Dégagez et explicitez ce qui les rapproche et ce qui les différencie.

5. Au début de l'épisode du bain, lequel des cinq sens est récurrent (établissez le champ lexical), et pourquoi ? Que révèle sur les deux personnages leur dialogue ?

6. De quelles manières Tristan a-t-il « conquis », d'une part, Iseut, et d'autre part, le roi d'Irlande ? Recherchez la polysémie contextuelle du verbe « conquérir ».

7. Depuis l'épisode du bain jusqu'à la fin du chapitre, établissez le champ lexical des réactions révélatrices du portrait psychologique d'Iseut.

Chapitre IV (voir aussi « Extrait 1 », p. 239)
Le philtre

1. Formulez cinq définitions de l'amour-passion, que le philtre engendrerait :

a) selon la conceptrice du vin herbé (Iseut, la reine-mère) ;

b) selon le conteur;

c) selon la fidèle Brangien;

d) selon ce que Brangien perçoit chez Tristan et Iseut après qu'ils ont bu le philtre;

e) à partir de ce qu'éprouvent les « amants » eux-mêmes.

CHAPITRE V
BRANGIEN LIVRÉE AUX SERFS

1. Quel sacrifice majeur Brangien s'impose-t-elle? Au nom de quoi agit-elle ainsi?

2. Soulignez l'importante présence du conteur; quel rôle jouent ses nombreuses incursions? Lisez-vous une relative contradiction reliée à l'amour dû au philtre?

3. Relisez le paragraphe « Iseut est reine et semble vivre en joie. [...] vous aussi, soyez-lui compatissants! » (lignes 835 à 855). Soulignez d'abord le tout premier verbe qui cristallise la difficile dualité que vit Iseut. Dégagez et explicitez ensuite les nombreuses figures de style qui soutiennent la progression dramatique et qui inciteraient à « justifier » l'indigne traîtrise d'Iseut à l'égard de Brangien.

4. Que dénotent de remarquable les actes et les propos de Brangien sur le point d'être tuée?

5. À quoi attribuer l'incohérence, la confusion dans le comportement d'Iseut?

CHAPITRE VI
LE GRAND PIN

1. Montrez les étapes de la démarche haineuse des félons; comment parviennent-ils à leur fin? Soulignez les figures de style qui illustrent leur félonie.

2. Dégagez, par les champs lexicaux, les effets du soupçon chez Marc et les conséquences que cela entraîne pour Tristan.

3. Pour le passage qui précède les épisodes qui se déroulent dans le verger, établissez le champ lexical de la passion inassouvie pour les deux héros. Qu'en déduisez-vous?

4. Pour les amants qui s'y retrouvent enfin, le verger préfigure-t-il le paradis ? Iseut et Tristan partagent-ils la même perception ? Précisez.

5. Soulignez tous les termes qui définissent le nain Frocin. En quoi ceux-ci aggravent-ils la caractérisation négative des barons dont il est le complice ? Cela correspond-il au manichéisme propre aux contes et légendes ?

6. Dans le dialogue entre Tristan et Iseut, qui se savent observés par le roi Marc, sur quels procédés sémantiques et stylistiques repose la duplicité ?

7. En quoi le roi berné combine-t-il les traits du ridicule grotesque et de l'émouvante candeur ?

8. Comment Brangien, à qui Iseut raconte le piège du verger, définit-elle ce petit miracle ?

CHAPITRE VII
LE NAIN FROCIN

1. Décelez les éléments qui se rapportent à l'institution de la féodalité. De quelle façon les barons-félons jouent-ils de leurs prérogatives ?

2. Dans le passage « Qu'est-ce à dire ? […] le sang a malement coulé de la blessure sur la farine. » (lignes 1247 à 1265), relevez, tant dans le lexique que dans les procédés stylistiques, ce qui exprime à la fois la précaution et la précipitation dans l'agissement de Tristan.

3. Au nom de qui et de quoi Tristan se livre-t-il si facilement ?

4. Sur quoi est fondée la confiance en Dieu de Tristan ? À quelle institution de cette époque se réfère-t-elle ?

5. Quelles clarifications apportées par le conteur impliquent son adhésion constante à l'égard de Tristan et des amants ?

CHAPITRE VIII
LE SAUT DE LA CHAPELLE

1. Tout ce chapitre tend à illustrer la protection que Dieu offre aux amants. Par quels moyens se traduit-elle ? Énumérez-les et définissez-les précisément.

2. Quels arguments explicites et implicites Dinas de Lidan offre-t-il au roi pour éviter le bûcher à Iseut?

3. Comment se manifeste l'inflexible et inhabituelle cruauté du roi?

4. En dégageant les champs lexicaux et les figures de style dans l'épisode des lépreux, montrez l'ampleur de l'ignoble sort que subirait Iseut livrée aux lépreux.

5. Comment, dans le lexique et le style, s'exprime le soulagement des amants, voués pourtant à la difficile survie de fugitifs?

CHAPITRE IX
LA FORÊT DU MOROIS

1. Dès le premier paragraphe et tout au cours du premier entretien avec le Frère Ogrin, quels termes et quelles figures de style traduisent la puissance de l'amour? Dans l'expression «la bonne liqueur nous enivre», décelez-vous une polysémie éloquente?

2. Dégagez le champ lexical de la forêt-abri. Quelles connotations comportent certains termes?

3. Découvrez ce qui fait de l'épisode de Guenelon tué par Gorvenal une véritable scène de film. Quelle fonction, dans le roman, peut-on attribuer à cette extrême barbarie, si peu compatible avec la noblesse de Tristan?

4. Quelles interprétations modifient radicalement l'intention première du roi Marc à l'endroit de Tristan et d'Iseut endormis? Comment se traduisent-elles? Quels symboles attacheriez-vous à chacun de ses gestes?

5. En quoi le rêve d'Iseut reproduit-il symboliquement l'exacte réalité?

CHAPITRE X (voir «Extrait 2», p. 240)
L'ERMITE OGRIN

CHAPITRE XI
LE GUÉ AVENTUREUX

1. Dans le «bref» de Tristan, lu devant le conseil des barons, quels sont les arguments avancés par Tristan pour plaider sa cause et

celle de la reine ? Relevez les termes qui pourraient paraître équivoques. Sur quel procédé stylistique majeur repose son argumentation ?

2. Dans le dialogue entre Tristan et Iseut, à la réception de la réponse du roi, qu'est-ce qui, dans la symbolique des dons échangés et dans les temps verbaux, confirme la certitude de l'amour réciproque et éternel ?

3. Qu'est-ce qui explique l'anticipation dans l'intervention du conteur ?

4. À partir du moment où Tristan rend Iseut au roi, un changement survient dans la dénomination d'Iseut. Notez la diversité. Quelles significations pouvez-vous attribuer à ces variations ?

5. Dans le dernier paragraphe, soulignez une antithèse importante, révélatrice de l'amour général voué aux deux héros.

6. Dans tout ce chapitre, relevez les marques de la profonde tendresse que continue d'éprouver le roi Marc à l'endroit de son neveu.

CHAPITRE XII
LE JUGEMENT PAR LE FER ROUGE

1. Soulignez tous les aspects qui font référence aux mœurs de l'époque et qui indiquent la filiation du roman à « la veine bretonne ».

2. Quelle image du couple royal peut-on déduire du seul comportement d'Iseut ?

3. Notez l'expression « elle se fie à la *courtoisie* de Dieu ». Commentez.

4. Pourquoi l'incident du forestier tué par Perinis survient-il à ce moment précis ?

5. Dégagez, par les champs lexicaux et les procédés stylistiques, ce qui ferait de l'épisode du jugement de Dieu une véritable scène de film.

6. Ce chapitre dévoile l'extrême intelligence combinée à une relative perfidie chez Iseut. Commentez. Dieu serait-il complice ou juste ?

CHAPITRE XIII

LA VOIX DU ROSSIGNOL

Question générale

1. Montrez comment ce chapitre cristallise à la fois l'expression de l'amour-passion, qui transcende les obstacles, et la protection « miraculeuse » dont bénéficient les amants.

CHAPITRE XIV

LE GRELOT MERVEILLEUX

1. Dans le premier paragraphe, décelez une structure de phrase qui traduit en la renforçant la douleur de Tristan.

2. Dans le deuxième paragraphe, dégagez, outre les champs lexicaux, les procédés stylistiques qui amplifient la qualité de « merveilleux » du chien Petit-Crû.

3. Quelles figures de style traduisent l'effet du grelot sur Iseut?

4. Pourquoi ce chapitre est-il si bref?

CHAPITRE XV

ISEUT AUX BLANCHES MAINS

1. Comment se traduit l'obsession amoureuse chez Tristan?

2. Pourquoi cette terre dévastée de Bretagne est-elle si longuement décrite?

3. Montrez ce qui, dans la structure des deux dernières phrases du monologue intérieur de Tristan, contredit précisément ce qu'il affirme souhaiter.

4. Pourquoi la bataille contre le comte Riol occupe-t-elle un si long espace dans le récit? Comment se manifeste encore la noblesse de Tristan? Quelles conséquences dérivent de sa victoire?

5. Notez le récit quasi elliptique des épousailles. Par quels signes textuels s'exprime cette rapidité? Pourrait-on déduire une incidence quelconque sur l'importance à accorder au personnage d'Iseut aux Blanches Mains?

CHAPITRE XVI
KAHERDIN

1. Subdivisez en grandes parties la totalité du chapitre (dégagez le plan interne du chapitre) ; donnez un titre à chacune d'elles. Que remarquez-vous ?

2. Quels signes traduisent la profondeur de l'amitié entre Kaherdin et Tristan ?

3. À quoi les pensées d'Iseut font-elles écho ?

4. À quelle tradition du XIIᵉ siècle le personnage de Kariado correspond-il ?

5. Hormis le titre « Kaherdin », comment intituleriez-vous ce chapitre ?

CHAPITRE XVII
DINAS DE LIDAN

1. Montrez quelles gradations, quelles hyperboles conduisent à illustrer la resplendissante beauté d'Iseut.

2. De quelle manière Tristan et Iseut se transmettent-ils les messages ? Quels autres épisodes du roman cela rappelle-t-il ? Quels symboles y lisez-vous ?

3. Quel incident induit Iseut en erreur ?

4. Comment, dans le lexique et le style, s'exprime la jalousie d'Iseut ?

5. L'aveuglement d'Iseut devant la vérité et sa cruelle intransigeance à l'égard de Tristan sont-ils compatibles avec tout ce qui précède ?

6. Que signifie le port du cilice pour Iseut ? À quelle autre forme d'amour cet acte assimile-t-il les sentiments qu'éprouve Iseut pour Tristan ?

CHAPITRE XVIII
TRISTAN FOU

1. Trouvez un lien significatif entre la fin du chapitre XVII et le titre de ce chapitre-ci.

2. Relevez, dès le premier paragraphe, tous les termes reliés à la mort ; soulignez les temps verbaux et retrouvez toutes les associations qui explicitent le désespoir total de Tristan.

3. Pourquoi, plus que les autres fois, le grimage de Tristan est-il si détaillé ?

4. À la cour du roi Marc, à partir de quelle déclaration du « fou », selon vous, Iseut aurait dû reconnaître Tristan ?

5. Dégagez la progression des révélations publiques du « fou », et, en parallèle, la gradation dans les réactions d'Iseut.

6. Notez la manière dont la reine est tantôt appelée « reine », tantôt dénommée « Iseut ». En quelles circonstances ces variations surviennent-elles ?

7. Dans la séquence où Tristan-fou entre dans la chambre de la reine, relevez tous les procédés d'écriture qui traduisent le passage brutal de l'exaltation à la colère, le dépit douloureux de Tristan, ainsi que l'incertitude d'Iseut.

8. Dans le passage qui clôt le chapitre, « Amie, il me faut fuir déjà, […] et le fou, sans se hâter, s'en fut en dansant. » (lignes 3306 à 3327), par quelles tournures de phrases la certitude de la mort s'exprime-t-elle ? Pourquoi « Vivants » comporte-t-il une majuscule ? Découvrez la polysémie contextuelle de « en dansant ».

CHAPITRE XIX (voir « Extrait 3 », p. 241)
LA MORT

LE PHILTRE, CHAPITRE IV

« *De nouveau, la nef cinglait vers Tintagel. […] Alors il posa ses lèvres sur les siennes.* »

1. Situez l'extrait dans le roman.

2. Dégagez le plan interne ; donnez un titre à chacune des parties.

3. Quelle phrase, à la place précise qu'elle occupe dans l'extrait, pourrait se lire comme une métaphore de l'irréversible obstacle auquel se heurtera l'amour ?

4. Par quel type de discours les sentiments de Tristan sont-ils transmis ?

5. Relevez toutes les figures de style, comparaisons, métaphores, antithèses, qui expriment l'exaltante beauté liée à la souffrance dans l'amour éprouvé par Tristan.

6. Quels termes indiquent que l'amour-passion est un sentiment qui envahit la totalité de l'être ?

7. Quels procédés d'écriture traduisent le sentiment de culpabilité de Tristan ?

8. Quelle phrase synthétise le douloureux dilemme de Tristan ?

9. Relevez les antithèses signifiantes de l'état d'Iseut. Les raisons du combat intérieur d'Iseut sont-elles comparables à celles du dilemme que vit Tristan ?

10. À quoi est due l'humilité, voire la soumission, qu'expriment les deux héros ?

11. Que signifie le soudain tutoiement ?

12. En quoi la déclaration d'Iseut implique-t-elle l'absolue certitude de l'amour ressenti ? (En plus du champ lexical, expliquez l'effet produit par les répétitions, les gradations et la ponctuation.)

Question d'analyse

1. Montrez comment cet extrait, dans son contenu et sa structure, illustre formidablement la puissance magnétique de l'amour-passion.

EXTRAIT 2

L'ermite Ogrin, chapitre x
« À trois jours de là, […] et, longuement se lamente dans la nuit. »

1. Situez l'extrait dans le roman.
2. Dégagez le plan interne et donnez un titre à chacune des parties.
3. Quelles conditions semblent nécessaires mais aussi favorables à la réflexion intérieure de Tristan ?
4. À quoi la première phrase du discours direct fait-elle référence ? (Voir chapitre précédent.) Quelle résonance sur l'état d'esprit de Tristan pourriez-vous en déduire ?
5. Relevez tous les procédés d'écriture qui traduisent une logique dans le mouvement de la pensée de Tristan.
6. Quel portrait Tristan dessine-t-il de Marc ?
7. Établissez le champ lexical qui se réfère à la relation privilégiée entre Tristan et Marc. Quel titre pourriez-vous donner à ce champ lexical ?
8. Quelle phrase synthétise la nostalgie que semble éprouver Tristan à l'endroit de son oncle ? Ne comporte-t-elle pas aussi une grande marque d'amour de la part du neveu ? Expliquez en quoi.
9. Notez, surtout à partir de « Qu'ai-je pensé ? » (ligne 1799), la variation dans les temps verbaux. Explicitez comment ils renforcent l'atroce souffrance que peut ressentir Tristan.
10. Soulignez les parallèles antithétiques qui soutiennent la dénomination duelle « Iseut » et « Reine ». Expliquez.
11. Que comporte de douleur mais aussi d'amour et de devoir combinés la supplique à Dieu ?
12. Quelles institutions fondamentales de l'époque sont évoquées dans la dernière phrase du monologue intérieur ? Pourquoi est-ce la dernière phrase formulée par Tristan ?
13. Quelles marques stylistiques, bien plus que lexicales, induisent à cette certitude : la décision implicite de la séparation prochaine des amants.

Question d'analyse

1. Montrez comment l'hommage rendu à Marc, dans le cœur et l'esprit bouleversés de Tristan, mais aussi un scrupule fondamental dû à son amour pour Iseut convergent inéluctablement vers l'implicite et atroce décision de la séparation des amants.

---

p. 149-153   **EXTRAIT 3**

LA MORT, CHAPITRE XIX

« *Ainsi gémit la reine, tant que dura la tourmente. […] elle mourut auprès de lui pour la douleur de son ami.* »

1. Situez l'extrait dans le roman.
2. Dégagez le plan interne et attribuez un titre à chacune des parties.
3. Qu'ajoute à l'amère ironie de cette lointaine proximité de la côte la personnification des éléments naturels ?
4. Quels puissants symboles recouvre le rêve d'Iseut ?
5. En quoi ce rêve, à lui seul, pourrait-il conférer au personnage d'Iseut sa dimension de femme « extraordinaire » (dans la polysémie de cet adjectif) ?
6. Dans tout le passage du récit relié à la mort de Tristan, relevez les signes sémantiques et stylistiques qui prouvent que le fil de sa vie ne tenait qu'à l'ultime espoir de revoir Iseut.
7. Relevez les hyperboles qui qualifient Iseut.
8. La médiocrité du personnage d'Iseut aux Blanches Mains s'exprime-t-elle dans le seul mais odieux mensonge sur la couleur de la voile ?
9. Qu'aurait de choquant l'expression « *L'autre* Iseut » si l'on n'y découvrait pas une polysémie contextuelle ? Expliquez.

Questions d'analyse et de dissertation

1. Montrez que, depuis l'arrivée d'Iseut sur la terre endeuillée jusqu'à sa propre mort, et malgré la tristesse ambiante, une remarquable sérénité se dégage de « la fin » de l'amante.
2. En quoi cet extrait confirme-t-il le caractère exemplaire, supérieur, de la royale Iseut ?

3. Ce dernier chapitre démontre, peut-être plus encore que la réciprocité amoureuse, l'amour exceptionnel qu'Iseut voue à Tristan. Discutez.

4. Montrez comment la structure même de ce chapitre sous-tend et illustre le phénomène de ré-union/unification finale des deux amants.

Questions générales

1. *Tristan et Iseut* n'est pas un roman typiquement « courtois ». Discutez.

2. La mort des amants est la consécration sublime de l'amour plutôt qu'une fin tragique. Discutez.

TRISTAN LORS D'UN COMBAT, PENDANT SON EXIL FINAL.
MINIATURE D'UN MANUSCRIT DU XVe SIÈCLE.

Österreichische Nationalbibliothek, Vienne.

ANNEXES

	ÉVÉNEMENTS HISTORIQUES EN FRANCE	ÉVÉNEMENTS LITTÉRAIRES ET CULTURELS EN FRANCE
	TABLEAU CHRONOLOGIQUE	
476	Chute de l'Empire romain d'Occident.	
481	Clovis, roi des Francs.	
496	Conversion de Clovis au catholicisme (baptême).	
632		
711		
751	Pépin le Bref, roi de France.	
756		
771	Charlemagne, roi des Francs, unificateur du royaume.	
793	Les Vikings s'installent en Normandie.	
VERS 800		
842	*Serments de Strasbourg*, établis en langue vulgaire.	
843	Division de l'Empire carolingien.	
881		*Cantilène de sainte Eulalie*, considérée comme le tout premier texte littéraire français.
987	Hugues Capet, roi de France.	
1050		Premières chansons de geste.
1054		

TABLEAU CHRONOLOGIQUE

ÉVÉNEMENTS HISTORIQUES ET CULTURELS HORS DE FRANCE	MULTIPLES VERSIONS DE *TRISTAN ET ISEUT*	
		476
		481
		496
Les Arabes conquièrent Jérusalem.		632
Les Arabes musulmans conquièrent nombre de pays riverains de la Méditerranée ; occupation de la majeure partie de l'Espagne.		711
		751
Création des États du pape.		756
		771
		793
	Première apparition d'un récit celtique à l'origine, sans doute, d'une version commune de l'histoire de Tristan et Iseut.	VERS 800
		842
		843
		881
		987
		1050
Schisme de l'Église d'Orient.		1054

TABLEAU CHRONOLOGIQUE	
ÉVÉNEMENTS HISTORIQUES EN FRANCE	**ÉVÉNEMENTS LITTÉRAIRES ET CULTURELS EN FRANCE**
1060-1108 Apogée de la féodalité.	
1078	
1079-1142	Pierre Abélard.
1095	
1099	
VERS 1100	*La Chanson de Roland*.
1100-1220	Âge des troubadours.
1115-1300	Âge des trouvères.
1135-1183	Chrétien de Troyes.
1136 Louis, fils du roi Louis VI, épouse Aliénor d'Aquitaine, petite-fille du troubadour Guillaume IX, puis succède à son père sous le nom de Louis VII.	
VERS 1140	
VERS 1150	
1152 Aliénor d'Aquitaine, répudiée par Louis VII, épouse Henri Plantagenêt.	
1154	
1155	*Le Roman de Brut* de Wace, traduction et adaptation de l'ouvrage de Geoffroi de Monmouth.

TABLEAU CHRONOLOGIQUE		
ÉVÉNEMENTS HISTORIQUES ET CULTURELS HORS DE FRANCE	**MULTIPLES VERSIONS DE *TRISTAN ET ISEUT***	
		1060-1108
Prise de Jérusalem par les Turcs.		1078
		1079-1142
Première croisade. (Massacre des juifs.)		1095
Prise de Jérusalem par les croisés.		1099
		VERS 1100
		1100-1220
		1115-1300
		1135-1183
		1136 793
Historia regum Britanniae de Geoffroi de Monmouth.		VERS 1140
Une version ancienne de la légende de Tristan et Iseut circule, oralement et par écrit.		VERS 1150
		1152
Henri Plantagenêt devient Henri II, roi d'Angleterre.		1154
Frédéric Ier Barberousse, qui a succédé à son oncle comme roi d'Allemagne, devient empereur du Saint-Empire romain germanique.		1155

TABLEAU CHRONOLOGIQUE		
	ÉVÉNEMENTS HISTORIQUES EN FRANCE	ÉVÉNEMENTS LITTÉRAIRES ET CULTURELS EN FRANCE
1160-1180		*Lais* de Marie de France, parmi lesquels le *Lai du chèvrefeuille*.
1160? 1180?		
1170? 1173?		
1179		*Le Roman de Renard*.
1180	Philippe II Auguste devient roi de France.	
1180-1190		
1181		*Yvain* ou *Le Chevalier au lion* et *Lancelot* ou *Le Chevalier à la charrette* de Chrétien de Troyes.
1189		
1190		
1198		
1199		
VERS 1200		
1200-1210		
1204		
1212		
1217-1263		
1223	Louis VIII devient roi de France.	

TABLEAU CHRONOLOGIQUE		
ÉVÉNEMENTS HISTORIQUES ET CULTURELS HORS DE FRANCE	**MULTIPLES VERSIONS DE *TRISTAN ET ISEUT***	
		1160-1180
	Tristan et Yseut de Béroul.	1160? 1180? 1170-1173?
	Tristan et Yseut de Thomas.	
		1179
		1180
	Tristan et Isolde d'Eilhart d'Oberg.	1180-1190
		1181
Mort d'Henri II Plantagenêt; Richard Cœur de Lion lui succède sur le trône d'Angleterre.		1189
Mort de Frédéric Barberousse.		1190
Mort d'Henri VI, le successeur de Frédéric, empereur d'Allemagne et du Saint-Empire germanique.		1198
Mort de Richard Cœur de Lion; son frère Jean sans Terre lui succède.		1199
	Les *Folies Tristan,* dans les manuscrits d'Oxford et de Berne.	VERS 1200
	Tristan und Isolde de Gottfried de Strasbourg.	1200-1210
Mort d'Aliénor d'Aquitaine.		1204
Frédéric II, petit-fils de Barberousse, élu roi d'Allemagne.		1212
	La *Saga de Tristram et d'Isönd* fait partie de textes courtois et de chansons de geste traduits en islandais.	1217-1263
		1223

	TABLEAU CHRONOLOGIQUE	
	ÉVÉNEMENTS HISTORIQUES EN FRANCE	**ÉVÉNEMENTS LITTÉRAIRES ET CULTURELS EN FRANCE**
1226-1270	Règne de Louis IX (Saint-Louis) ; affermissement du pouvoir royal en France.	
1229		
1230		*Le Roman de la Rose.*
1230-1235		
1252	Création de l'Université de Paris.	
1257	Robert de Sorbon fonde la Sorbonne.	
1275		
1291		
VERS 1298		
VERS 1300		
1307		
1309	La papauté s'installe à Avignon. Les procès des Templiers.	
1337	Début de la guerre de Cent Ans qui oppose Français et Anglais.	
1348	Début de l'épidémie de la peste noire dans toute l'Europe.	
1352		
1431	Jeanne d'Arc brûlée à Rouen.	
1437		
1453	Fin de la guerre de Cent Ans.	

TABLEAU CHRONOLOGIQUE		
ÉVÉNEMENTS HISTORIQUES ET CULTURELS HORS DE FRANCE	**MULTIPLES VERSIONS DE *TRISTAN ET ISEUT***	
		1226-1270
Frédéric II d'Allemagne devient roi de Jérusalem.		1229
		1230
	Les premiers *Tristan* en prose.	1230-1235
		1252
		1257
Départ de Marco Polo pour l'Extrême-Orient.		1275
Fin des croisades.		1291
	Sir Tristrem.	VERS 1298
	Tristano Riccardiano, traduction italienne d'un *Tristan* en prose.	VERS 1300
La Divine Comédie de Dante.		1307
		1309
		1337
		1348
Le *Décaméron* de Boccace.		1352
		1431
Invention de l'imprimerie par Gutenberg.		1437
Chute de l'Empire romain d'Orient, avec la prise de Constantinople par les Turcs.		1453

TABLEAU CHRONOLOGIQUE		
	ÉVÉNEMENTS HISTORIQUES EN FRANCE	ÉVÉNEMENTS LITTÉRAIRES ET CULTURELS EN FRANCE
1492		
1800		
1804		
1835-1839		
1839		
1852		
1854-1859		
1882		
1894		
1900		
1902		
1923		

TABLEAU CHRONOLOGIQUE		
ÉVÉNEMENTS HISTORIQUES ET CULTURELS HORS DE FRANCE	**MULTIPLES VERSIONS DE *TRISTAN ET ISEUT***	
« Découverte » de l'Amérique par Christophe Colomb. Après des décennies d'Inquisition et de guerre, expulsion des musulmans et des juifs d'Espagne par le roi Ferdinand d'Aragon et Isabelle de Castille.		1492
	Tristan (inachevé) de A.W. Schlegel.	1800
	Édition de *Sir Tristrem* par Walter Scott.	1804
	Édition du corpus des romans de *Tristan* en vers par F. Michel.	1835-1839
	Tristan (inachevé) de F. Rückert.	1839
	Tristram and Iseult, poèmes de Matthew Arnold.	1852
	Tristan und Isolde, opéra de Richard Wagner.	1854-1859
	Tristram of Lyonesse de A. G. Swinburne.	1882
	G. D'Annunzio évoque la légende de Tristan dans *Le triomphe de la mort*.	1894
	Le roman de Tristan et Yseut, première reconstitution en français moderne du corpus tristanien par Joseph Bédier.	1900
	Tristan, nouvelle de Thomas Mann.	1902
	The Famous Tragedy of the Queen of Cornwall at Tintagel in Lyonesse, pièce en un acte de Thomas Hardy.	1923

L'EUROPE DU MOYEN ÂGE.

GLOSSAIRE DE L'ŒUVRE

Abside: partie arrondie de certaines églises, derrière le chœur.

Affranchir: libérer, rendre son indépendance.

Amble: allure particulière du cheval quand il se déplace, comme lors de parades, en levant en même temps les deux jambes du même côté.

Amendise (offrir belle): reconnaître sa faute, en demander pardon et la réparer.

Arçon: pièce courbe du corps de la selle.

Arroi: arrangement.

Atours: toilette et parure féminines; **atourner (s'):** s'habiller.

Autour: oiseau rapace plus grand que l'épervier, dressé pour la chasse.

Ban: convocation faite par le suzerain à tous ses vassaux.

Baron: noble à la tête d'une terre (baronnie), vassal d'un suzerain royal.

Baume: préparation à base de plantes à effet calmant.

Beau frère, belle sœur: formule de politesse coutumière de l'époque, même quand on s'adressait à un inconnu.

Béryl: pierre précieuse transparente et colorée (aigue-marine et émeraude).

Bliaut: longue tunique de laine ou de soie.

Bourdon: long bâton terminé par un pommeau, signe distinctif du pèlerin.

Brachet: chien utilisé spécialement pour la chasse à courre.

Bref: court écrit; lettre, message.

Brocher un cheval: le piquer de l'éperon pour le lancer au galop.

Bure: étoffe grossière de laine brune.

Céans: à l'intérieur, ici dedans.

Ceignit (ceindre): attacher à la taille.

Celer: cacher.

Cendal: tissu luxueux.

Chainse: vêtement de toile très fine porté sous la chemise.

Chambrière: femme au service de la chambre de la reine.

Chape: manteau à capuchon.

Chapelain: prêtre qui dessert une chapelle.

Chaperon: capuchon.

Charme: opération magique.

Charmer: fasciner, séduire; apaiser, calmer.

Châsse: coffre richement travaillé.

Chat-huant: rapace nocturne tels le hibou et la chouette.

Chausse: à la manière des bas, les chausses en tissu couvrent les jambes et les pieds; mais, pour se protéger au combat, le chevalier lace, par-dessus ces chausses, des chausses de mailles d'acier.

Chaut (peu lui) (chaloir) : peu lui importe.

Cingler : naviguer à la voile vers une direction, avec une connotation de rapidité.

Convoiter : désirer ardemment.

Cotte : tunique.

Couard : lâche, poltron.

Couche : lit.

Coudrier : noisetier.

Courroux : vive colère, fureur ; **courroucé :** furieux.

Courtine : tenture, rideau.

Coutret : (probablement) bouteille fermée par une vis ; grand flacon.

Crécelle : moulinet de bois formé d'une planchette mobile qui produit un crépitement.

Croisée : châssis vitré qui ferme une fenêtre.

Dais : ouvrage de bois et de tissu fait de manière à ce qu'il s'étende comme un plafond au-dessus d'un trône (d'un lit ou d'un autel).

Déconfort : sans consolation.

Degrés : marches d'un escalier.

Denier : unité du système monétaire au Moyen Âge, valant un douzième (1/12) du sou.

Destrier : cheval de bataille ; par opposition au « palefroi », cheval de parade.

Dolent : triste, affligé.

Ébrécher : briser sur le bord.

Écarlate : étoffe précieuse de couleur rouge.

Écu : bouclier.

Embrasser : enlacer, prendre entre ses bras.

Embusquer (s') : se dissimuler en vue d'attaquer un ennemi par surprise.

Émerillon : petit faucon au vol très rapide, employé jadis pour la chasse.

Enchantement : phénomène magique.

Enchanter : soumettre à un enchantement, un phénomène magique.

Envelopper : encercler.

Éperon : pointe de métal fixée au talon du chevalier.

Éperonner : pousser un cheval au galop en le piquant des éperons.

Ermitage : habitation d'un religieux qui s'est retiré dans la solitude (ermite).

Ermite : religieux qui s'est retiré dans la solitude.

Escarboucle : pierre précieuse (variété de grenat) d'un rouge foncé très vif.

Essart : espace de terrain déboisé ; **essarter :** déboiser.

Faire outrage : commettre une grave offense, une injure à l'endroit de quelqu'un.

Féal (plur.: **féaux**): fidèle.

Fée: être féminin imaginaire à qui la légende attribue un pouvoir surnaturel et une influence sur les destinées humaines; en apposition: enchantée.

Félon: traître; **félonie**: trahison.

Fermail: broche servant à agrafer un manteau.

Forfaire: agir contrairement à ce qu'on a le devoir de faire.

Fors: hormis.

Forsennerie: folie, égarement.

Franchise: libération, indépendance.

Frein: bride.

Garde: rebord placé entre la lame et la poignée de l'épée et servant à protéger la main.

Géant: selon les légendes, des géants peuplaient à l'origine le sol de la Grande-Bretagne.

Gent menue: «bas peuple», «petit peuple».

Gerfaut: oiseau de proie, vautour.

Gisait (gésir): être couché sans mouvement.

Gîte: abri où loger.

Gonelle: large tunique à manches longues et à capuchon, faite d'une étoffe grossière.

Grelot: petite boule de métal creuse, contenant un morceau de métal qui la fait résonner quand on l'agite.

Gris: fourrure du dos de l'écureuil.

Guimpe: voile de toile fine qui couvrait partiellement les cheveux, le visage et les épaules des femmes mariées.

Haillons: vieux lambeaux d'étoffes servant de vêtements.

Haler: tirer au moyen d'un cordage.

Hallier: groupe de buissons serrés et touffus.

Hanap: petit vase à boire muni d'un couvercle (vaisselle précieuse).

Hardi: audacieux.

Harpe: instrument à cordes pincées; **harper**: jouer de cet instrument.

Hauban: cordage servant à maintenir et consolider un mât.

Haubert: longue chemise de mailles d'acier que portaient les chevaliers du Moyen Âge lors les batailles.

Haut parage: haute naissance; origine noble.

Heaume: grand casque, protégeant tête et visage, que portaient les chevaliers du Moyen Âge lors les batailles.

Héraut: officier chargé de transmettre publiquement et à haute voix les messages du roi.

Hermine: fourrure de l'hermine, mammifère de la famille de la belette.

Homme lige: vassal lié plus étroitement que d'autres à son suzerain ; fidélité, dévouement total.

Honnir: blâmer, couvrir de honte, déshonorer.

Jongleur: saltimbanque itinérant aux multiples talents.

Lai: poème musical, récit d'aventures légendaires ou d'amours exemplaires chanté et accompagné souvent à la harpe.

Languir: souffrir, dépérir.

Lévrier: chien utilisé spécialement pour la chasse à courre.

Limier: chien de chasse dressé à quêter et à détourner le gibier.

Male, malement: de manière fâcheuse ; au mauvais moment.

Mander: demander, solliciter.

Marc: unité monétaire pesant « huit onces » d'argent ou d'or.

Maréchal (plur.: **maréchaux**): officier chargé du soin des chevaux.

Marri: contrarié, fâché, triste.

Ménestrel: poète et musicien qui va de château en château, plus respecté et estimé que le jongleur musicien.

Merci: pitié, grâce, miséricorde, pardon ; **à la merci:** livré au bon vouloir.

Merveilleux, -se: qui relève d'un phénomène étrange et surnaturel.

Mesnie: compagnie du roi.

Moutier: monastère, couvent ou église.

Navrer: blesser, transpercer.

Nef: navire, vaisseau ; partie d'une église, entre le portail et le chœur.

Occire: tuer.

Orfèvre: artisan qui fabrique des objets en métaux précieux ; **orfèvrerie:** ouvrage ou commerce de l'orfèvre.

Orfraie: espèce d'aigle.

Orfroi: bande d'étoffe brodée de fils d'or et d'argent, parfois ornée de pierres précieuses.

Ost: armée.

Ouïr (ouï): entendre.

Ouvrer: broder.

Palefroi: cheval de parade.

Pèlerin: personne qui fait un pèlerinage (voyage) vers de grands lieux saints.

Philtre: breuvage magique destiné à provoquer l'amour.

Plaid: audience au tribunal, procès, jugement.

Poupe: arrière d'un navire.

Pourpre: matière colorante d'un rouge vif ; par extension, une étoffe rouge vif, symbole de richesse et de haut rang social.

Preux: vaillant, courageux.

Proue: avant d'un navire.

Prud'homme: homme vaillant et courageux; preux.

Railler: ridiculiser.

Ravir: enlever, emporter de force.

Reliquaire: coffret précieux contenant les reliques (restes du corps d'un saint), objet de culte important au Moyen Âge.

Requérir: réclamer.

Samit: soie.

Semondre: avertir avec menace; imposer, ordonner.

Sénéchal (plur.: **sénéchaux**)**:** officier de la cour, chef de la domesticité royale, chargé de présenter les plats à la table du roi. Titre donné aussi à un officier qui rendait la justice au nom du roi.

Serf (fém.: **serve**)**:** sans être véritablement esclave, le serf ne possédait pas une liberté personnelle complète et vivait sous la dépendance de son seigneur.

Sergent: serviteur.

Sied (seoir): convenir.

Sinople: désignait à l'époque la couleur rouge, puis, bizarrement, la couleur verte, mais seulement pour les blasons.

Soudoyer: chevalier.

Souffrir: supporter, endurer, tolérer.

Taudis: logement misérable, malpropre et laid.

Trafiquer: faire du commerce avec un pays lointain.

Tribut: contribution, ou impôt forcé, imposée au vaincu par le vainqueur en signe de soumission.

Truand: misérable, vagabond, mendiant professionnel.

Vair: fourrure (gris-bleu) d'écureuil.

Vassal (plur.: **vassaux**)**:** homme qui jure fidélité à un seigneur (suzerain) et se place sous sa protection.

Venaison: chair de grand gibier (cerf, sanglier, etc.).

Vénerie: art de la chasse.

Veneur: celui qui, à la chasse, dirige les chiens courants.

Vermeil: couleur rouge vif.

Vertu: pouvoir ou principe qui produit un effet particulier.

Vil: indigne, infâme; **vilement:** de manière infâme; **vilenie:** infamie.

Vin herbé: autre nom pour le philtre, en référence aux herbes à partir desquelles il est fait et qui lui donnent son pouvoir magique.

BIBLIOGRAPHIE

Traductions et adaptations de *Tristan et Iseut*

BIACIOTTO, Gabriel. *Les poèmes de Tristan et Iseut* (extraits), Paris, Librairie Larousse, coll. Nouveaux classiques Larousse, 1968.

CHAMPION, Pierre. *Tristan et Iseut*, Paris, Éditions Presses Pocket, 1979 (préface de Michel TOURNIER).

JONIN, Pierre. *Le roman de Tristan*, Paris, Éditions Honoré Champion, 1982.

LOUIS, René. *Tristan et Iseut*, Paris, Librairie générale française, coll. Le livre de poche, 1972.

MARCHELLO-NIZIA, Christiane (dir.). *Tristan et Yseut, les premières versions européennes*, Paris, Éditions Gallimard, coll. La Pléiade, 1995.

MARY, André. *Tristan*, Paris, Éditions Gallimard, coll. Folio, 1973 (Préface de Denis de ROUGEMONT).

MENAGE, René. *La légende de Tristan et Iseut* (extraits), Paris, Éditions Bordas, coll. Univers des lettres, 1986.

Opéra

WAGNER, Richard. *Tristan und Isolde* (1865), traduction du livret de l'opéra par Jean d'Arièges, Paris, coll. Aubier-Flammarion, 1974.

Études sur *Tristan et Iseut*

BLANCHOT, Maurice. « Orphée, Don Juan, Tristan », *La Nouvelle Revue française*, 15 mars 1954, p. 492 à 501.

BARTEAU, Françoise. *Les romans de Tristan et Iseut : introduction à une lecture plurielle*, Paris, coll. Larousse Université, 1972.

CAZENAVE, Michel. *Le Philtre et l'Amour. La légende de Tristan et Iseut*, Paris, Éditions José Corti, 1979.

FRAPPIER, Jean. « Structure et sens du *Tristan* : version commune, version courtoise », *Cahiers de civilisation médiévale*, 6 (1963), p. 255 à 280 ; p. 441 à 454.

PEIGNOT, Jérôme. *Les jeux de l'amour et du langage*, Paris, Union générale des éditions, coll. 10-18, 1974.

POIRION, Daniel. « Le *Tristan* de Béroul : récit, légende et mythe », *L'Information littéraire*, 26 (1974), p. 199 à 207.

ROUGEMONT, Denis de. *L'amour et l'Occident*, Paris, Éditions France Loisirs, 1989 (préface de Philippe SOLLERS).

Ouvrages généraux

BALARD, M., GENET, J. Ph. et M. ROUCHE. *Le Moyen Âge en Occident*, Paris, Éditions Hachette, coll. Histoire Université, 1990.

CASTEX, P.-G. et P. SURER. *Manuel des études littéraires françaises, Moyen Âge*, Paris, Éditions Classiques Hachette, 1946.

CHEVALIER, J. et A. GHEERBRANT. *Dictionnaire des symboles*, Paris, Éditions Robert Laffont, 1982.

DELORT, Robert. *La vie au Moyen Âge*, Paris, Éditions du Seuil, coll. Points Histoire, 1982.

ELIADE, Mircea. *Le mythe de l'éternel retour*, Paris, Éditions Gallimard, 1949.

ELIADE, Mircea. *Aspects du mythe*, Paris, Éditions Gallimard, 1963.

LAGARDE, A. et L. MICHARD. *Moyen Âge*, Paris, Éditions Bordas, coll. Littéraire, 1966.

LAURIN, Michel. *Anthologie littéraire, du Moyen Âge au Romantisme*, Montréal, Éditions Beauchemin, 2000.

SCHWARZ, Fernand. *La tradition et les voies de la connaissance*, Paris, Éditions Nouvelle Acropole, 1989.

ŒUVRES PARUES

300 ans d'essais au Québec
Apollinaire, *Alcools*
Balzac, *Le Colonel Chabert*
Balzac, *La Peau de chagrin*
Balzac, *Le Père Goriot*
Baudelaire, *Les Fleurs du mal* et *Le Spleen de Paris*
Beaumarchais, *Le Mariage de Figaro*
Chateaubriand, *Atala* et *René*
Chrétien de Troyes, *Yvain* ou *Le Chevalier au lion*
Contes et légendes du Québec
Corneille, *Le Cid*
Daudet, *Lettres de mon moulin*
Diderot, *La Religieuse*
Écrivains des Lumières
Flaubert, *Trois Contes*
Girard, *Marie Calumet*
Hugo, *Le Dernier Jour d'un condamné*
Jarry, *Ubu Roi*
Laclos, *Les Liaisons dangereuses*
Marivaux, *Le Jeu de l'amour et du hasard*
Maupassant, *Contes réalistes et Contes fantastiques*
Maupassant, *La Maison Tellier et autres contes*
Maupassant, *Pierre et Jean*
Mérimée, *La Vénus d'Ille* et *Carmen*
Molière, *L'Avare*
Molière, *Le Bourgeois gentilhomme*
Molière, *Dom Juan*
Molière, *L'École des femmes*
Molière, *Les Fourberies de Scapin*
Molière, *Le Malade imaginaire*
Molière, *Le Misanthrope*
Molière, *Tartuffe*
Musset, *Lorenzaccio*
Poètes et prosateurs de la Renaissance
Poètes romantiques
Poètes surréalistes
Poètes symbolistes
Racine, *Phèdre*
Rostand, *Cyrano de Bergerac*
Tristan et Iseut
Voltaire, *Candide*
Voltaire, *Zadig* et *Micromégas*
Zola, *La Bête humaine*
Zola, *Thérèse Raquin*